上海出版资金项目
Shanghai Publishing Funds

"十三五"国家重点图书出版物出版规划项目
面向未来的交通出版工程 · 道路基础设施建设与养护系列

MICROSTRUCTURE CHARACTERIZATION AND PERFORMANCE SIMULATION OF ASPHALT MIXTURES

沥青混合料细观结构表征与性能仿真

◎ 汪海年 刘 玉 著

同济大学出版社

图书在版编目(CIP)数据

沥青混合料细观结构表征与性能仿真/汪海年，刘玉著. —上海：同济大学出版社，2021.4

面向未来的交通出版工程.道路基础设施建设与养护系列 “十三五”国家重点图书出版物出版规划项目/汪光焘总主编

ISBN 978-7-5608-9793-6

Ⅰ. ①沥… Ⅱ. ①汪… ②刘… Ⅲ. ①沥青拌和料—结构分析 ②沥青拌和料—性能—仿真 Ⅳ. ①U414

中国版本图书馆 CIP 数据核字(2021)第 047382 号

沥青混合料细观结构表征与性能仿真

汪海年　刘　玉　著

出 品 人：华春荣
策　　划：高晓辉
责任编辑：胡晗欣
责任校对：徐春莲
装帧设计：陈益平

出版发行　同济大学出版社　www.tongjipress.com.cn
（地址：上海市四平路 1239 号　邮编：200092　电话：021－65985622）
经　　销　全国各地新华书店、建筑书店、网络书店
排版制作　南京文脉图文设计制作有限公司
印　　刷　上海安枫印务有限公司
开　　本　787mm×1092mm　1/16
印　　张　12.75
字　　数　318 000
版　　次　2021 年 4 月第 1 版　　2021 年 4 月第 1 次印刷
书　　号　ISBN 978－7－5608－9793－6
定　　价　98.00 元

前言

FOREWORD

沥青混合料是道路工程建设的主要材料，由沥青、粗集料、细集料和填料组成。就研究方法而言，大致可以分为三类，即实验测试与评价方法、理论分析与预测方法、虚拟实验与仿真方法。

实验测试与评价是应用最为广泛的方法，它适用于工程实践，为工程师和技术人员提供直接可靠的测试结果，增强工程师的判断力；它适用于科学研究，为研究人员提供数据支撑，是科学问题的发源地和终结者。离开了实验测试，科学研究就会与工程实践脱离，就成为“无源之水”，就会“无家可归”。

理论分析与预测方法是人类智慧的结晶，是科学研究的灵魂，是连接零零星星工程实践的纽带与桥梁，也是工程实践的总结。毫不夸张地说，一个理论很可能代表着一个时代，影响着人类的进步与发展。正因为它意义重大，往往需要长时间(一代人甚至几代人)的努力才能获得。

随着计算机和图像技术的快速发展，虚拟实验与仿真技术已经渗透到各个领域，并逐步成为主流，发挥着不可取代的重要作用。回首计算机时代之前的工程计算与分析状况，可以想象前辈们用“人脑”解决复杂工程问题的困难，我们应该庆幸生活在这个时代——一个“人脑”控制“电脑”的时代，一个通过程序指令解决复杂问题的时代。毋庸置疑，虚拟实验与仿真技术是解决工程实践和科学研究的有效途径，且发挥着无可比拟的重要作用。

综上所述，三类研究方法各有特点，相互补充，都是解决工程科学的根本方法。虽然不同的研究者看问题的角度不同、观点不同，但笔者认为，方法本身没有优劣之分，而在于“度”的把握。当然，本书不准备谈论如何把握“度”，主要介绍笔者近年来的研究进展和总结，欢迎各位专家和读者批评指正！

本书共 7 章，第 1 章讨论沥青混合料组成与性质，引出组成结构对力学及路用性能的影响，由博士生马子业协助整理；第 2～4 章讨论沥青混合料主要组分表征与分析，由博士生马子业、郑文华和硕士生李雪珂协助整理；第 5 章是沥青混合料成型与数字重构技术，主要介绍了基于离散单元方法的成型技术，由硕士生周愉惠和黄滋润协助整理；第6章介绍基于有限单元法的沥青混合料虚拟实验方法及结果，由博士生郑文华协助整理；第7章介绍基于离散单元法的沥青混合料虚拟实验方法及结果，由硕士生刘航和贺振振协助整理。本书的主要章节来自汪海年教授和刘玉副教授指导的硕、博士学位论文及刘玉副教授的博士论文，涉及的硕、博士论文作者包括杨廉、李磊、王彦喆、张奎、龚芳媛、卜胤、周洋、王宠惠、周晓东、姚舜等。感谢各位同学在攻读硕、博士期间作出的努力和贡献。

汪海年　刘　玉

2020年7月　西安

目 录

CONTENTS

1 沥青混合料组成与性质

沥青混合料(Asphalt Mixture)是一种多孔、离散、非均质的材料,它由具有典型非牛顿流体特征的沥青和不同尺寸、不同物化性质的无机矿料组成。作为沥青路面的主要结构、功能性材料,沥青混合料具有显著的黏弹塑性的力学响应特征,其路用性能也变化多样。本章将从结构组成和服役性能两个方面阐述沥青混合料的基本特点,包括三种典型的沥青混合料骨架结构、沥青混合料的力学强度表征参数及方法、路用性能评价指标及影响因素,进一步梳理结构组成与服役性能之间的关系。

1.1 沥青混合料的结构组成

沥青混合料由粗集料、细集料、矿粉、沥青和添加剂组成。受组成材料质量、矿质混合料级配类型、沥青用量等因素的影响,沥青混合料可以形成不同的组成结构,并表现出不同的力学性能。

按照沥青混合料的矿料级配组成特点,可将沥青混合料分为悬浮-密实结构、骨架-空隙结构和骨架-密实结构三种类型[1, 2]。

(1) **悬浮-密实结构:**当采用连续型密级配矿料(图 1-1 中曲线①)与沥青配制沥青混合料时,矿料颗粒由大到小连续存在。这种结构虽然密实度很大,但粒径较大的颗粒被较小一档的颗粒挤开,不能直接接触形成嵌挤骨架结构,彼此分离悬浮于较小颗粒和沥青胶浆之间,形成了所谓的悬浮-密实结构,如图 1-2(a)所示。此种结构的特点是黏聚力较强,混合料的密实性和耐久性较好,但内摩阻力较小,高温稳定性较差。我国传统的 AC 型沥青混合料就属于典型的悬浮-密实结构。

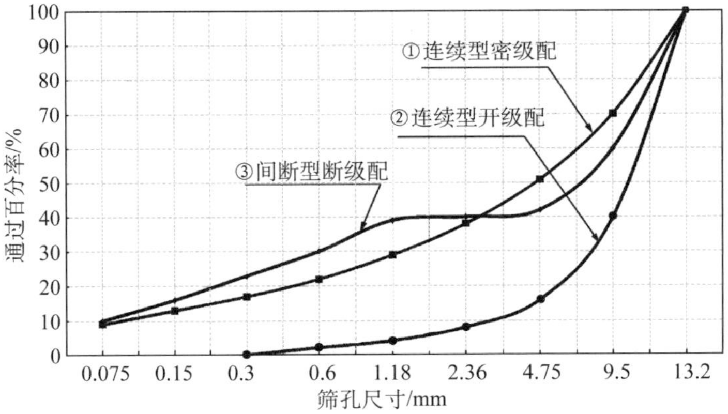

图 1-1 三种类型矿质混合料的级配曲线

(2) **骨架-空隙结构:**采用连续型开级配矿料(图 1-1 中曲线②)与沥青组成沥青混合料时,由于所组成的矿质混合料中粗集料所占比例较高,细集料很少,因此粗集料可以互相靠拢形成骨架。但细集料的数量不足以充分填充骨架空隙,压实后混合料中空隙很大,形成了所谓的骨架-空隙结构,如图 1-2(b)所示。这种结构的沥青混合料内摩擦角较大，高温稳定性较好，但黏聚力较弱，耐久性差。开级配排水式磨耗层沥青混合料（OGFC）便属于典型的骨架-空隙结构。

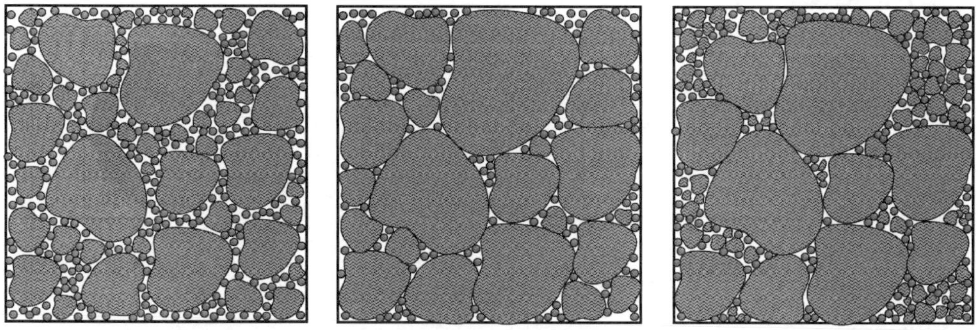

(a)悬浮-密实结构　　(b)骨架-空隙结构　　(c)骨架-密实结构

图 1-2　沥青混合料的典型结构组成

（3）**骨架-密实结构**：当采用间断型密级配矿料（图 1-1 中曲线③）与沥青组成沥青混合料时，在沥青混合料中既有足够的粗集料形成骨架，又根据骨架空隙大小加入了足够的细集料和沥青胶浆，使之填满骨架结构，形成了较高密实度的骨架结构，如图 1-2(c)所示。这种结构兼具上述两种结构的优点，但施工和易性较差，是一种较为理想的结构类型。沥青玛瑺脂碎石混合料（SMA）即是一种典型的骨架-密实型结构。

1.2　沥青混合料的服役性能

沥青混合料作为一种由骨料、结合料、空隙等多相组成的材料，其力学特性和破坏机制与其内部组分的细观特征息息相关，不同的骨料形态、胶结料性质及空隙结构会直接影响沥青混合料的整体服役性能。

1.2.1　力学特性

沥青混合料的力学特性可以通过几种不同的力学强度参数来表征，如抗压强度、抗剪强度、抗拉强度和抗弯拉强度。根据不同强度采用不同的试验方法来评价，主要测试方法有直接拉伸试验、单轴压缩试验、弯曲试验、劈裂强度试验、剪切性能试验和三轴压缩试验，用以评价材料的拉、压、剪、弯性能[3]。

1. 抗压强度

单轴压缩试验：单轴压缩试验采用的测试仪器为 UTM 万能试验机，将下压板、底座置于试验机升降机台座上对中，迅速取出试件放在下压板中央刻线位置，加上上压板。将试件从恒温水槽中取出，立即置于压力机台座上，以 2 mm/min 的加载速率均匀加载直至破坏，读取荷载峰值（P），准确至 100 N。

1）棱柱体法

试验所用试件是棱柱体标准试件，复合材料的棱柱体破坏时其抗压强度、压缩应变、压缩劲度模量计算公式如下：

抗压强度 $$R_{\mathrm{c}}=\frac{P_{\mathrm{c}}}{b\times h} \tag{1-1}$$

压缩应变 $$\varepsilon_{\mathrm{c}}=\frac{\Delta l}{l} \tag{1-2}$$

压缩劲度模量 $$S_{\mathrm{c}}=\frac{P_{\mathrm{c}}}{\varepsilon_{\mathrm{c}}} \tag{1-3}$$

式中 b——试件的长度(mm)；

h——试件的宽度(mm)；

l——试件的高度(mm)；

P_{c}——试件破坏时的最大荷载(N)；

Δl——压缩变形(mm)。

2）圆柱体法

试验所用试件是圆柱体标准试件，试件尺寸应符合直径(100±2) mm、高(100±2) mm 的要求，破坏时其抗压强度计算公式如下：

$$R_{\mathrm{c}}=\frac{4P}{\pi d^{2}} \tag{1-4}$$

式中 d——圆柱体直径(mm)；

P——试件破坏时的最大荷载(N)。

2. 抗剪强度

三轴压缩试验：三轴压缩试验是一种较为经典的试验方法，模拟材料中某一点的受力状态，与路面结构中的三向受力状态符合，可以得到沥青混合料的抗剪参数，如应力应变特性、抗压强度、破坏能量等。该试验通过高压液体在压力室中对试样施加围压，使得试样处于各向等压力状态，而后通过活塞施加轴压，在轴向产生偏差应力，以一定的速率施加轴向荷载，随着轴向偏差应力逐渐增大，达到应力峰值，试件发生剪切破坏。变化不同的轴压，即可得到相应破坏的轴向应力峰值，从而可以获得沥青混合料在极限平衡状态时的一组应力圆，其包络线可以表征符合库仑方程的抗压强度 σ，进而得到黏结力 c 和内摩擦角 φ。如图 1-3 所示，以主应力 σ 为横坐标，剪应力 τ 为纵坐标，在横坐标轴上以 $(\sigma_{1\max i}+\sigma_{3i})/2$ 点为圆心，以 $(\sigma_{1\max i}-\sigma_{3i})/2$ 为半径，绘制不同围压下的莫尔圆，作莫尔圆的包络线，包络线的倾角为内摩擦角 φ，包络线在纵坐标上的截距为黏结力 c。沥青混合料的抗剪强度可通过式(1-5)求出。

$$\tau = c + \sigma \tan \varphi \tag{1-5}$$

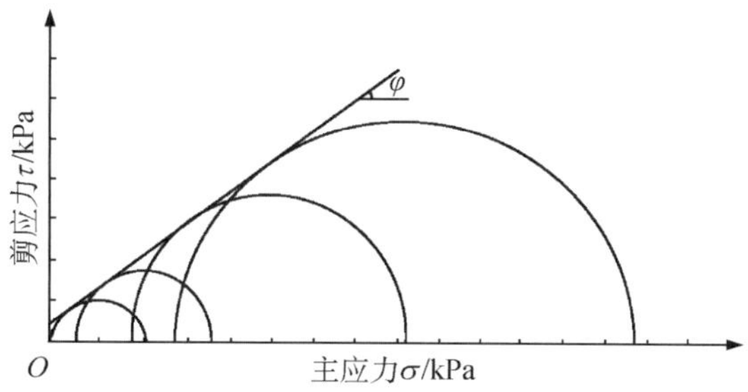

图 1-3　确定抗剪强度参数的莫尔包络线示意图

3. 抗弯拉强度

采用沥青混合料轮碾成型的板块状试件，用切割法制作 250 mm×30 mm×35 mm 的棱柱体小梁试件。试件破坏时的抗弯拉强度、梁底最大弯拉应变及弯曲劲度模量计算公式如下：

抗弯拉强度
$$R_b = \frac{3L \times P_b}{2b \times h^2} \tag{1-6}$$

弯拉应变
$$\varepsilon_b = \frac{6 \times h \times d}{L^2} \tag{1-7}$$

弯曲劲度模量
$$S_b = \frac{R_b}{\varepsilon_b} \tag{1-8}$$

式中　b——跨中断面试件的宽度(mm)；
h——跨中断面试件的高度(mm)；
L——试件的跨径(mm)；
P_b——试件破坏时的最大荷载(N)；
d——试件破坏时的跨中挠度(mm)。

当前，我国现行规范《公路沥青路面设计规范》(JTG D50—2017)采用单轴压缩动态模量试验法确定沥青混合料的动态压缩模量[4]。路面结构层材料设计参数的确定可分为三个水平：水平一是通过室内试验实测确定，宜用于高速公路和一级公路的施工图设计阶段；水平二是利用已有经验关系式确定；水平三则参照典型数值确定。相关规定如下。

水平一：沥青混合料动态压缩模量的测定应符合现行《公路工程沥青及沥青混合料试验规程》(JTG E20—2011)的有关规定，取平均值，试验温度选用 20 ℃，面层沥青混合料加载频率采用 10 Hz，基层沥青混合料加载频率采用 5 Hz。

水平二：针对道路石油沥青和常规级配的沥青混合料，可采用式(1-9)计算沥青混合料动态压缩模量。

$$\lg E_a = 4.59 - 0.02f + 2.58G^* - 0.041V - 0.03VCA_{DRC} - 2.65 \times 1.1^{\lg f} G^* \cdot f^{-0.06} - 0.05 \times 1.52^{\lg f} VCA_{DRC} \cdot f^{-0.21} + 0.0031f \cdot P_a + 0.0024V \tag{1-9}$$

式中 E_a——沥青混合料动态压缩模量(MPa);

f——试验频率(Hz);

G^*——60 ℃，10 rad/s 下沥青动态剪切复数模量(kPa);

P_a——沥青混合料的油石比(%);

V——压实沥青混合料的空隙率(%);

VCA_{DRC}——捣实状态下粗集料的松装间隙率(%)。

水平三:当不具备水平一、水平二条件时,可以参照表 1-1 确定常用沥青混合料动态压缩模量。

表 1-1　常用沥青混合料 20 ℃条件下动态压缩模量取值范围　单位:MPa

沥青混合料类型	沥青种类			
	70 号道路石油沥青	90 号道路石油沥青	110 号道路石油沥青	SBS 改性沥青
SMA10，SMA13，SMA16	—	—	—	7 500～12 000
AC10，AC13	8 000～12 000	7 500～11 500	7 000～10 500	8 500～12 500
AC16，AC20，AC25	9 000～13 500	8 500～13 000	7 500～12 000	9 000～13 500
ATB25	7 000～11 000	—	—	—

注:1. ATB25 为 5 Hz 条件下动态压缩模量,其他沥青混合料为 10 Hz 条件下动态压缩模量。
2. 当沥青黏度大、级配好或空隙率小时取高值,反之取低值。

1.2.2　路用性能

沥青混合料一般用于沥青路面的面层或基层,承受车辆荷载和环境因素的综合作用。为了保证良好的服务性能,沥青混合料应具备一定的强度,足够的高温稳定性、低温抗裂性、疲劳性能、水稳定性、抗老化性和抗滑性能[5]。

1. 高温稳定性

沥青混合料的高温稳定性是指在高温条件下,能够抵抗车辆荷载的反复作用而不发生显著永久变形,保证路面平整度的特性。沥青混合料是典型的黏-弹-塑性材料,在高温条件下或是长时间的荷载作用下会产生显著的变形,其中不能恢复的变形部分称为永久变形,这种特性是导致沥青路面产生车辙、波浪等病害的主要原因。车辙是沥青混合料高温性能不足的主要表现,不仅影响路面的平整度,而且由于轮迹处沥青层厚度减薄,削弱了路面结构的整体强度,从而易诱发其他病害。车辙的产生严重影响了路面的使用寿命和服务质量。在交通量大、重载车辆比较多和经常变速路段的沥青路面上，车辙是最为典型，也是危害最大的路面病害形式之一。就车辆荷载而言，高轮压、重轴载、重型车辆集中等是沥青路面产生高温流动变形的主要原因。

沥青混合料高温稳定性的评价试验方法有很多，包括单轴静载、单轴动载、三轴静载、三轴动载、简单剪切、车辙试验、马歇尔稳定度、哈费氏稳定度等室内试验方法。由于车辙试验可以很好地反映沥青混合料永久变形随时间和温度变化的过程，比较符合路面的实际受力情况，因此，目前国内外多采用车辙试验并以动稳定度指标 DS(每产生 1 mm 车辙变形所需的碾压次数)作为评价指标来判断沥青混合料的抗车辙能力。我国现行规范《公路沥青路面施工技术规范》(JTG F40—2004)对沥青混合料的车辙试验动稳定度的技术要求如表 1-2 所示。

表 1-2　　沥青混合料车辙试验动稳定度技术要求[6]　　单位：次/mm

<table>
<tr><td colspan="2" rowspan="4">动稳定度技术指标</td><td colspan="9">气 候 分 区</td></tr>
<tr><td colspan="4">>30 ℃</td><td colspan="4">20～30 ℃</td><td><20 ℃</td></tr>
<tr><td colspan="4">1. 夏炎热区</td><td colspan="4">2. 夏热区</td><td>3. 夏凉区</td></tr>
<tr><td>1-1</td><td>1-2</td><td>1-3</td><td>1-4</td><td>2-1</td><td>2-2</td><td>2-3</td><td>2-4</td><td>3-2</td></tr>
<tr><td colspan="2">普通沥青混合料，≥</td><td colspan="2">800</td><td colspan="2">1 000</td><td colspan="2">600</td><td colspan="2">800</td><td>600</td></tr>
<tr><td colspan="2">改性沥青混合料，≥</td><td colspan="2">2 800</td><td colspan="2">3 200</td><td colspan="2">2 000</td><td colspan="2">2 400</td><td>1 800</td></tr>
<tr><td rowspan="2">SMA 混合料，≥</td><td>普通沥青</td><td colspan="9">1 500</td></tr>
<tr><td>改性沥青</td><td colspan="9">3 000</td></tr>
<tr><td colspan="2">OGFC 混合料，≥</td><td colspan="9">1 500(中等、轻交通荷载等级)，3 000(重及以上交通荷载等级)</td></tr>
</table>

注：气候分区中的温度(>30 ℃，20～30 ℃，<20 ℃)是指 7 月平均最高气温。

沥青混合料高温稳定性的形成主要来源于矿质集料颗粒之间的嵌锁作用以及沥青的高温黏度，表现为如下三个方面：

(1) 表面粗糙、多棱角、方圆形的碎石集料有利于颗粒嵌锁作用，可增大沥青混合料的内摩擦角，有利于增强沥青混合料的高温稳定性。

(2) 沥青高温黏度越大，与集料的黏附性越好，相应的抗高温变形的能力越强。

(3) 适当的沥青用量、控制自由沥青用量、增加结构沥青量，同样有利于提高沥青高温稳定性。

2. 低温抗裂性

为了保证沥青路面在冬季低温时不产生裂缝，沥青混合料应具有足够的低温抗裂性。当气温下降时，沥青层的收缩变形受到基层及面层之间的摩阻力限制，不能自由变形，导致温度应力产生。与水泥混凝土不同，沥青混合料属于黏弹塑性材料，具有应力松弛特性，温度应力会因应力松弛而逐渐消解。然而，沥青混合料的应力松弛能力毕竟有限，当温度下降的速率快，而混合料不能有效地消解温度应力时，温度应力所做的功将导致能量累积，当能量累积达到沥青混合料本身所容许的极限程度时，即产生低温开裂。

一般认为，沥青路面的收缩开裂主要有两种形式：一种是由于气温骤降引起的低温收缩，在有约束的沥青混合料面层内产生的温度应力超过沥青混合料在相应温度下的抗拉强度时造成的开裂；另一种是低温收缩疲劳裂缝，当沥青混合料经受长期多次的温度循环后，材料的抗拉强度降低，当温度应力超过温度疲劳强度时就会产生开裂。低温收缩疲劳裂缝主要发生在温度频繁变化的温带。

沥青混合料的低温抗裂性仍处于研究阶段，目前世界上的评价方法可以分为三类：①预估沥青混合料的开裂温度；②评价沥青混合料的低温变形能力或应力松弛能力；③评价沥青混合料断裂能。相关实验主要有：等应变加载破坏试验，如间接拉伸试验、直接拉伸试验；低温收缩试验；低温蠕变弯曲试验；受限试件温度应力试验；应力松弛试验；等等。

预估沥青混合料的开裂温度是通过间接或直接拉伸试验，建立混合料低温抗拉强度与温度的关系，然后，预估沥青面层出现低温缩裂的温度，该温度越低，混合料开裂温度越低，低温抗裂性越好；低温蠕变试验用于评价沥青混合料低温下的变形能力与松弛能力，以蠕变速率评价混合料低温变形能力，蠕变速率越大，混合料低温变形能力越大，松弛能力越强，低温抗裂性越好；低温弯曲试验也是评价沥青混合料低温变形能力的常用方法，以试件低温破坏时的弯拉应变为指标，沥青混合料低温破坏弯拉应变越大，抗裂性越好。根据我国现行规范《公路沥青路面施工技术规范》(JTG F40—2004)，沥青混合料低温破坏应变的技术要求如表 1-3 所示。

表 1-3　　沥青混合料低温弯曲试验破坏应变技术要求[6]　　单位：$\mu\varepsilon$

破坏应变	气候分区								
	＜－37.0 ℃		－37.0～－21.5 ℃			－21.5～－9.0 ℃		＞－9.0 ℃	
	1. 冬严寒区		2. 严寒区			3. 冬冷区		4. 冬温区	
	1-1	2-1	1-2	2-2	3-2	1-3	2-3	1-4	2-4
普通沥青混合料，≥	2 600		2 300			2 000			
改性沥青混合料，≥	3 000		2 800			2 500			

注：气候分区中的温度(＜－37.0 ℃，－37.0～－21.5 ℃，－21.5～－9.0 ℃，＞－9.0 ℃)是指年极端最低气温。

沥青混合料的低温抗裂性能与其抗拉强度、松弛能力以及收缩性质等密切相关。一般情况下，沥青针入度数值越大，其感温性越低，低温劲度模量越小，其低温柔韧性就越好，其抗裂性能也越好。因此，在寒冷地区，可采用稠度低、低温劲度模量小的沥青，或选择松弛性能较好的橡胶类改性沥青来提高沥青混合料的低温抗裂性。

通常，密级配沥青混合料的低温抗拉强度高于开级配的沥青混合料，但是粒径大、空隙率大的沥青混合料其内部微空隙发达，应力松弛能力略强，温度应力有所减小。两方面的影响相互抵消，故沥青混合料的两种级配与沥青路面开裂程度之间没有显著关系。

此外，环境因素对沥青混合料的开裂也有一定影响。路面表面温度越低，沥青路面越易开裂，降温速率越大，温度开裂趋势越明显。

3. 疲劳性能

沥青混合料疲劳破坏是指在重复应力作用下，沥青混合料在低于静载一次作用极限应力时发生破坏。沥青路面在使用过程中，在环境温度影响下经受车轮荷载的重复作用或者受到环境温度交替变化作用，应力或应变长期处于交替变化状态，路面结构强度逐渐减小。当荷载作用超过一定次数后，路面结构内部的应力超过了结构强度降低后的结构抗力，使路面产生疲劳裂缝。疲劳开裂的早期现象是路面纵向产生不间断裂缝，最终导致路面出现网裂、龟裂，甚至坑槽。

疲劳试验方法包括很多，如旋转法、扭转法、简支三点或四点弯曲法、拉压法、剪切法等。国际上普遍采用劈裂疲劳试验、梯形悬臂梁弯曲法、矩形梁四点弯曲法。加载控制模式通常采用应力控制模式或应变控制模式进行沥青混合料的疲劳试验和疲劳分析。

影响疲劳特性的主要因素包括沥青混合料材料组成特性和疲劳试验条件等。沥青混合料劲度在相同荷载级位下，对材料内部应力和应变水平产生决定性的影响，其影响程度与实验控制模式有关。应力控制模式下，劲度大的混合料，其裂隙扩展慢，疲劳寿命大；应变控制模式下，劲度越小，裂隙扩展延续时间越长，因此劲度小的材料其疲劳寿命越长。混合料材料组成因素（沥青种类、用量、空隙率、矿料类型等）主要影响沥青混合料劲度模量，因此不同加载模式对疲劳寿命有不同的影响。此外，材料组成影响混合料试件的组成和内部缺陷；不同的室内模拟条件（环境与荷载）反映环境因素与荷载参数对沥青路面疲劳性能的影响。

4. 抗老化性能

沥青混合料在使用过程中，空气中氧、水、紫外线等介质作用，会促使沥青发生不同复杂程度的物理化学变化，并逐渐老化或硬化，使沥青混合料变脆易裂，从而导致沥青路面出现各种与老化有关的裂纹。沥青混合料老化取决于沥青老化程度，也与外界环境因素和压实空隙有关。在气候温暖、日照时间较长的地区，沥青的老化速率快；而在气温较低、日照时间短的地区，沥青的老化速率相对较慢。沥青混合料的空隙率越大，环境介质对沥青的作用就越强烈，其老化程度也就越高。

目前室内模拟沥青混合料老化的试验方法包括以下两种：一种是短期老化，包括烘箱加热法、延时拌和法、微波加热法；另一种是长期老化，包括加压氧化法、延时烘箱加热法和紫（红）外线处理法。评价老化后沥青混合料的力学性能试验方法主要有回弹模量试验、间接抗拉试验、蠕变实验和动态模量试验等。

在沥青路面工程中，为了降低沥青的老化速率和程度，除应选择耐老化的沥青外，还应使沥青混合料含有足量的沥青。此外，在施工过程中，应控制制备和加热温度，并保证沥青路面的压实程度，以降低沥青在施工和使用过程中的老化速率。

5. 水稳定性

水是危害公路的主要自然因素，水对路基路面的作用主要来自大气的降水和蒸发、地面水的渗透以及地下水的影响。当路基内出现温度差异时，在温差作用下水还会以液态或气态的方式从热处向冷处移动和积聚，从而改变路基的湿度状态。水浸湿路基使其强度和稳定性下降，导致路基失稳，引起塌方、滑坡等病害。路基沉陷、冲刷、坍塌、翻浆，沥青路面松散、剥落、龟裂等病害都在一定程度上受地表水和地下水的侵蚀影响。水的作用加剧了路基和路面结构的损坏，加快了路面使用性能的衰减，缩短了服役寿命。

所谓水损害即指沥青路面在存在水分的条件下，经受交通荷载和温度胀缩的反复作用，水分对沥青起乳化作用，导致沥青混合料强度下降，同时水分逐步侵入沥青与集料界面，由于水动力的作用，沥青膜渐渐地从集料表面剥离，导致集料之间的黏结力丧失而发生路面破坏的过程。水损害的主要破坏形式包括网裂、坑洞、唧浆、辙槽等。水损害的产生往往是由于施工中沥青混合料配合比控制不严、沥青混合料拌和不均、碾压效果不良等导致的沥青路面空隙率过大所造成的。采用半开式沥青混合料表面层时，产生的水损害尤为严重。

沥青混合料的水稳定性评价方法主要包括以下三类：①第一类是直接测试沥青与集料的黏附性，常见的测试方法包括水煮法和静态水浸法；②第二类是在浸水条件下测试混合料性能，包括浸水马歇尔试验、浸水车辙试验、浸水劈裂强度试验等；③第三类是在冻融条件下测试混合料性能，常用的测试方法是冻融劈裂试验。现行《公路沥青路面施工技术规范》(JTG F40—2004)规定：必须进行浸水马歇尔试验和冻融劈裂试验以检验沥青混合料的水稳定性，相关技术要求如表 1-4 所示。

表 1-4　　沥青混合料水稳定性技术要求[6]

<table>
<tr><th colspan="3" rowspan="2">沥青混合料类型</th><th colspan="2">年降雨量/mm</th></tr>
<tr><th>≥500</th><th><500</th></tr>
<tr><td rowspan="4">试验残留稳定度/%</td><td colspan="2">普通沥青混合料，≥</td><td>80</td><td>75</td></tr>
<tr><td colspan="2">改性沥青混合料，≥</td><td>85</td><td>80</td></tr>
<tr><td rowspan="2">SMA 混合料，≥</td><td>普通沥青</td><td colspan="2">75</td></tr>
<tr><td>改性沥青</td><td colspan="2">80</td></tr>
<tr><td rowspan="4">冻融劈裂试验的残留强度比/%</td><td colspan="2">普通沥青混合料，≥</td><td>75</td><td>70</td></tr>
<tr><td colspan="2">改性沥青混合料，≥</td><td>80</td><td>75</td></tr>
<tr><td rowspan="2">SMA 混合料，≥</td><td>普通沥青</td><td colspan="2">75</td></tr>
<tr><td>改性沥青</td><td colspan="2">80</td></tr>
</table>

除了集料与沥青的黏附性，压实后空隙率大小、沥青膜厚度、成型温度、压实度都会在一定程度上影响沥青混合料的水稳定性。

(1) 当空隙率较大时，外界水分容易进入沥青混合料结构内部，在高速行车造成的动水压力作用下，集料表面的沥青会发生迁移甚至剥落。

(2) 当沥青膜厚度较薄时，水可能会穿透沥青膜进入集料表面，导致沥青从集料表面剥落，使沥青混合料松散。

(3) 当成型温度较低时，为了达到要求的压实密度，可能会压实过度，将粗集料颗粒压碎，从而增加沥青混合料对水的敏感性。

(4) 当压实度不够时，即使是密级配的沥青混合料也会出现空隙率过大的现象。这不仅会对水稳定性不利，还会引发沥青路面的车辙病害。

(5) 在气温低、湿度大的情况下铺筑沥青路面，会降低沥青混合料的水稳定性。

在混合料配合比设计中，要充分考虑不同的影响因素：①开级配的沥青混合料由于空隙率较大，其水稳定性通常不好，需要采取掺加抗剥离剂等措施提高沥青与集料的黏附性；②为了提高水稳定性，在进行沥青混合料配合比设计时，应在满足高温稳定性的前提下，尽量增加沥青混合料中的沥青膜厚度。

6. 抗滑性能

沥青路面的抗滑性对保证道路行车安全有着至关重要的作用，是路面最重要的表面特性。沥青路面的抗滑性必须通过合理地选择沥青混合料组成材料、正确地设计与施工予以保证。

沥青路面的抗滑性与所选用矿料的表面构造深度、颗粒形状与尺寸、抗磨光性有着密切关系。用于沥青路面表层的粗集料应选用表面粗糙、坚硬、耐磨、抗冲击性好、磨光值大的碎石或破碎砾石集料。但通常，坚硬耐磨的矿料多为酸性石料，与沥青之间的黏结力较差，所以为了保证沥青混合料的水稳定性，应采取有效的抗剥落措施。《公路沥青路面设计规范》(JTG D50—2017)规定：高速公路、一级公路以及山岭重丘区二级和三级公路的路面在交工验收时，其抗滑技术指标应满足如下技术要求。

表 1-5　　抗滑技术要求[4]

年平均降雨量/mm	交工检测指标值	
	横向力系数 SFC_{60}	构造深度 TD
>1 000	≥54	≥0.55
500～1 000	≥50	≥0.50
250～500	≥45	≥0.45

注：横向力系数 SFC_{60} 用横向力系数测试车，在(60±1) km/h 车速下测定；构造深度 TD 用铺砂法测定。

沥青路面的抗滑性能除了取决于矿料自身的表面构造外，还取决于矿料级配所确定的表面构造深度。前者通常称为微观构造，用集料的磨光值表征；后者通常称为宏观构造，由压实后路面的构造深度或摩擦系数评价。增加沥青混合料中的粗骨料含量有利于提高沥青路面的宏观构造，为了使沥青路面表面形成较大的构造深度，设计人员往往选用开级配或半开级配的沥青混合料，但这类混合料的空隙率较大，耐久性差。此外，还应严格控制沥青用量，选用蜡含量低的沥青，防止沥青表层出现滑溜现象。

1.3 研究方法

沥青混合料是一种典型的黏弹性材料，其物理力学性能与温度和荷载作用时间密切相关。沥青混合料在低温小变形范围内接近线弹性体，在高温大变形范围内则表现为黏塑性体[7-9]。

由于黏弹性材料的实际应用中，往往要在不遵守线性理论无限小变形假设的情况下使用这些材料，为了能更好地描述沥青混合料的应力、应变变化规律，对于沥青混合料非线性黏弹特性的探讨显得非常有必要。研究沥青和沥青混合料的黏弹特性对现代公路交通发展有很大的作用。

作为一种热黏弹性材料，沥青混合料的力学特性受到加载温度和加载时间的显著影响。众所周知，小变形范围内沥青混合料黏弹性行为属于线性黏弹性变形范畴，它的核心是 Boltzmann 叠加原理和时间-温度等效关系。但沥青混合料在使用过程中的黏弹性行为并不一定是线性的：一方面是由于物理变形量比较大，大变形问题已经超出了线性黏弹中的小变形假设；另一方面是交通量急剧增加及温度变化问题，造成沥青混合料性能发生很大改变。因此，非线性问题的研究对于沥青混合料的黏弹性性能是十分重要的。

对沥青混合料棱柱体进行单轴拉伸试验，观察其应力-应变曲线可以发现，随着应变的增加，应力逐渐增大，当应变在某一较小的范围时，应力与应变基本上呈线性关系；当应变超出这一范围时，应力与应变偏离线性关系，且随着应变的增大，其偏离程度越强，二者呈现非常明显的非线性关系。

黏弹性力学的非线性黏弹性理论和线性理论具有许多共同的特点，其中最基本的共同点是记忆假说。在黏弹性材料的许多实际应用中，虽然产生的应变是可以恢复的，但黏弹性行为并不满足 Boltzmann 叠加原理所要求的线性条件。当线性条件被打破，进入非线性黏弹性范围时，就需要有更合适的理论来描述材料的非线性黏弹性。目前，非线性黏弹性本构理论的研究方法主要有四种：①理论力学方法；②半经验修正理论法；③经验法；④分子理论与细观方法（表 1-6）。

表 1-6　　非线性黏弹性本构理论分析方法

分析方法	核心内容
理论力学方法	用公理化体系建立物质的数学模型，表述一般简单材料的非线性本构关系，理论的方法必须和试验相结合
半经验修正理论法	根据部分实际材料的黏弹性行为，考虑满足于基本原理和理论，以表述材料的非线性行为，建立非线性黏弹性本构关系表达式
经验法	根据某一材料在使用时，特别是在试验中测得的某些描述非线性黏弹性行为的数据，直接表示应力-应变和时间的关系式
分子理论与细观方法	采用分子理论或金属晶格结构与变形机理，通过细观分析与宏观行为的联系讨论非线性黏弹性行为，表述材料的本构关系

根据多种方法和途径建立的非线性黏弹性本构关系，有各自不同的表达式，如多重积分型、单积分型、微分型、微分-积分型和幂律型等。

1.4 本章小结

本章从结构组成和服役性能两个方面阐述了沥青混合料的基本特点。在结构组成方面，介绍了沥青混合料的三种典型结构组成；在服役性能方面，主要探讨了沥青混合料的力学特性和路用性能。显然，结构组成与服役性能密切相关：悬浮-密实结构的密实性和耐久性较好，但内摩擦角较小，高温稳定性较差；骨架-空隙结构的沥青混合料内摩擦角较大，高温稳定性较好，但黏聚力较差，耐久性差；骨架-密实结构兼具上述两种结构的优点，是一种较为理想的结构类型，缺点为施工和易性较差。如何合理平衡结构组成设计与服役性能要求之间的关系呢？本书将在第 2～4 章介绍沥青混合料的基本组分，第 5～7 章从细观结构特征与性能仿真方面探讨沥青混合料。

2 矿质集料形态表征与评价

在沥青混合料中,集料的质量占混合料总质量的90%～95%,体积占混合料总体积的75%～85%。集料在沥青路面中起着非常重要的作用,是影响沥青路面服役寿命的重要因素之一,其技术性质主要分为资源特性与认同特性两种,其中资源特性是集料本身的固有特性,包括岩性、磨耗值、磨光值、密度、吸水率等,而认同特性则是通过后期加工获取的性质,包括含泥量、针片状含量、棱角性、表面纹理、级配等。集料的资源特性与认同特性对沥青混合料的高温稳定性、低温抗裂性、抗滑性能及施工和易性等性能具有显著的影响。集料的几何形态特征,包括形状、棱角、表面纹理,是认同特性中特别重要的性质,决定着集料之间的相互嵌挤、摩擦作用[10-12],为沥青混合料形成良好的力学性能与较大的结构强度作出一定贡献,是沥青路面克服永久变形的重要因素之一。我国现行技术规范《公路沥青路面施工技术规范》(JTG F40—2004)对于路用粗集料及细集料的资源特性和认同特性分别作出以下规定[6,13]:

(1) 粗集料应该洁净、干燥、表面粗糙,质量应符合表2-1的规定。

表2-1　　沥青混合料用粗集料质量技术要求

指标	高速公路及一级公路		其他等级公路
	表面层	其他层次	
石料压碎值/%,≤	26	28	30
洛杉矶磨耗损失/%,≤	28	30	35
表观相对密度,≥	2.60	2.50	2.45
吸水率/%,≤	2.0	3.0	3.0
坚固性/%,≤	12	12	—
针片状颗粒含量(混合料)/%,≤	15	18	20
水洗法<0.075 mm颗粒含量/%,≤	1	1	1
软石含量/%,≤	3	5	5

同时,对于破碎砾石,规定采用粒径大于50 mm、含泥量不大于1%的砾石轧制,破碎面应符合表2-2的要求。

表2-2　　粗集料对破碎面的要求

路面部位或混合料类型		具有一定数量破碎面颗粒的含量	
		1个破碎面	2个或2个以上破碎面
沥青路面表面层	高速公路、一级公路/%,≥	100	90
	其他等级公路/%,≥	80	60

（续表）

路面部位或混合料类型		具有一定数量破碎面颗粒的含量	
		1 个破碎面	2 个或 2 个以上破碎面
沥青路面中下面层、基层	高速公路、一级公路/%，≥	90	80
	其他等级公路/%，≥	70	50
	SMA 混合料/%，≥	100	90
	贯入式路面/%，≥	80	60

（2）细集料应洁净、干燥、无风化、无杂质，并有适当的颗粒级配，相关质量要求如表 2-3 所示。

表 2-3　　沥青混合料用细集料质量要求

项目	高速公路、一级公路	其他等级公路
表观相对密度，≥	2.60	2.50
坚固性(>0.3 mm 部分)/%，≥	12	—
含泥量(小于 0.075 mm 的含量)/%，≤	3	5
砂当量/%，≥	60	50
亚甲蓝值/(g·kg^{-1})，≤	25	—
棱角性(流动时间)/s，≥	30	—

2.1 基于 AIMS 的矿质集料颗粒形态表征与评价

当前评价集料形态特征的方法多为间接物理力学测量方法和直接手工测量方法，既耗时耗力，又易受到主观因素影响。为了更方便、准确、定量地评价集料的形态特征，2003 年，Masad 采用数字图像处理技术研制了集料图像测量系统（Aggregate Image Measurement System，AIMS），可以直接测量粗、细集料的形状、棱角和表面纹理等形态特征。随后，通过对 AIMS 进行改造完善，设计者将其升级为 AIMS Ⅱ，新一代的集料图像测量系统（AIMS Ⅱ）操作更简单方便，造价更低，更有利于推广应用[14]。

2.1.1 AIMS Ⅱ的工作原理

新一代集料图像测量系统（AIMS Ⅱ）主要由一套图像获取硬件和一台用于运行系统、分析数据的电脑组成，其中获取图像的硬件包括照相机、光学显微镜、集料托盘、逆光照明系统和顶部照明系统，电脑装有专用于管理系统运行和输出数据结果的 AIMS 软件[15-17]。整个系统结构如图 2-1 所示。

(a)外部构造　　(b)内部构造

图 2-1　新一代集料图像测量系统(AIMS Ⅱ)

AIMS Ⅱ图像采集系统以 4.75 mm 为界限划分粗、细集料，4.75 mm 粒径以上的集料为粗集料，4.75 mm 粒径以下的集料为细集料，可分析 0.075～37.5 mm 粒径范围内集料的形状、棱角与表面纹理。对应每一档粒径的集料，AIMSⅡ均配有一个可旋转的透明托盘用于放置集料，同时额外配有一个黑色的不透明托盘用于获取透明材料颗粒的图像。AIMSⅡ通过逆光灯创造集料固定方向的投影图像，并采用高精度的数码相机将集料的投影图像捕获以用于分析集料的形状与棱角。另外，AIMSⅡ利用顶部灯和可调节放大倍数的显微镜，获取集料的表面纹理图像，以用于分析集料的纹理特征。

本章旨在研究粗集料的形态特征，因此，下面主要介绍 AIMS Ⅱ测量粗集料的具体工作原理。

(1) 试验前的准备工作。

首先，将筛分好的粗集料用洁净的水清洗，清洗完后烘干。然后，将烘干后的粗集料逐颗摆放于对应托盘的凹槽中，关上封闭暗箱。

(2) 试验测量过程。

粗集料形态特征的测量总共分为三次扫描过程。电脑上安装的 AIMS 程序开始运行后即开始第一次扫描，载有粗集料的托盘以固定的速度旋转，当其中一颗集料进入照相机视野范围内时，逆光灯照射于该颗集料生成集料的投影图像，然后，利用照相机将集料的投影图像捕获，同时 AIMS 软件通过分析投影图像来计算集料的棱角性，并确定其轮廓质心的位置用于定位集料，以便三次扫描过程中分别获取的信息能够对应于同一颗集料。当系统完成所有粗集料的第一次扫描后即进行第二次扫描，托盘依次重新旋转到每颗集料的定位位置，测量相对应集料的三维尺寸(长、宽、高)，同时 AIMS 内置软件基于集料的三维尺寸对集料的形状特征进行分析。当完成所有集料的三维尺寸测量后即进行第三次扫描，托盘再依次重新旋转到每颗集料的定位位置，通过顶视灯和显微镜获取对应集料的表面微观图像，同时 AIMS 软件通过分析表面微观图像来评价集料的表面纹理。

(3) 试验后导出结果。

当粗集料的形状、棱角与表面纹理测量完成后，实验测试和分析结果通过 AIMS 软件导出至预先设定路径下的 Excel 表中。

2.1.2 AIMS Ⅱ的评价指标

对于三个不同层次且相互独立的集料形态特征分量，即形状、棱角和表面纹理[18]（图 2-2），AIMS Ⅱ均有相应的特征量化指标进行评价。

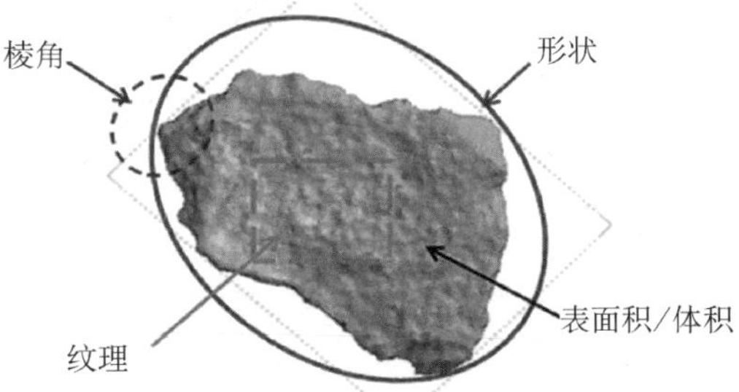

图 2-2 集料的形状、棱角、表面纹理

1. 二维形状(Form2D)

AIMS Ⅱ采用二维形状指标评价集料的二维形状特征，该指标通过集料半径的递增变化表征集料的二维形状，计算公式见式(2-1)。

$$Form2D = \sum_{\theta=0}^{\theta=360-\Delta\theta} \frac{|R_{\theta+\Delta\theta} - R_{\theta}|}{R_{\theta}} \tag{2-1}$$

式中 R_θ—— 集料在 θ 角方向的半径(mm)；

$\Delta\theta$ ——角度增量(°)，取 4°。

二维形状指标结果取值范围为 0～20，指标值越接近于 0 表示集料二维形状越近似于圆，圆形的二维形状指标值为 0。根据集料二维形状接近圆的程度，AIMS Ⅱ通过二维形状指标数值范围将集料的形状划分为低、中、高和极高 4 个水平，如图 2-3 所示。

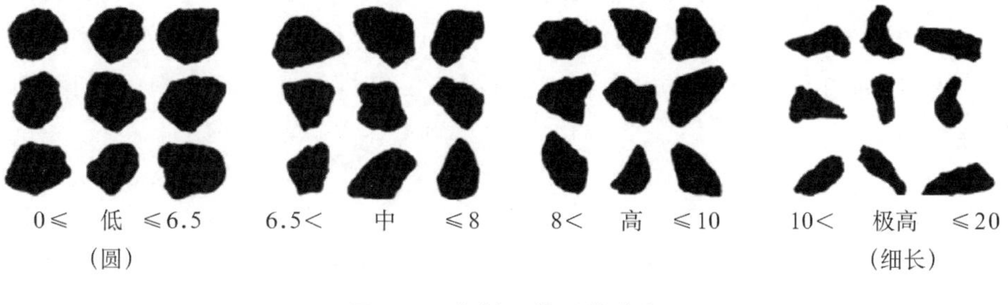

图 2-3 集料二维形状分类

2. 球度(Sphericity)

AIMS Ⅱ采用球度指标评价粗集料的三维形状特征，该指标由集料的长轴长、次轴长与短轴长(长度、宽度、高度)计算得到，如图 2-4 所示。AIMS Ⅱ通过自动调焦显微镜直接测量集料的短轴长。为了获取集料的长轴长与次轴长，将集料投影图像中的各个像素点看作向量 $x=(a, b)^{T}$，其中 a 和 b 是与 x，y 轴有关的坐标值，通过这些向量组

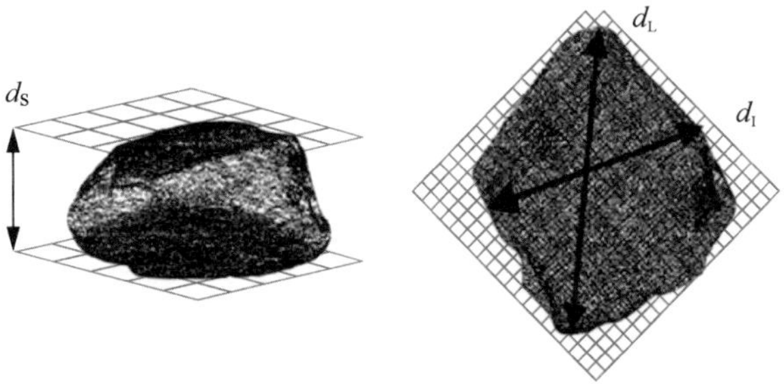

图 2-4　集料的三维尺寸

成所有像素点的协方差矩阵，并计算协方差矩阵的特征向量，之后利用特征向量计算经过集料二维图像中心点的长轴与次轴的长度。球度计算公式见式(2-2)。球度指标结果取值范围为 0～1，指标值越接近于 1 表示集料三维形状越近似于球，球体的球度指标值为 1。

$$SP = \sqrt[3]{\frac{d_S d_I}{d_L^2}} \tag{2-2}$$

式中　d_S——集料短轴长，即高度(mm)；
d_I——集料次轴长，即宽度(mm)；
d_L——集料长轴长，即长度(mm)。

3. *扁平度*(Flatness Ratio)、*细长度*(Elongation Ratio)、*针片度*(Flat & Elongated Value)

集料的扁平度、细长度和针片度指标是由集料的长轴长、次轴长与短轴长之间的互比值求得的，计算公式分别见式(2-3)、式(2-4)和式(2-5)，公式中的参数与球度指标的参数意义相同。AIMS Ⅱ采用 3∶1 和 5∶1 两个不同比值界限定义扁平集料、细长集料与针片状集料，通过总体测量样本中扁平集料、细长集料与针片状集料的含量来评价集料形状特性的优劣。

$$Flatness = \frac{d_S}{d_I} \tag{2-3}$$

$$Elongation = \frac{d_I}{d_L} \tag{2-4}$$

$$Flat\&Elongated = \frac{d_L}{d_S} \tag{2-5}$$

4. *梯度法棱角*(Gradient Angularity)

AIMS Ⅱ采用梯度分析法量化集料的棱角性。首先，使用 Socel mask 算法计算集料二维图像轮廓边界各个点的梯度向量，在图像(x, y)位置的梯度向量为

$$\nabla f=\begin{bmatrix}G_x\\G_y\end{bmatrix}=\begin{bmatrix}\dfrac{\partial f}{\partial x}\\\dfrac{\partial f}{\partial y}\end{bmatrix} \tag{2-6}$$

梯度向量的方向通过向量 ∇f 的角 $\theta(x, y)$ 进行表征：

$$\theta(x, y)=\tan^{-1}\left(\frac{G_x}{G_y}\right) \tag{2-7}$$

如果集料图像边缘越尖锐，那么邻近点梯度向量的方向变化越快；反之，边缘越圆润，邻近点梯度向量的方向变化越慢，如图 2-5 所示。

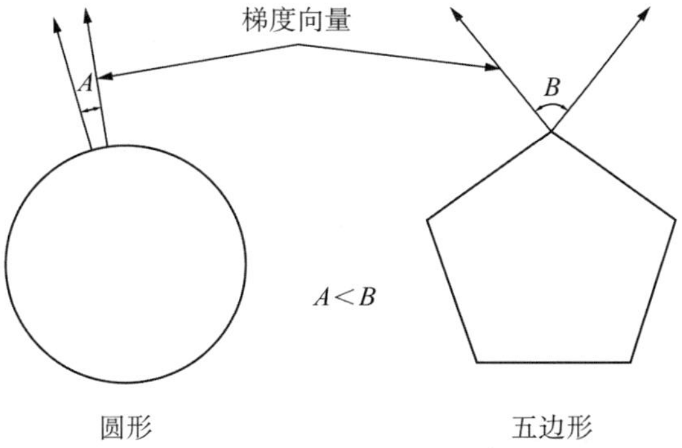

图 2-5　光滑集料与棱角集料梯度向量的对比

最后，计算集料图像边缘所有相邻点之间的梯度向量方向改变量，集料的梯度棱角指标通过梯度向量方向改变量的平均值表征，计算公式见式(2-8)。

$$GA=\frac{1}{\dfrac{n}{3}-1}\sum_{i-1}^{n-3}\left|\theta_i-\theta_{i+3}\right| \tag{2-8}$$

式中　θ——集料图像边缘点的梯度向量角度(°)；

n——集料图像边缘点的总数量；

i——集料图像边缘的第 i 个点。

梯度棱角指标结果取值范围为 0～1 000，指标值越小表示集料的棱角性越低，光滑圆的梯度棱角指标值为 0。根据集料棱角性高低，AIMS Ⅱ通过梯度棱角指标数值范围将集料的棱角划分为极少棱角、少棱角、多棱角和极多棱角 4 个水平，如图 2-6 所示。

5. 纹理指标(Texture)

AIMS Ⅱ采用小波分析法获取粗集料表面纹理信息并对其进行量化。小波分析通过短高频基函数和长低频基函数分别捕获集料表面细节纹理信息与粗略纹理信息，将

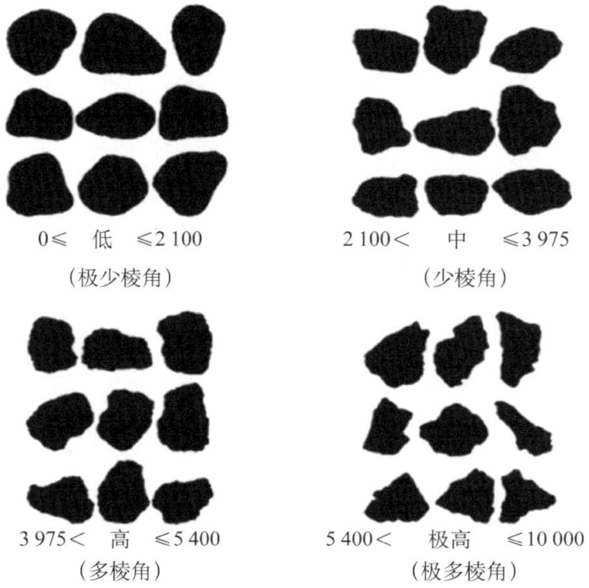

图 2-6 集料棱角性分类

集料表面灰度图像转换分解为一张低精度图像和一组高精度图像,如图 2-7 所示。其中低精度图像能够继续被转换分解为下一层次的一张低精度图像和一组高精度图像,依次迭代转换。每转换分解一次均能够得到一组细节系数 LH, HL, HH。

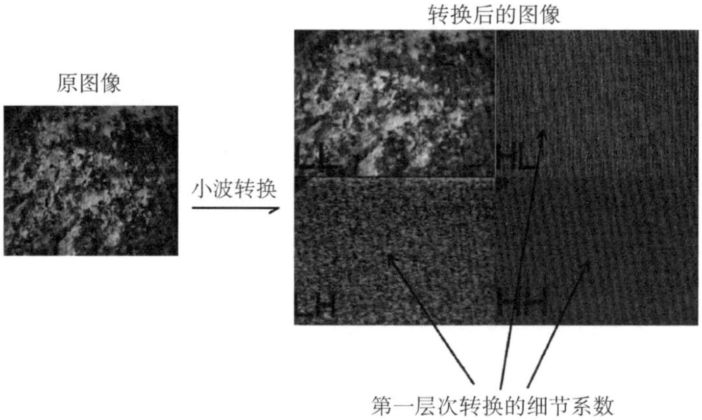

图 2-7 小波分析法

集料不同方向的表面纹理信息可以通过细节系数 LH, HL, HH 反映,其中 LH 系数反映集料表面灰度图像垂直方向的高频率信息,HL 系数反映图像水平方向的高频率信息,HH 系数反映集料表面对角线方向的高频率信息。由于粗集料表面纹理的评价与纹理方向无关,各个方向的纹理信息权重相同,因此,可以通过一系列转换分解后得到所有细节系数的平方和表征粗集料表面纹理，纹理指标计算公式见式(2-9)。

$$TX=\frac{1}{3N}\sum_{i=1}^{3}\sum_{j=1}^{N}[D_{i,j}(x,y)]^2 \tag{2-9}$$

式中 D——分解函数；

N——一张图像中细节系数的总数量；

i——第 i 张高精度图像；

j——小波指数；

x，y——在转换域中细节系数的横、纵坐标。

纹理指标结果取值范围为 0～1 000，指标值越小表示集料表面越光滑，完全光滑表面的纹理指标值为 0。根据粗集料表面的粗糙程度，AIMS Ⅱ通过纹理指标数值范围将粗集料的表面纹理划分为低、中、高和极高 4 个水平，如图 2-8 所示。

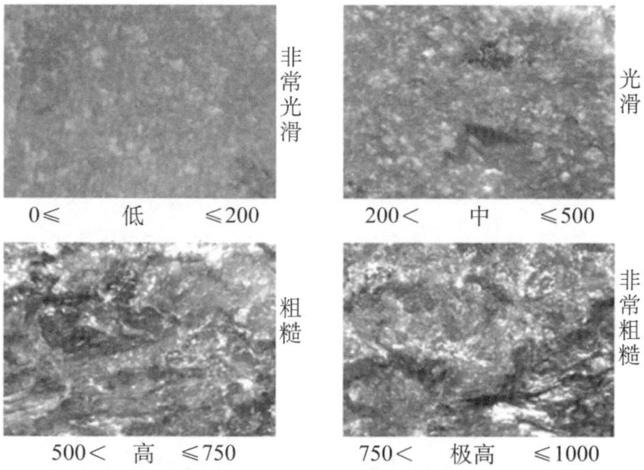

图 2-8 集料表面纹理性分类

2.1.3 AIMS Ⅱ的合理性验证

为了验证 AIMS Ⅱ评价集料形态特征的合理性，选用三种规准形状的试样（每种形状 5 个试样）：球体、标准多边体 1 和标准多边体 2。如图 2-9 所示，球体的直径为9.5 mm，表面光滑、无棱角；两种标准多边体的长轴长与次轴长均为 36 mm 和 18 mm，表面刻痕相同；标准多边体 1 比标准多边体 2 形状更扁，其短轴长分别为 12 mm 和7.2 mm。通过AIMS Ⅱ测量如上试样，获得形状、棱角和表面纹理数据曲线如图 2-10 和图 2-11 所示。

从图 2-10 中可以看出，球体测得的纹理指标值接近于 0，反映所测的球体具有光滑的表面，这与球体表面光滑的实际情况相吻合。此外，标准多边体 1 与标准多边体 2 测得的纹理指标值均在 300 左右，基本相等，表示两种标准多边体具有相同的纹理性，这也与两种标准多边体的表面具有相同的刻痕相吻合。这说明 AIMS Ⅱ 评价集料的表面纹理特征具有合理性。

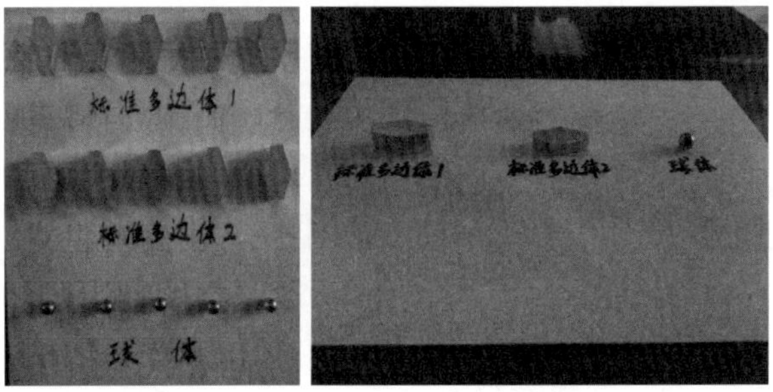

(a)顶面图　　　　　　(b)侧面图

图 29　三种规准形状物体:标准多边体 1、标准多边体 2、球体

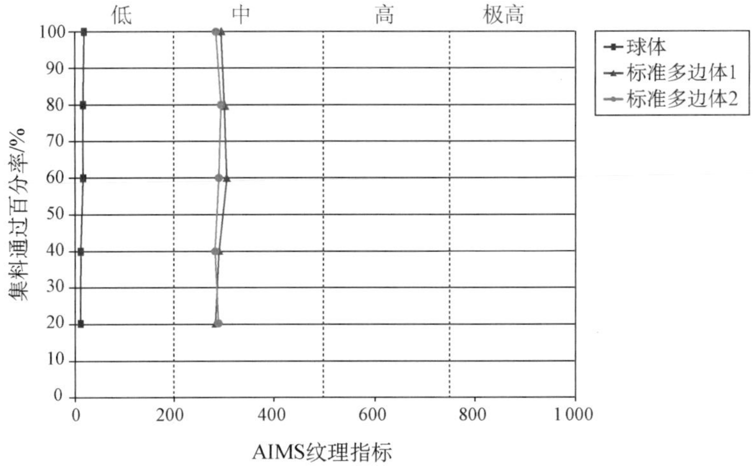

图 2-10　三种规准物体 AIMS 纹理测量结果

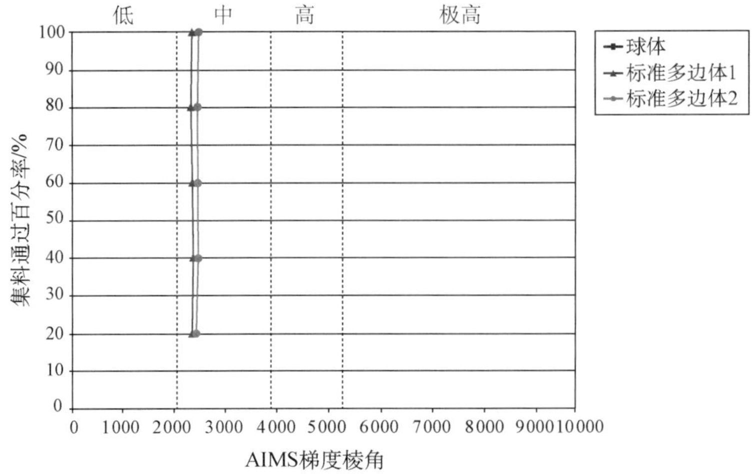

图 2-11　三种规准物体 AIMS 棱角测量结果

从图 2-11 可以看出，棱角值为 0 的球体通过百分率为 100%，这与球体无棱角的实际情况相吻合。此外，标准多边体 1 与标准多边体 2 测得的梯度棱角值均在2 400 左右，基本相等，表示两种标准多边体具有相同的棱角性，这与两种标准多边体具有完全相同的轮廓相吻合。以上说明 AIMS Ⅱ 评价集料的棱角特征具有一定的合理性。

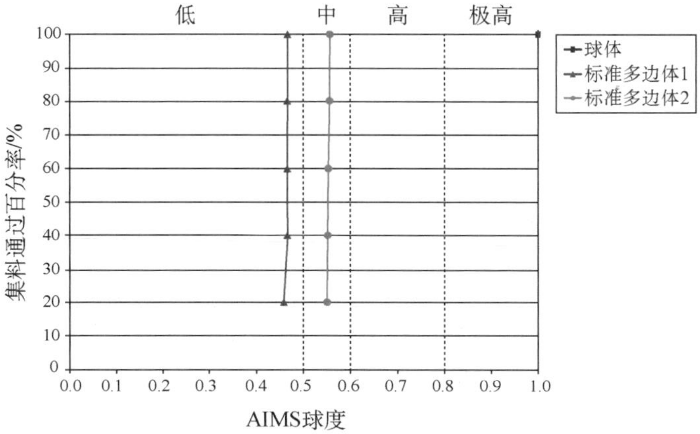

(a) 集料通过百分率

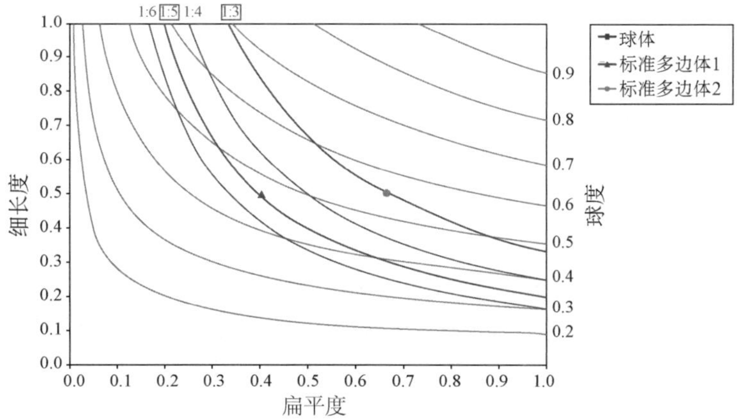

(b) 集料细长度

图 2-12　三种规准物体 AIMS 形状测量结果

对于球体，从图 2-12(a)可以看出，球度值为 1 的球体通过百分率为 100%，同时，从图 2-12(b)可以看出，球体测得的扁平度、细长度与针片度也都为 1，测量结果与球体的三维尺寸完全相等的实际形状特征相吻合。对于两种标准多边体，从图 2-12(a)可以看出，标准多边体 1 与标准多边体 2 测得的球度值分别为 0.47 和 0.56 左右，同时，从图 2-12(b)可以看出，标准多边体 1 与标准多边体 2 测得的细长度基本相等，均在 0.50 左右，然而，标准多边体 1 的扁平度比标准多边体 2 小，分别为 0.40 和 0.66 左右，标准多边体 1 的针片度比标准多边体 2 大，分别为 5∶1 和 3∶1，测量结果与两种标准多边体的实际形状特征相吻合，即两种标准多边体的长轴长与次轴长均为 36 mm 和

18 mm,标准多边体 1 比标准多边体 2 形状更扁,其短轴长分别为 12 mm 和 7.2 mm。以上说明 AIMS Ⅱ评价集料的形状特征具有一定的合理性。通过 AIMS Ⅱ测量获得的三种规准形状物体的形状、棱角和表面纹理与物体实际形态特征的对比研究,验证了 AIMS Ⅱ评价集料形态特征具有一定的合理性与适用性。

2.2 基于 X-ray CT 扫描技术的集料颗粒形态表征与评价

2.2.1 X-ray CT 扫描成像原理与图像采集技术

数字图像,又称数码图像或数位图像,是二维图像用有限数字数值像素的表示。目前,物体数字图像的获取方法主要包括数码相机拍照、扫描仪扫描、X-ray CT 无损伤扫描等。

数码相机拍照是利用一种电荷耦合器件 CCD 对所研究的物体在一定的光照条件下进行拍照以采集其结构信息。数码相位技术目前已经在生物医学、气象学、航空航天学、机械工业等领域内得到了比较广泛的应用,也逐步地运用到土木工程领域中来。利用数码相机拍照技术对沥青混合料结构进行识别与分析,关键是通过不同的材料所具有的不同色彩来把材料区分开来。因此,在对集料进行选择时,宜选用与沥青胶浆间的色泽反差较大的集料,便于对图像中集料的边缘进行识别与提取,这就对沥青混合料集料的选择有所局限。另外,在数码相机拍照之前,需用双面锯在指定位置切开沥青混合料以获取其内部结构的信息。一般情况下,集料颗粒边缘在切割时很容易发生松散破碎,出现一些呈松散连接的颗粒群,边缘较模糊,会给后期图像处理带来很大的困难。面临同样问题的困扰,采用扫描仪对混合料试件扫描也无法获取便于后期处理的理想的数字图像。

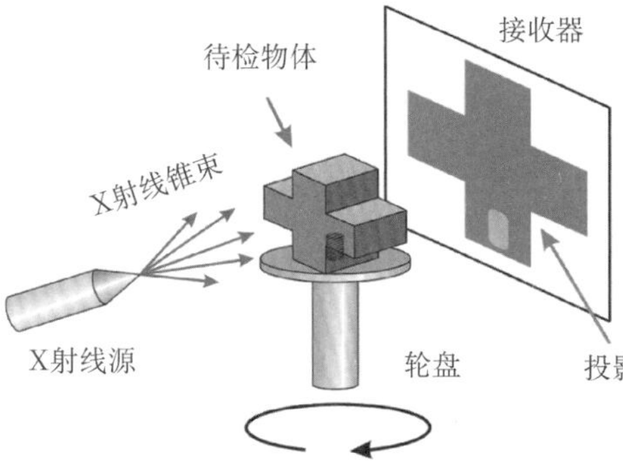

图 2-13 X-ray CT 工作原理

X-ray CT 技术是指利用 X 射线穿透目标物体断面而进行旋转扫描,进而收集 X 射线经每个层面的不同物质衰减后的信息,进行放大和模数转换,然后借助计算机在 CT 设备探测空间范围内进行空间某点相关联的各个方向射线的空间解算,从而得出与该点的 X 射线吸收系数 μ 直接相关的数值,最终形成一幅扫描物体层面的数字图像[19-22],工作原理如图 2-13 所示。CT 数值随着所扫描物质的密度增大而增大。

YXLON.CT:该 CT 设备由德国 YXLON(依科视朗)国际射线有限公司提供。德国 YXLON 公司是目前全球最大的工业 X 射线检测设备制造商,也是全球工业 X 射线检测技术的领导者,迄今已经有一百多年悠久的历史。该公司起源于 1896 年,其前身由德国飞利浦工业 X 射线公司于 1997 年与丹麦的 Andrex 合并,并于 1998 年并购了美国的 Lumenx 组建而成。1999 年启用了 YXLON 这个新的公司名称及商标，总部设在汉堡。YXLON 的 X 射线设备遍及工业 X 射线检测应用的所有领域和行业，如航空航天、汽车、轮胎、造船、压力容器等。2007 年 7 月，与世界最大的 X 射线管制造商瑞士 COMET 合并，从而进一步增强了 COMET-YXLON 在世界无损检测领域的领导地位。YXLON 的产品也进一步拓展到微焦点等电子应用行业，2008 年 5 月，成立 YXLON International GmbH。

近年来，道路工作研究者也逐渐把这种无损检测设备引进到对沥青混合料路面材料的研究中来。2008 年，华南理工大学的道路工程研究所引进了由 YXLON 公司生产的 Compact-225 型工业 CT，基于 X-ray CT 技术开展了沥青混合料数字图像处理技术的研究，并取得了一系列重要的研究成果。

本章主要介绍由德国 YXLON 公司生产的 Compact-225kV 型工业 CT，如图 2-14 所示。YXLON.CT 采用了微焦点 X 射线系统、高分辨率的探测器、高精度的机械运动系统和高精度的控制系统，系统的细节辨识能力可小于 10 μm。该工业 CT 系统主要包括以下几个组成部分：射线源、辐射平板探测器和准直器、焦点控制器、高压发生器、计算机数据采集处理系统、主控电柜及样品扫描机械系统等。其主要性能参数如表 2-4 所示。

图 2-14　XCT 系统结构组成

表 2-4　工业 CT 设备规格与参数

设备规格	参　数
最大管电压	225 kV
最大管电流	3.0 mA(D)/1.0 mA(T)
最大管功率	320 W(D)/64 W(T)
工件尺寸	外直径 170 mm，如选用扫描区域扩展，最大直径可达 260 mm
有效扫描高度	<500 mm
操作模式	容积扫描(锥束扫描)和数字成像
放大倍数	200 倍(D)/100 倍(T)
像素尺寸	200×200 μm^2
细节辨识能力	<3 μm(D)/<500 nm(T)
尺寸精度	<5 μm
空间分辨率	23.0 LP/mm(D)；43.0 LP/mm(T)
对比度、灵敏度	<0.2%

由于 X-ray CT 利用焦点控制器连接计算机操作系统、样品扫描机械系统、探测器以及高压发生器等，因此，主要通过操作高性能计算机中的 CT 软件完成整个扫描过程，包括调试、扫描和成像三个阶段。

1. 调试阶段

首先，根据扫描样本的体积、密度，选择材质与厚度相适合的滤波片贴置于 X 射线靶头处以减少低能射线所占的比例，防止 CT 图像上出现盘状的伪像，从而影响成像质量。然后，将扫描样本平稳地摆放于载物台中心的轻质垫块上，通过扫描机械系统调整载物台的 x，y，z 轴坐标，使样本处于最佳扫描位置。接着进行黑白屏校正，以避免投影值过大、噪声水平过高等异常情况。在黑白屏校正完成之后，调节扫描电压、扫描电流和积分时间参数，调节的原则是，在 CT 图像的饱和度和对比度能够满足图像质量要求的前提下，尽量缩短扫描时间，通常饱和度越大越好，但是为了保护探测器，其最好不要超过 80%，对比度一般要求不低于 3 000。最后，进行增益校正，使 X-ray CT 系统在全部调整结束后处于最佳扫描状态。

2. 扫描阶段

开启 X 射线后，X 射线首先穿过靶头上的滤波片，过滤掉一部分低能射线，然后以一定的入射强度呈锥束状放射穿透扫描样本。在这个过程中，X 射线强度逐步衰减，最后以衰减后的出射强度到达探测器，由探测器测量 X 射线的入射强度和出射强度，并将其反馈到 CT 计算机中。当扫描样本以固定的速率完成 360°旋转时，扫描结束。

3. 成像阶段

CT 根据 X 射线的衰减规律进行成像。如果样本是均质材料，经过定积分计算，可得到 X 射线入射强度与出射强度之间的关系，计算公式见式(2-10)。

$$I = I_0 - e^{-\mu \Delta x} \tag{2-10}$$

式中 I——X 射线出射强度；

I_0——X 射线入射强度；

μ——材料的线衰减系数；

Δx——材料的厚度(mm)。

在穿透均质材料过程中，X 射线强度呈指数规律衰减。

如果样本是非均质材料，X 射线在穿透样本中不同质材料时，其衰减系数会不相等。CT 以级联的形式表征 X 射线入射强度与出射强度之间的关系，计算公式见式(2-11)。

$$I = I_0 e^{-\mu_1 \Delta x} e^{-\mu_2 \Delta x} e^{-\mu_3 \Delta x} \cdots e^{-\mu_n \Delta x} = I_0 e^{-\sum_{n=1}^{N} \mu_n \Delta x} \tag{2-11}$$

由于 X 射线入射强度和出射强度都是可以实际测量的物理量，因此，它们比值的负自然对数容易计算得到，计算公式见式(2-12)。

$$p=\ln(I_0/I)=\sum_{n=1}^{N}\mu_n\Delta x \tag{2-12}$$

式中，n 为级联的单元数。

计算得到的 p 值称为 X 射线穿透物体后的投影数据。CT 计算机通过实际测量的投影数据计算扫描样本各个断面上对于 X 射线的线衰减系数分布。最后，采用反投影算法进行图像重建，得到不重叠的样本断层图像。

为了直观形象地显示样本的断层图像以及三维重构模型，可采用与 X-ray CT 配套购置的三维可视化软件 VGStudio MAX 2.0，该软件可获得样本正面、侧面、立面三个正交角度的不同断层的二维切片图像，也能够根据 MRI，CT 获取的体数据集生成样本的三维体积模型，如图 2-15 所示。

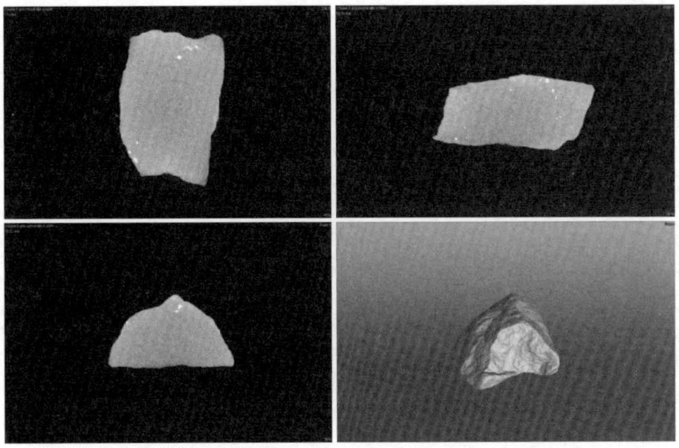

图 2-15　VGStudio MAX 2.0 集料样本可视化

2.2.2　粗集料三维形态表征与评价

当前，在基于数字图像处理技术评价集料的形态特征方法中，大多采用数码相机捕获集料的二维图像以评价其二维形态特征。例如，2.1 节中所介绍的集料图像测量系统（AIMS Ⅱ）正是基于集料的二维投影图像分析其棱角性和二维形状特征，虽然通过测量集料的长度、宽度与高度三维尺寸来计算球度指标，用于评价集料接近立方体或球体的程度，但是，这仅能够近似地表征集料的三维形状特征，仍无法完全准确地反映集料的三维形状特征信息。基于二维图像的测量方式本身具有不可避免的缺陷，主要表现在其获取的图像是集料的平面投影图像，而集料的平面投影图像在很大程度上受集料摆放位置的影响，可能会导致将低棱角、光滑的集料错误地评定为高棱角、粗糙的集料。为了更直观地说明二维测量方法的局限性，随机选择一颗集料样本，如图 2-16 所示，从该集料顶部获取的顶视投影图像轮廓圆滑、棱角性低，而从集料侧面获取的侧视投影图像轮廓凹凸、棱角性较高，两个结果之间具有显著的差异。

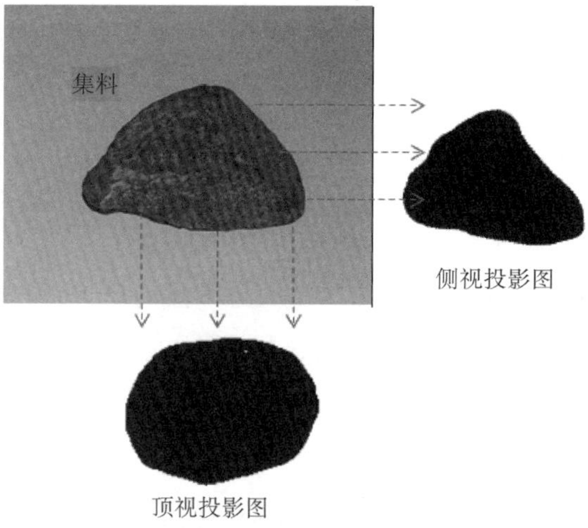

图 2-16　集料不同方向的投影

大多数方法主要关注集料的二维形态特征，而粗集料三维形态特征的定量评价对于集料质量的控制、沥青混合料三维数值模拟技术的深入研究以及沥青路面性能的改善等都具有重要的意义。因此，有必要对粗集料的三维形态特征进行研究。

X 射线断层扫描装置(X-ray Computed Tomography, XCT)是三维数字图像处理技术的一种有力手段，通过获取材料内部连续的断层图像来反映材料真实的三维空间结构信息。基于 XCT 技术获取的数字图像能够更精确、真实地展示材料的三维结构特征、几何特征等。因此，采用 XCT 技术获取粗集料的三维形态特征信息，并通过矩阵实验室(MATLAB)自编的算法程序对其进行分析，可提出合理的量化指标来评价粗集料的三维形状与棱角特征。

粗集料的综合形态特征可以通过 3 个不同尺度且相互独立的特征分量表征，即形状、棱角与表面纹理。第一尺度特征为形状，反映集料的整体宏观特征与形态；第二尺度特征为棱角，反映集料的局部细观特征与形态；第三尺度特征为表面纹理，反映集料的表面微观特征与形态。通过数字图像技术较容易获取集料的形状与棱角特征信息，而最小尺度的集料表面纹理特征则需要借助高分辨精度的显微设备来获取。XCT 作为高精度无损扫描设备，能够扫描获取粗集料的三维表面纹理特征，但是需要付出昂贵的代价，包括扫描获取时间长、处理分析时间长以及扫描费用高等时间成本和经济成本代价。当前，由于许多先进的高精度设备都能够达到微观尺度测量的要求，如 AIMS Ⅱ 采用显微镜可以很容易地测量粗集料的表面纹理，因此，采用 XCT 技术研究粗集料的三维表面纹理特征实际意义较小。本节重点介绍基于 XCT 技术的粗集料的三维形状与棱角特征。

1. 粗集料三维形态特征获取方法

因为集料的形态各异，所以需要测量大量样本数据来表征集料总体的形态特征，使结果具有统计意义，以指导实际工程应用。因此，简便高效地测量粗集料的三维形态特征是十分有必要的。

在 XCT 的探测器尺寸为 150 mm×150 mm 的情况下，为了能够简便高效地扫描足够多不同粒径的粗集料，本研究自制一套可以承载集料的纸格栅，如图 2-17 所示。对于不同粒径的粗集料，均对应着一种不同尺寸的纸格栅，每种纸格栅都是由 4×4×4 数量的小立方格组成，每个小立方格内均可以使用胶水安固一颗集料，防止扫描过程中出现集料晃动情况而影响成像质量。由于纸格栅 4 个角位置的集料在 360°旋转扫描过程中容易超出探测器范围，所以在 4 个角位置不安放集料。一种尺寸的纸格栅总共可以安放 12×4 颗对应粒径的粗集料，通过该种自制的纸格栅装置，XCT 一次能够扫描 48 颗同一粒径的粗集料。这种纸格栅装置的优点是一次可以扫描多颗粗集料，能够显著提高测量粗集料三维形态特征的效率。此外，它的轻质性和整齐性特点也便于后期对集料图像进行阈值分割处理与三维特征分析。

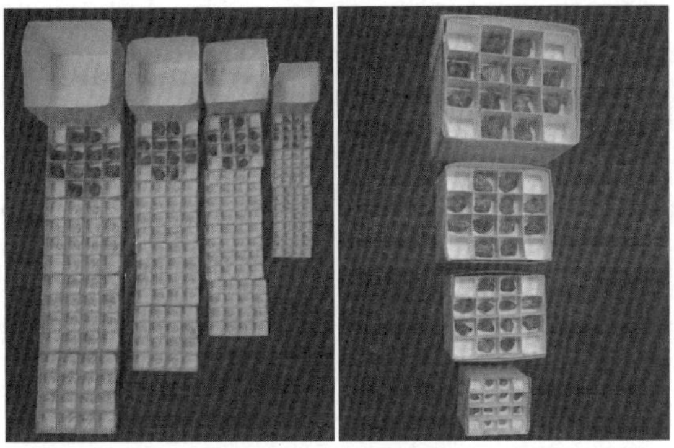

图 2-17　纸格栅装置

扫描成像的三维图像分辨率为 1 024×1 024×1 024，扫描精度为 60 μm，可以清晰地获取粗集料的形状和棱角特征。扫描完成后，通过 VGStudio MAX 2.0 软件可视化集料的扫描结果，可以得到集料三个正交视图（顶视图、前视图、右视图）方向的不同断层的二维切片图像与一个可视化集料三维重构模型，如图 2-18 所示。相邻断层图像的间隔为 0.12 mm。

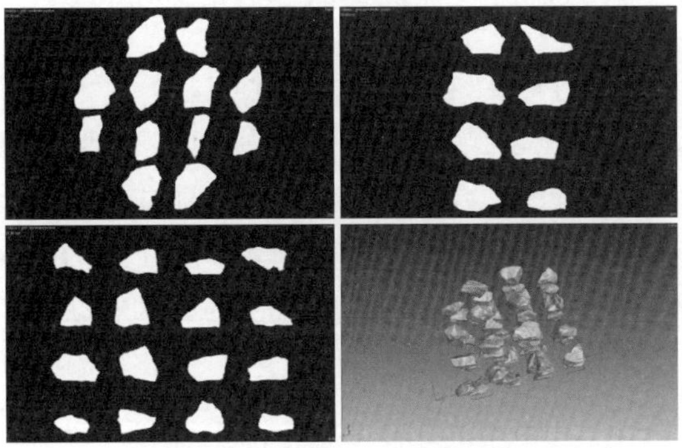

图 2-18　粗集料扫描结果可视化

VGStudio MAX 2.0 可视化软件能够将粗集料三个正交视图方向的各断层的二维切片图像以 BMP，JPEG，TIFF 或 PNG 等图像文件格式批量导出，选择采用包含图像信息较丰富的 BMP 格式存储粗集料扫描切片图像。

2. 粗集料三维形态特征定量评价方法

为了方便批量处理与分析导出的包含粗集料形态特征信息的切片图像，通过 MATLAB 自编的算法程序对图像进行处理分析。为了评价粗集料的三维棱角特征，自编两个 MATLAB 算法程序。

1）粗集料图像处理算法

在 XCT 扫描过程中，由于不可避免地产生大量的噪声，而噪声会导致图像失真，使图像细节与背景之间的对比度降低，影响后续的处理。因此，图像去噪是一个非常重要的图像处理步骤。此外，以粗集料为主要研究对象，与作为载体的纸格栅无关，为了后期仅针对粗集料形态特征的研究，有必要将纸格栅与集料两种对象分割开，同时集料的形态特征是通过其表面轮廓反映的，与内部特征无关。因此，为了减少图像的占用空间，去除扫描图像中不需要的信息而仅保留集料图像的边界信息是十分有必要的。基于以上图像处理需求，在粗集料图像处理算法中，首先采用中值滤波方法消除原始图像噪声；其次，采用最大类间方差法将集料灰度图转化为占用空间较小的二值图来描述粗集料的边界轮廓；最后，将图像处理后的粗集料二值图导出到设定的路径下，以便后期进行粗集料三维棱角分析。粗集料图像经过算法处理前后的对比如图 2-19 所示。

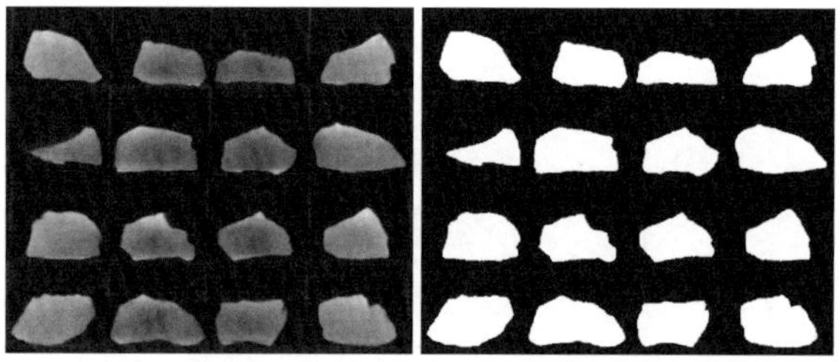

(a)处理前　　(b)处理后

图 2-19　粗集料图像处理前后对比

2）等效椭圆法分析粗集料三维棱角的算法

由于一张切片图像上存在多颗集料的形态特征信息，因此，为了便于对单颗集料的几何特征参数进行汇总统计，三维棱角分析算法通过图像分区将所有集料隔离成各自的单元，并对各区域单元进行编号，然后，计算各分区内粗集料三个正交视图方向的所有断层切片图像的几何特征参数，包括面积 A、周长 P 和等效椭圆周长 P_e，如图 2-20 所示。

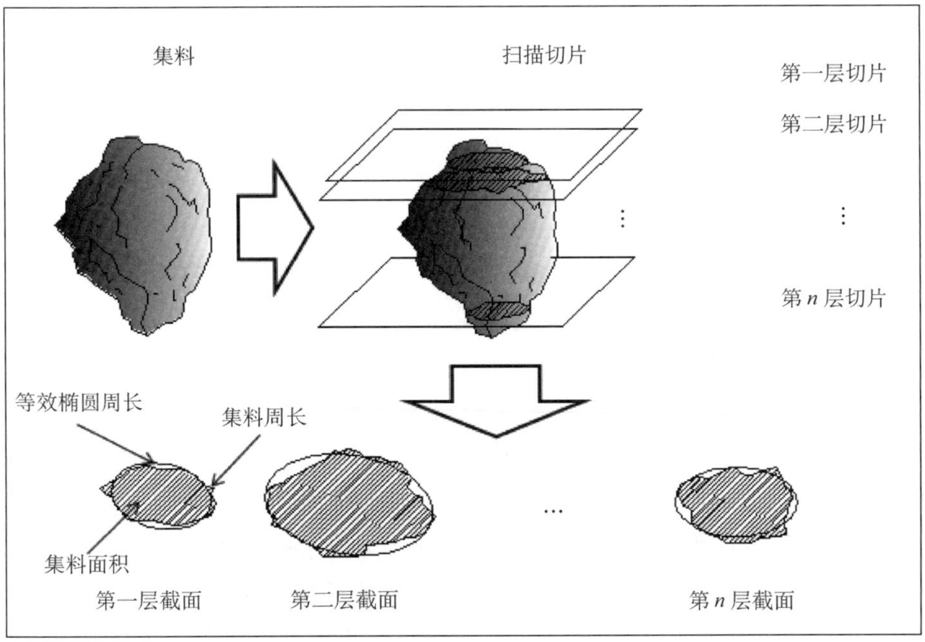

图 2-20 集料几何特征参数

由于等效椭圆能够消除集料形状对棱角性的影响，有研究者提出采用等效椭圆法定量评价集料的二维棱角性。经过试验验证，等效椭圆法相比于其他二维棱角性评价方法更为合理，等效椭圆法二维棱角指标的定义为集料周长与等效椭圆周长的比值，其比值越大表示集料的二维棱角性越高。因此，可借鉴等效椭圆法来定量评价粗集料的三维棱角性。因为集料在不同断层图像上的二维棱角特征不一样，而断层图像面积越大，集料在该断层的二维棱角性对集料整体三维棱角的贡献越高，所以对于粗集料三个正交视图方向的断层图像，均通过集料断层面积对等效椭圆法二维棱角指标进行加权，求得粗集料的整体综合棱角值，最后，计算集料在三个视图方向的综合棱角值的均值以表征粗集料的三维棱角性，计算公式见式(2-13)。

等效椭圆支三维棱角：

$$3DA=\frac{1}{3}\left(\frac{\sum_{i=1}^{n_t}\frac{P_{ti}\cdot A_{ti}}{P_{te}}}{\sum_{i=1}^{n_t}A_{ti}}+\frac{\sum_{i=1}^{n_r}\frac{P_{ri}\cdot A_{ri}}{P_{re}}}{\sum_{i=1}^{n_r}A_{ri}}+\frac{\sum_{i=1}^{n_f}\frac{P_{fi}\cdot A_{fi}}{P_{fe}}}{\sum_{i=1}^{n_f}A_{fi}}\right) \tag{2-13}$$

式中 P_{ti}，P_{ri}，P_{fi} ——集料在顶视图、右视图和前视图方向的断层图像的周长(mm)；

A_{ti}，A_{ri}，A_{fi} ——集料在顶视图、右视图和前视图方向的断层图像的面积(mm^2)；

P_{te}，P_{re}，P_{fe}——集料在顶视图、右视图和前视图方向的断层图像的等效椭圆周长(mm)；

n_t，n_r，n_f——集料在顶视图、右视图和前视图方向的断层图像数量；

i——集料的第 i 张断层图像。

3）腐蚀膨胀法三维形状与棱角分析算法

腐蚀膨胀算法属于数学形态学范畴，最早是科学家在研究岩石结构时所建立的一门科学。形态学的用途主要是获取物体结构和拓扑信息，通过结构元素和物体相互作用的特定运算，如腐蚀膨胀运算，得到物体更本质的形态，定义图像的各种几何特征参数以描述物体的形态特征。

图像腐蚀的具体操作是选择一种结构元素扫描图像中的每一个像素，结构元素种类有很多，包括菱形、梯形、圆盘形和矩形等，其大小也可以根据处理需求规定。通过结构元素中的每一个像素与其覆盖的像素做“与”操作，得到结构元素中所有像素的值，如果结构元素有部分在图像外面，即结构元素中的部分像素找不到与其覆盖的图像像素，此时，为了有效处理边界像素，形态学运算函数会给超出图像而未指定数值的像素指定一个数值，对于二进制图像的腐蚀算法，像素值规定为 0。最后，结构元素中所有像素的值如果都为 1，则图像中该扫描像素的值为 1，否则为 0，像素值为 1 的像素点将继续保留组成物体图像，而像素值为 0 的像素点将从物体图像中消失。

图像膨胀的具体操作也是选择一种结构元素扫描图像中的每一个像素，通过结构元素中的每一个像素与其覆盖的像素做“或”操作，得到结构元素中所有像素的值，如果结构元素有部分在图像外面，二进制图像的膨胀算法会将超出图像的像素的值规定为 1。最后，结构元素中所有像素的值如果都为 0，则图像中该扫描像素的值为 0，否则为 1，像素值为 1 的像素点将继续保留组成物体图像，而像素值为 0 的像素点将从物体图像中消失。图像腐蚀膨胀原理如图 2-21 所示。

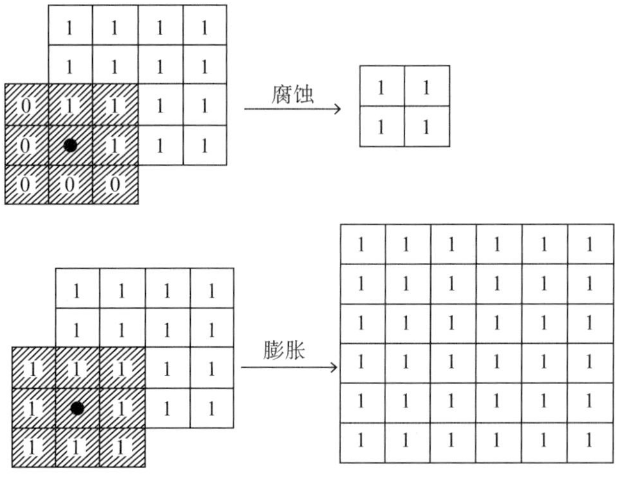

图 2-21　图像腐蚀膨胀原理

由于腐蚀膨胀法具有保持图像形状特征、平滑图像边界的特点，基于 MATLAB 编制粗集料图像腐蚀膨胀处理算法。该算法图像处理的第一步是进行中值滤波去噪；第二步是采用最大类间方差法将粗集料扫描图像二值化，并通过图像分区将所有集料隔离成各自的单元；第三步是运用合适大小与形状的结构元素对粗集料所有断层切片图像进行开运算，即先腐蚀后膨胀。选择圆盘状作为结构元素的形状，因为圆盘状不具有棱角，可以更好地平滑集料的边界轮廓。结构元素的大小需要根据粗集料的粒径选择，因为粗集料的粒径越小，其图像和棱角尺度越小，通过较小的结构元素进行腐蚀膨胀可以实现集料边界的平滑。如果粒径较小的粗集料采用较大的结构元素进行腐蚀膨胀，会导致集料形状特征的破坏，而无法准确地评价其独立的棱角特征分量。

对于道路工程常用的四种粒径粗集料，4.75/9.5 mm，9.5/13.2 mm，13.2/16 mm 和 16/19 mm，通过改变结构元素的大小分别腐蚀膨胀各粒径集料的二维图像，比较确定对应各粒径粗集料的结构元素大小。对于 4.75/9.5 mm 粒径粗集料，分别采用半径为 10，15，20 mm 的圆盘状结构元素进行腐蚀膨胀，如图 2-22 所示。

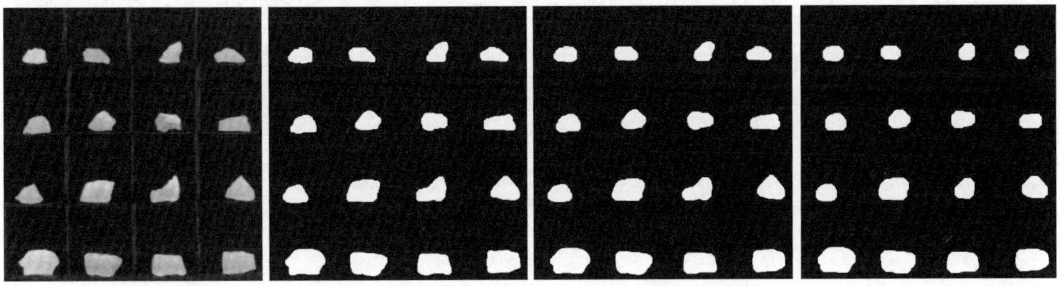

(a)粗集料原始图　(b)半径为10 mm的结构元素　(c)半径为15 mm的结构元素　(d)半径为20 mm的结构元素

图 2-22　4.75/9.5 mm 粒径粗集料的腐蚀膨胀

从图 2-22 可以看出，采用半径为 10 mm 的结构元素腐蚀膨胀后的集料棱角未完全消除，达不到腐蚀膨胀平滑集料边界的效果；采用半径为 15 mm 的结构元素腐蚀膨胀后的集料轮廓边界光滑，几乎没有棱角；采用半径为 20 mm 的结构元素腐蚀膨胀后的集料形状特征受到破坏，会干扰集料三维棱角特征的准确评价。因此，对于 4.75/9.5 mm 粒径粗集料，应该采用半径为 15 mm 的圆盘状结构元素进行腐蚀膨胀。

对于 9.5/13.2 mm 粒径粗集料，分别采用半径为 15，20，25 mm 的圆盘状结构元素进行腐蚀膨胀，如图 2-23 所示。

从图 2-23 可以看出，采用半径为 15 mm 的结构元素腐蚀膨胀后的集料棱角未完全消除，达不到腐蚀膨胀平滑集料边界的效果；采用半径为 20 mm 的结构元素腐蚀膨胀后的集料轮廓边界光滑，几乎没有棱角；采用半径为 25 mm 的结构元素腐蚀膨胀后的集料形状特征受到破坏，会干扰集料三维棱角特征的准确评价。因此，对于 9.5/13.2 mm 粒径粗集料，应该采用半径为 20 mm 的圆盘状结构元素进行腐蚀膨胀。

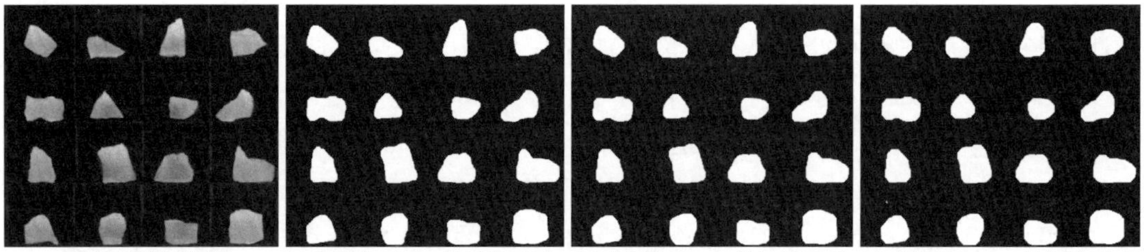

(a)粗集料原始图 (b)半径为15 mm的结构元素 (c)半径为20 mm的结构元素 (d)半径为25 mm的结构元素

图 2-23 9.5/13.2 mm 粒径粗集料的腐蚀膨胀

对于 13.2/16 mm 粒径粗集料，分别采用半径为 20，25，30 mm 的圆盘状结构元素进行腐蚀膨胀，如图 2-24 所示。

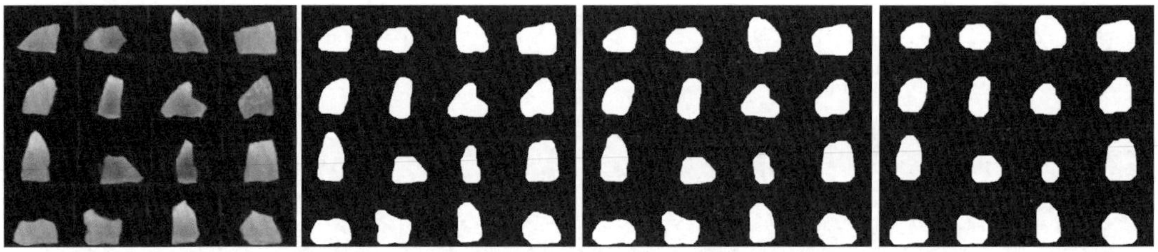

(a)粗集料原始图 (b)半径为20 mm的结构元素 (c)半径为25 mm的结构元素 (d)半径为30 mm的结构元素

图 2-24 13.2/16 mm 粒径粗集料的腐蚀膨胀

从图 2-24 可以看出，采用半径为 20 mm 的结构元素腐蚀膨胀后的集料棱角未完全消除，达不到腐蚀膨胀平滑集料边界的效果；采用半径为 25 mm 的结构元素腐蚀膨胀后的集料轮廓边界光滑，几乎没有棱角；采用半径为 30 mm 的结构元素腐蚀膨胀后的集料形状特征受到破坏，会干扰集料三维棱角特征的准确评价。因此，对于 13.2/16 mm 粒径粗集料，应该采用半径为 25 mm 的圆盘状结构元素进行腐蚀膨胀。

对于 16/19 mm 粒径粗集料，同样地分别采用半径为 20，25，30 mm 的圆盘状结构元素进行腐蚀膨胀，如图 2-25 所示。

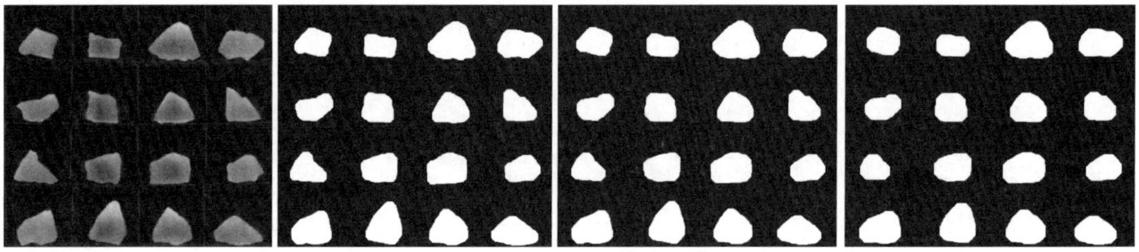

(a)粗集料原始图 (b)半径为20 mm的结构元素 (c)半径为25 mm的结构元素 (d)半径为30 mm的结构元素

图 2-25 16/19 mm 粒径粗集料的腐蚀膨胀

从图 2-25 可以看出，采用半径为 20 mm 的结构元素腐蚀膨胀后的集料棱角未完全消除，达不到腐蚀膨胀平滑集料边界的效果；采用半径为 25 mm 的结构元素腐蚀膨胀后的集料轮廓边界光滑，几乎没有棱角；采用半径为 30 mm 的结构元素腐蚀膨胀后的集料形状特征受到破坏，会干扰集料三维棱角特征的准确评价。因此，对于 16/19 mm 粒径粗集料，应该采用半径为 25 mm 的圆盘状结构元素进行腐蚀膨胀。

通过腐蚀膨胀图像处理算法，可以消除集料棱角处所有断层图像，也可以在不改变集料形状的情况下平滑集料较大断层图像的边界。为了评价粗集料的三维形状与棱角，利用 VGStudio MAX 2.0 可视化软件对经过腐蚀膨胀后的集料二维切片图像进行三维重构，得到形状特征不变、表面棱角被消除的粗集料，具体步骤如下。

(1) 首先，通过腐蚀膨胀图像处理算法，对集料顶视图方向的所有切片图像进行相应的腐蚀膨胀。将腐蚀膨胀后的图像批量导入 VGStudio MAX 2.0软件中进行集料的三维重构。批量导出三维重构后集料右视图方向的所有切片图像。

(2) 然后，继续通过腐蚀膨胀图像处理算法，对上一步导出的集料右视图方向的所有切片图像进行相应的腐蚀膨胀。将腐蚀膨胀后的图像批量导入 VGStudio MAX 2.0 软件中进行集料的三维重构。批量导出三维重构后集料前视图方向的所有切片图像。

(3) 最后，通过腐蚀膨胀图像处理算法，对上一步导出的集料前视图方向的所有切片图像进行相应的腐蚀膨胀。将腐蚀膨胀后的图像批量导入 VGStudio MAX 2.0 软件中进行集料的三维重构，最终获得经过完全三维腐蚀膨胀后的形状特征不变、表面棱角被消除的粗集料，如图 2-26 所示。

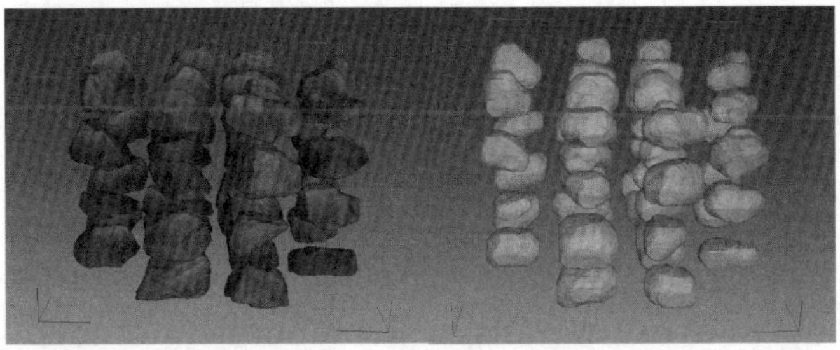

图 2-26　粗集料的三维腐蚀膨胀

为了评价粗集料的三维形状特征，基于等体积球表面积最小理论，即集料形状越不规则，其等体积球表面积与集料表面积的比值越小，提出三维体积球度评价指标，其计算公式见式(2-14)。由于棱角和表面纹理也会影响集料表面积的大小，因此，为了消除粗集料棱角与表面纹理对其独立的形状特征分量评价的干扰，采用腐蚀膨胀后形状特征不变且表面光滑无棱角的粗集料的三维体积球度指标来评价原始粗集料的三维形状。三维体积球度指标中的体积参数、表面积和体积可以通过 VGStudio MAX 2.0 软件中的体积分析功能直接获取。

三维体积球度：

$$3DS=\frac{\pi}{S}\left(\sqrt[3]{\frac{6V}{\pi}}\right)^2 \tag{2-14}$$

式中 S——集料的表面积(mm^2)；

V——集料的体积(mm^3)。

因为粗集料的棱角性越高，其表面受到腐蚀膨胀的影响程度越大，在经过三维腐蚀膨胀后损失的集料体积会越多，故提出采用腐蚀膨胀法三维棱角指标来评价粗集料的三维棱角性，其定义为腐蚀膨胀前后集料的体积差值与腐蚀膨胀前集料的体积之比，计算公式见式(2-15)。

腐蚀膨胀法三维棱角：

$$3DA=\frac{V_1-V_2}{V_1} \tag{2-15}$$

式中 V_1——腐蚀膨胀前集料的体积(mm^3)；

V_2——腐蚀膨胀后集料的体积(mm^3)。

2.2.3 沥青混合料数字图像处理技术

利用 X-ray CT 进行沥青混合料试件的扫描，不但成像精度较高，而且在扫描的过程中不会破坏试件的整体性，同时可以多次对试件不同层面(包括横向与纵向)进行重复扫描，无须切割试件；另外，同一种 CT 扫描条件下，所代表物质密度的每级灰度值也是不一样的，而且物质密度越小，所对应的灰度值就小，表现在图像上的亮度就越低，即越黑。依据这一特性，使得利用 X-ray CT 扫描获得的图像区分沥青混合料中三大体积组分集料、沥青砂胶和空隙成为可能[23]。基于此，本研究对沥青混合料试件数字图像的获取如图 2-27 所示。

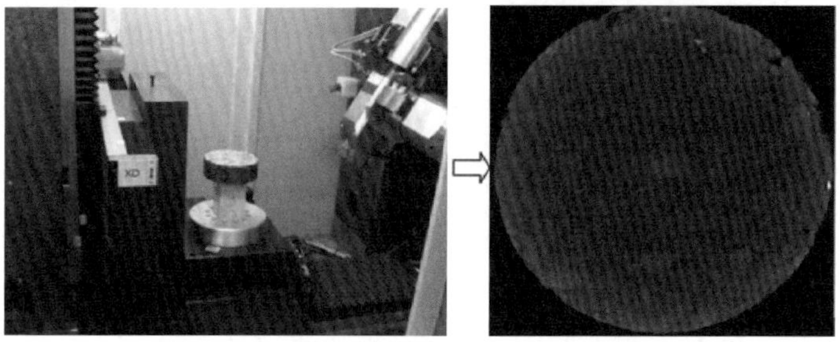

图 2-27 沥青混合料试件二维数字图像采集

数字图像处理是借助计算机对所研究物体的数字图像进行一系列的操作，从而达到某种预期效果的一种技术。对于沥青混合料试件内部结构信息的采集，无论是采用数码相机进行拍照、X-ray CT 扫描，还是利用高精度的扫描仪进行扫描，在定量分析前，都需要对所获得的数字图像进行一定的处理。如颗粒的复原与分离、图像的增强、滤波去噪、图像的阈值化以及集料内部的空洞还原等。通过这些处理，从而保证用于定量分析的数字图像的准确性、真实性。经过处理后，不仅可以对沥青混合料中集料颗粒的边缘、沥青砂浆以及空隙的边缘进行准确的识别与提取，还可对其中集料颗粒的半径、周长、面积、质心及长轴取向进行计算，另外，也可对沥青混合料间的空隙、沥青砂浆的面积组成进行计算。

随着电子计算机技术的不断发展，目前可用于数字图像处理分析的软件较多。在工程技术领域内，常用的软件有 Image Pro Plus，IMAQ，Scion Image，Matlab，Image Tool 等，上述软件各有特色，在实际应用过程中，研究人员可根据实际需要选择其中的一种或几种组合进行使用。

本研究采用由美国 Media Cybernetics 公司研发的数字图像处理分析软件 Image Pro Plus 6.0 作为图像分析处理的平台，对 X-ray CT 扫描获取的沥青混合料数字图像进行图像处理[24]。

(1) 灰度直方图：数字图像处理中一个最简单而最有用的工具，该函数概括了一幅数字图像的灰度等级内容以及数字图像可观的信息，它表示的是数字图像中所具有每种灰度级像素的个数，反映出了各灰度级像素所出现的频率。通过灰度直方图我们可以检查沥青混合料试件图像数字化的效果，也可以用于集料与砂浆、空隙与砂浆边界阈值的选择。沥青混合料试件数字图像灰度直方图如图 2-28 所示。

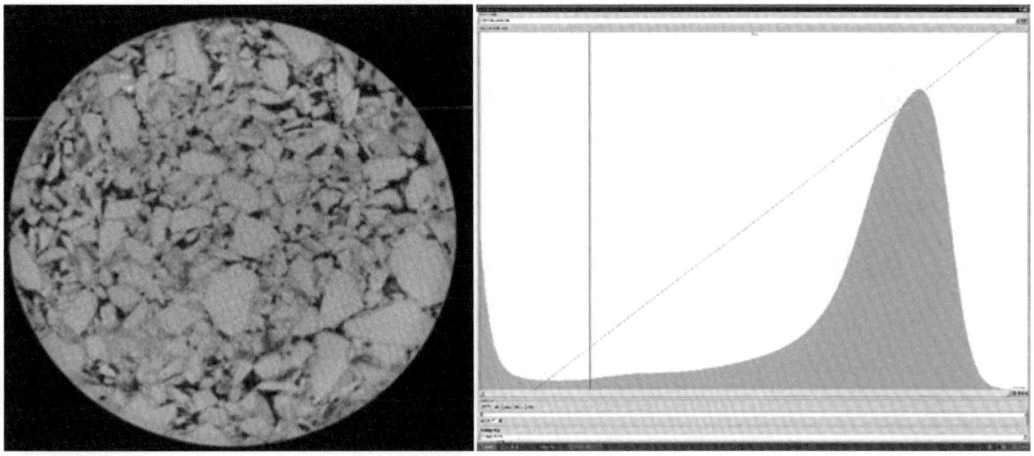

图 2-28　沥青混合料数字图像灰度直方图

该灰度直方图中，横坐标表示的是不同灰度级的值，纵坐标表示的是每个灰度级值在这个图像中出现的概率。从这个灰度直方图曲线上可以看到两个明显的峰值，对于沥青混合料而言，由于集料与沥青砂浆密度的差异，经过 X-ray CT 扫描后，它们各自所对应的灰度级值也是不同的。通常情况下，左边峰值代表的是沥青砂浆灰度值，右边峰值代表的是集料灰度值，可以根据这两个峰值来选择区分集料与砂浆的灰度阈值。从而把沥青混合料中的集料与沥青砂浆区分开来。

（2）图像的增强：在获沥青混合料试件数字图像的过程中，由于受多种因素影响，数字图像的质量多少会发生些变化。图像增强的目的是运用一系列的技术来改善混合料试件图像的视觉效果，或者将图像转换成一种更加适合于用人眼去观察以及机器自动进行分析的形式。数字图像增强的方法有空域增强和频域增强两种。空域增强方法是指基于原图像直接进行数据的运算，根据操作对象的不同，其又可分为点运算和空间域卷积运算两种方法。频域增强方法是基于先对数字图像进行傅里叶转换，进而对转换之后的频谱成分进行操作，然后再进行一次逆傅里叶的转换，最终得到增强的图像。对于沥青混合料的数字图像处理，通常采用的是空域增强方法。

（3）图像的纠正：由于受成型的方式以及试件切割时的机具、温度、方法的影响，沥青混合料数字图像的效果并不理想，仍需做进一步修正。研究主要包括集料颗粒的复原、连接以及集料颗粒空洞的填充等。

（4）边缘检测：对于沥青混合料而言，所谓的边缘的检测与分割指的是将形状丰富以及粒径不等的集料颗粒与空隙的边缘识别出来，这样将便于对其进行定量测量分析，同时它也是本研究中沥青混合料有限元建模中的一个重要步骤。沥青混合料中集料与空隙边缘检测结果如图 2-29 和图 2-30 所示。

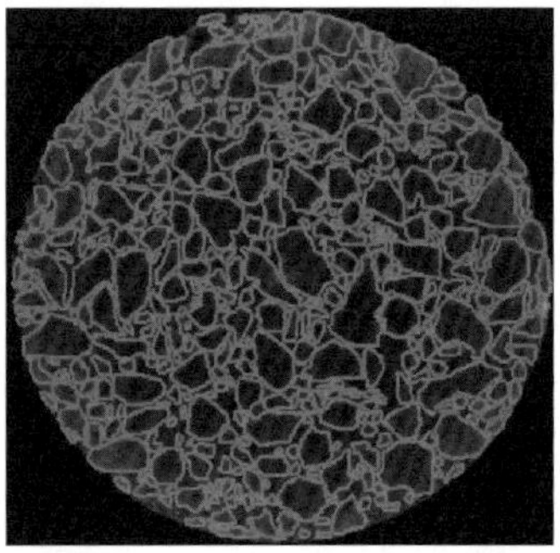

图 2-29　集料边缘检测后图像

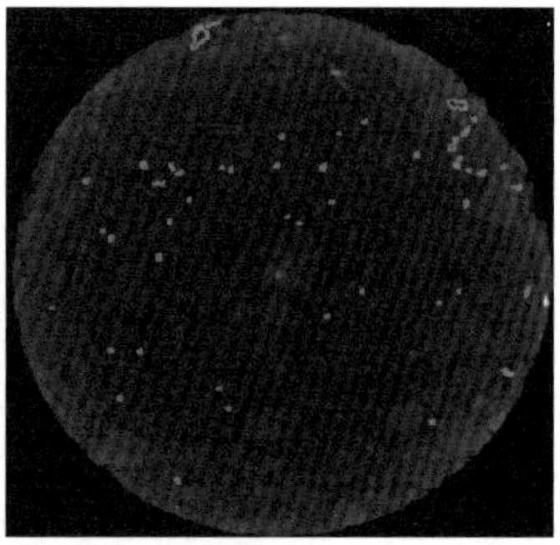

图 2-30　空隙边缘检测后图像

通过边缘检测，可以清晰准确地把沥青混合料试件中集料、空隙与沥青砂浆的边缘轮廓识别出来，这也将为后面的图像矢量化过程打下基础。

（5）图像的二值化：通过把图像的灰度分成 0～255 不同的等级，然后通过设置灰度阈值的方法把背景和目标物分离开来，也就是通常说的使整个图像呈现出黑白效果。在图像二值化中最关键的一步就是要找到合适的阈值，这样才能使分离出来的背景与目标物的误差值最小。对于沥青混合料的数字图像而言，二值化就是将集料、空隙从其沥青砂浆的背景中分离出来，并且用黑与白两种颜色来表示不同属性的材料。沥青混合料中集料、空隙与沥青砂浆二值化后的图像如图 2-31 和图 2-32 所示。

图 2-31　集料二值化后图像

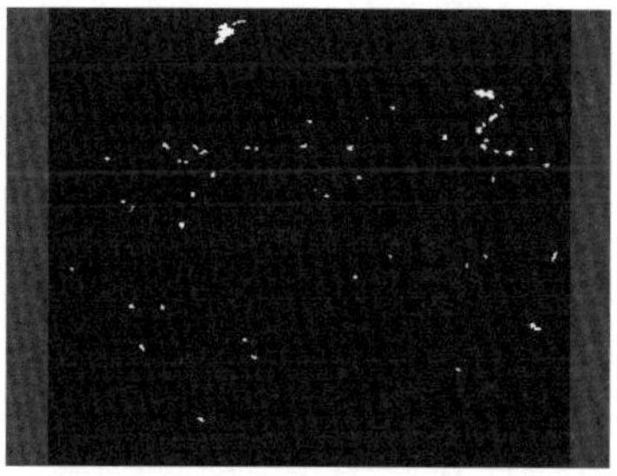

图 2-32　空隙二值化后图像

（6）图像测量：图像测量是数字图像处理过程中的核心部分，它是在完成图像的增强、修正以及边缘检测与二值化后，并进行完图像检测的标定后所要完成的图像检测的最后重要一步。本研究中沥青混合料数字图像测量的主要内容包括颗粒的数目、当量直径、颗粒周长、颗粒面积、边缘轮廓坐标以及颗粒的空间分布特性等。测量结果如图 2-33 所示。

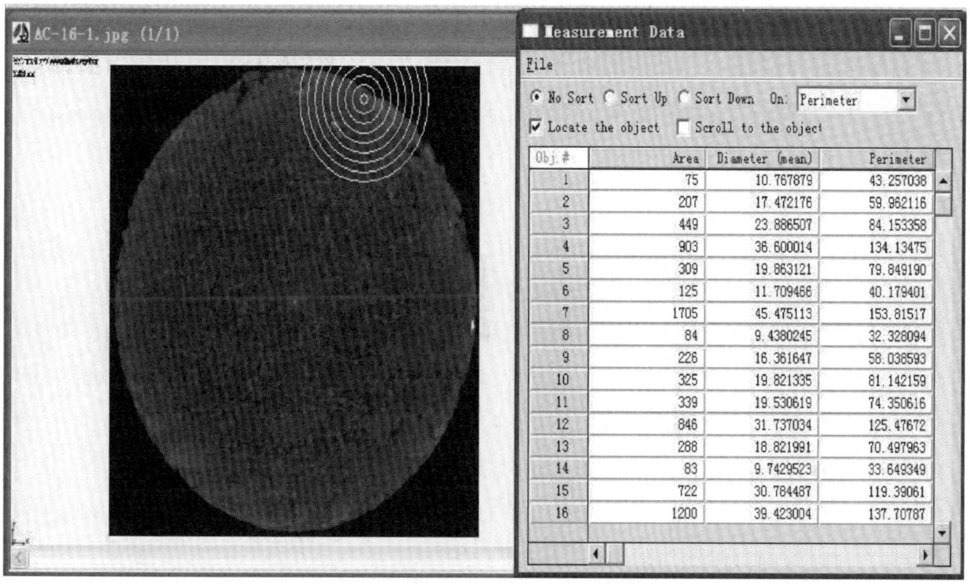

图 2-33　图像各参数测量与动态提取

2.3　基于室内试验或测试的集料形态表征与评价

2.3.1　数字图像处理技术及其应用现状

图形图像是人类相互交流和认识客观世界的主要媒体。科学研究和统计表明，视觉系统帮助人类从外界获得 3/4 以上的信息，而图像图形带给我们的正是视觉信息世界中的所有信息。利用计算机对经过数字转换的图形图像即数字图像，进行一系列操作，从而获得某种预期结果的技术，就称为数字图像处理(Digital Image Processing)。从其本质上来说，数字图像处理就是运用计算机强大的计算功能和存储能力，对离散图像阵列作某种“运算”“变换”“修饰”或“处理”，最终实现对图像的“评价”“识别”和“理解”。

数字图像处理是一门相对年轻的学科，对其研究最早可追溯到 20 世纪 60 年代初，美国喷气推动实验室(JPL)用计算机对航空器发回的数千张月球照片进行处理，用计算机增强的月球照片表面构造清晰可见，成功地绘出了月球的地形图和彩色图，为人类登月创举奠定了坚实的基础，推动了数字图像处理这门学科的诞生。从 70 年代中期开始，随着计算机技术和人工智能、思维科学研究的不断发展，计算机图像处理技术得到迅速发展，尤其在近 20 年的时间里，数字图像处理技术更是得到了飞速发展，呈现出强大的优势和生命力。在其短短的历史中，它广泛应用于几乎所有与成像有关的领域，如生物医学、通信技术、遥感技术、宇宙地质探索、人工智能和工业检测等方面，形成了一门应用现代高科技装备系统研究各种视觉原理、技术和应用的综合性很强的交叉学科。

以上只是数字图像处理技术应用的一些典型实例，实际应用远广于此。随着计算机设备的不断降价，用于图像数字化的低成本的电荷耦合器件(CCD)，用于大容量低成本存储阵列的新存储技术，以及低成本、高分辨率的彩色显示系统等新技术在这一领域的发展刺激，再加上稳定涌现出来的新的应用领域，我们可以预料，数字图像处理技术将在工程领域发挥更为重要的作用。

数字图像处理系统由处理图像的计算机、图像输入设备和图像输出设备组成。在自然的形式下，图像并不能直接由计算机分析，因为计算机只能处理数字而不能处理图像，所以一幅图像在用计算机处理之前必须先转化为数字形式。

数字化，是将一幅图像从其原来的形式转换为数字形式的处理过程，如图2-34所示。物理图像被划分为称为像素的小区域，最常见的划分方案是方形采样网格，即图像被分割成由相邻像素组成的许多水平线，每个像素位置上的数值反映了物理图像上对应点的亮度。在每个像素位置上，图像的亮度被采样和量化，从而得到图像对应点上表示其亮暗程度的一个整数值——灰度。像素位置，是由扫描线内的采样点的两个坐标决定的，它们也称为行和列。灰度是表示该像素位置上亮暗程度的整数。对图像中所有的像素都完成上述转化后，图像就被表示成一个整数矩阵，如式(2-16)所示：

$$\boldsymbol{F}=\begin{vmatrix} f(0,0) & f(0,1) & \cdots & f(0,N-1) \\ f(1,0) & f(1,1) & \cdots & f(1,N-1) \\ \vdots & \vdots & & \vdots \\ f(M-1,0) & f(M-1,1) & \cdots & f(M-1,N-1) \end{vmatrix} \tag{2-16}$$

利用此数字矩阵显示的图像就是数字图像，所有数字图像处理过程都是以该数字矩阵为基础展开的。生成的数字矩阵就可以作为计算机处理的对象了。

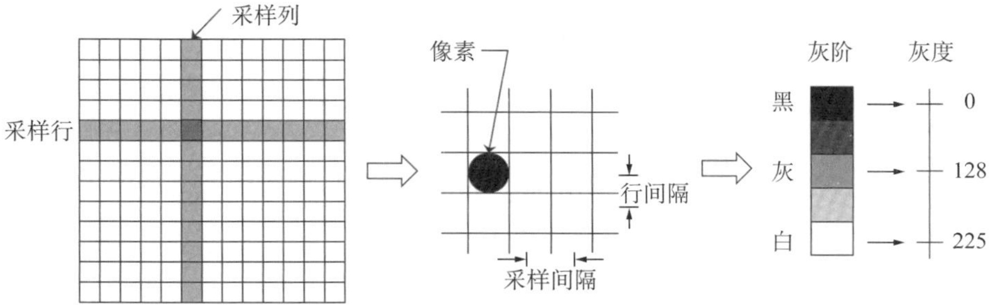

图 2-34　图像数字化的原理示意

数字化器的类型很多，常见的有扫描仪、数码相机和遥感设备等。

(1) 扫描仪内部有一套光电转换系统，可以把各种图片信息转换为计算机图像数据，并传送给计算机，再由计算机进行图像处理、编辑、存储、打印输出或传送给其他设备。它一般都配有相应的软件，可用来选择扫描时的工作参数，如对比度、分辨率、图像深度，以及可以进行平滑、缩放、旋转、编辑等操作。

(2) 数码相机是一种能够进行拍摄，并通过内部处理把拍摄到的景物转换成以数字格式存放图像的特殊照相机。它由镜头、CCD、A/D(模/数转换器)、MPU(微处理器)、内置存储器、LCD(液晶显示器)、PC 卡(可移动存储器)和接口等部分组成。数码相机采用了 CCD 摄像设备代替传统相机的胶卷，故又称为 CCD 相机，这是目前广泛使用的图像获取设备。CCD(Charge Coupled Device)，即电荷耦合器件图像传感器，它由一种高感光度的半导体材料制成，能把光线转变成电荷，通过模数转换器芯片转换成数字信号，数字信号经过压缩后由相机内部的闪速存储器或内置硬盘卡保存，因而可以方便地把数据传输给计算机，并借助计算机的处理手段，根据需要和想象来修改图像。

(3) 遥感设备，如光学摄影机、红外辐射计、红外摄像仪、多通道红外扫描仪、多光谱扫描仪、微波辐射计、侧视雷达等。

因为数码相机将图像采集和数字化集成，使输出的信号直接为计算机所接受，且通配性好，携带方便，故它是应用最广泛的一种图像输入设备。

根据应用领域的不同要求，可以将图像处理技术划分为许多分支，其中比较重要的分支有以下 6 个。

(1) 图像的采集与数字化：通过取样和量化将一个以自然形式存在的图像变换为适合计算机处理的数字形式，图像在计算机内部被表示为一个数字矩阵，矩阵中的每一个元素称为像素。

(2) 图像编码：在满足一定的保真条件下，对图像进行编码处理，达到压缩图像信息量、简化图像的目的，以便于存储和传输。

(3) 图像的增强和恢复：主要目的是增强图像中的有用信息，削弱干扰和噪声，除去或减少在获得图像过程中因各种原因产生的退化，使图像清晰或将其转换为更适合人或机器分析的形式。

（4）边缘检测：所谓边缘是指其周围像素灰度有阶跃变化的那些像素的集合。图像的边缘轮廓信息是图像的最基本特征。边缘广泛地存在于物体与背景、物体与物体、基元与基元之间。边缘检测是所有基于边界分割方法的第一步。两个具有不同灰度值的相邻区域之间总存在边缘。边缘是灰度值不连续的结果，这种不连续常可利用导数检测到，一般常用一阶和二阶导数来检测边缘。

（5）图像二值化：是通过把图像的灰度分成不同的等级，然后通过设置灰度阈值的方法把背景和目标物分离开来。阈值法是一种应用广泛的图像处理方法。对一幅包含有背景和目标物的图像来说，有两种情况：一是除了背景以外，所有目标物的灰度都有一个范围即具有均匀的灰度值，在这种情况下图像的直方图有明显的双峰，选择双峰之间的谷底值作为阈值，就可以区分背景和目标；二是除了背景之外，每个不同的目标物都有不同的灰度级范围，此时就要求在区分不同的目标物时，选取不同的阈值。

（6）图像测量：通过前述的图像增强、图像修正、边缘检测与二值化，并对图像检测进行标定后，就将进入图像检测的最后阶段，这也是数字图像处理技术的最核心部分，即图像测量。图像测量的主要内容通常包括颗粒数目、当量直径、当量半径、颗粒面积、主轴长度、主轴倾角、质心坐标、颗粒的空间分布特性等。在此基础上，还可以对图像颗粒的形状、棱角等二次参数进行计算，以综合评价图像颗粒的形态特征。

2.3.2 粗集料图像处理方法

沥青混合料是一种由多种原材料组成的多相复合材料。其中占混合料大部分的集料性质对沥青混合料的工程特性起着重要的作用。尤其是集料的形态特征，将影响到沥青混合料空间骨架的构建、沥青砂浆与集料间的相互作用效应，进而影响到沥青混合料的耐久性、工作和易性、抗剪切强度、抗弯拉强度、疲劳性能，最终对沥青路面综合路用性能产生重要影响。

目前，研究人员已经辨别出集料颗粒组成在几何学或形态学之间的不同，并且可以用三个不同层次的特征分量来描述：形状、棱角与纹理，如图 2-35 所示。第一层次特征是形状，反映一个颗粒在比例大小方面的变化，即集料颗粒宏观整体的变化特征与状态；第二层次特征是棱角，反映一个颗粒在某个拐角处的变化，即集料颗粒局部的变化特征与状态；第三层次特征是纹理，用来描述物体在一个范围内的表面不规则性，它的影响往往很小以至于不会影响形状或者棱角，反映了集料颗粒微观尺度范围内的变化状况。

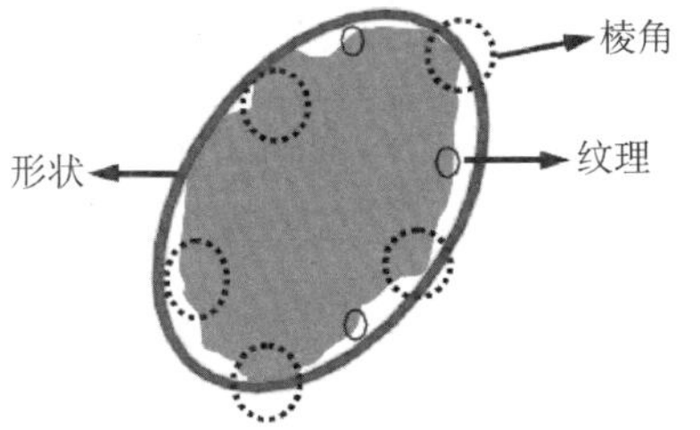

图 2-35 集料颗粒外形特征组成：形状、棱角和纹理

图像识别的目的是对图像中感兴趣的对象进行测量，以获得它们的客观信息，从而对对象进行分类、评价，而图像处理的目的则是使这一识别过程更方便、更准确。根据前面对数字化器的分析，我们选用当前应用最广泛的一种图像输入设备——数码相机作为图像的获取设备。在选择 CCD 相机时应考虑以下几个参数：分辨率、位深度、镜头、光圈、数据传输速度、光敏感度（ISO）。精良的 CCD 制造技术是获得优质图像的重要前提。参考以上参数，本节选择了佳能单反 CANON EOS REBEL XSI 相机。

本节主要研究对象是粗集料颗粒的形态特征，涉及集料轮廓和棱角性这两个方面。为了准确获取所有粗集料颗粒的信息，在获取图像时，前提是将它们彼此分开，而这样图像中就有了除粗集料外的背景色彩信息。为了在图像识别阶段方便、准确地将粗集料从背景中分割出来，二者必须要有尽可能大的对比度。粗集料色彩特性是天然形成的，人为地改变它显然不可取，而在本课题研究中，背景的色彩是可选择的。由于本节选择的粗集料自身颜色不是过于复杂，只是其中会多少掺杂着白色部分，经过多次试验，决定选择深红色作为背景色彩，以增强粗集料和背景的对比度。为了减小光线对图像采集的影响，自主开发了粗集料形态特征研究系统（Morphology Analysis System of Coarse Aggregate，MASCA），利用对称光照系统，尽量消除了颗粒阴影，为后续精确识别图像创造条件。图 2-36 为粗集料形态特征研究系统的构造。图 2-37 为粗集料图像处理的基本流程图。

图 2-36　粗集料形态特征研究系统构造

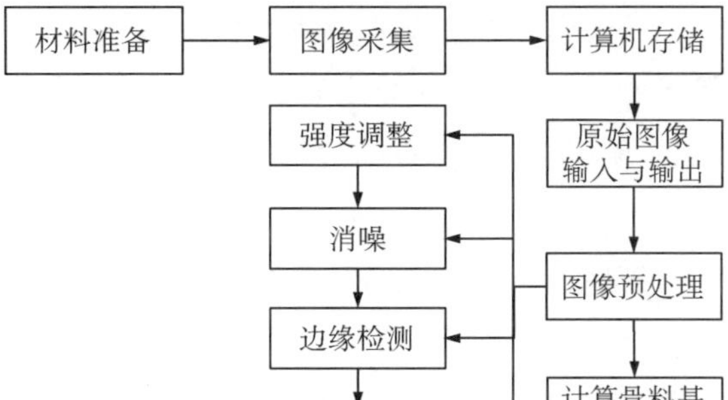

图 2-37　粗集料图像处理流程图

1. Image-Pro Plus 软件介绍及操作方法

Image-Pro Plus(IPP)是美国 Media cybernetics 公司推出的一套优秀图像分析软件，支持图像采集、增强、彩色图像处理、计数、测量、分析、图像标注、图像数据库和宏记录等功能，IPP 的数据分析功能能最大限度地再现测量结果。为便于归档、收集和进一步的统计分析，IPP 支持动态数据转换(DDE)，能方便地将测量结果送到 Excel 或其他分析软件中。

对图像进行处理不是最终目的，从中提取某些感兴趣的信息才是我们最需要的。这些部分通常称为目标或对象，在粗集料图像中，粗集料颗粒就是我们的对象。为了辨别和分析对象，需要将这些区域分离提取出来，通过测量这些提取出来的粗集料颗粒的面积、周长、轮廓数据等基本参数，以及进行一些数学形态学处理，对粗集料形状特征进行量化，最终完成分类。因此，图像识别主要包括针对目标的图像分割、特征值提取及分类等过程。

将数字图像划分成互不相交(不重叠)区域，把对象从背景中检测、分离出来的过程称为图像分割。在图像中不同区域之间的边界上一般具有灰度不连续性，即灰度的阶跃变化形成了区域的边界，所以可以寻找相邻像素颜色或灰度突变的算法，根据各个像素点的灰度不连续性进行分割。使用阈值是一种区域分割技术，它对物体与背景有较强对比的景物的分割特别有用，如前所述，由于采用对称的光照系统，二者有着很强的对比度，且都灰度均匀，选用阈值分割技术是行之有效的方法。但是还存在一些特别难分割的集料颗粒，这就需要使用 IPP 中的另一个工具 irregular，其中包含魔棒和循迹两种形式，他们的选择原理依然是定义灰度阈值。一旦完成图像分割，生成二值图像，就能很容易地利用 IPP 对感兴趣的区域进行测量了。

IPP 是个跨学科的图像分析处理软件，它提供了丰富的测量参数类型，根据研究题需要，选择如下参数进行测量研究：

Area(面积)——报告每个对象的面积(如果激活了填充孔，那么在对象周界范围内的所有像素都将被包括在面积测量中)。

Area(Polygon)(多边形面积)——报告定义对象轮廓的多边形面积。

Aspect(平面形状)——报告与对象等效的椭圆(也就是说，一个有着相同面积、相同一阶矩和二阶矩的椭圆)的长轴和短轴的比例。

Perimeter(周长)——报告每个对象的实际轮廓长度。

Perimeter(convex)(外周长)——报告每个对象的外轮廓周长。

Perimeter(ellipse)(椭圆周长)——报告包围每个对象轮廓的椭圆周长。

Perimeter(ratio)——每个对象的外轮廓周长和实际周长之比。

Radius(max)——每个对象的形心与轮廓线之间的最长距离。

Radius(min)—— 每个对象的形心与轮廓线之间的最短距离。

Fractal Dimension——每个对象的轮廓线的分形维数。

选好了测量参数后，就可以进行计算了。IPP 将会对图像进行分析，画出找到的能够符合所选标准的对象轮廓，并对该对象进行测量。测量结束后将会显示对象的轮廓，同时还会对对象自上而下进行编号，图 2-38 显示的就是粒径尺寸为 16 mm 的颗粒在磨耗次数为 0 次时的 IPP 处理结果。

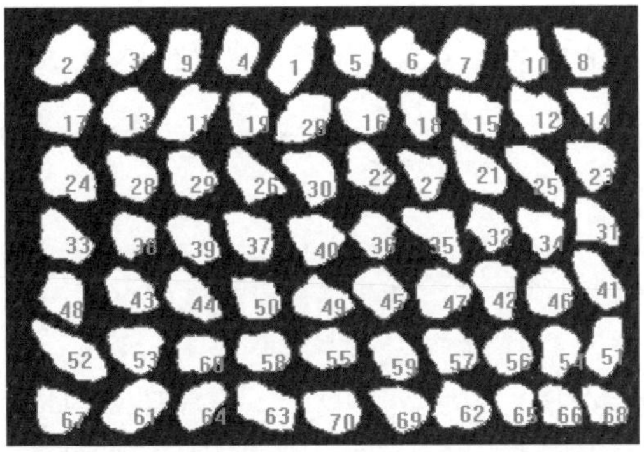

图 2-38　16 mm 粒径颗粒在 0 次磨耗状态下 IPP 测量图形

按照本节研究思路，将粗集料分成 16 mm，13.2 mm，9.5 mm 和 4.75 mm 四种粒径，每种粒径的集料又按照 0 次、600 次、1 200 次三种不同磨耗次数分成三类，总共形成 12 种不同的集料。

2. 粗集料形状特征的量化指标

要定量或简化研究集料对混凝土性能的影响，首先必须将集料几何体的研究逐步纳入定量的范畴，有必要对集料性质进行数值表征，力图赋予它们适当的数值指标，因为这是在集料几何性质与混凝土性质之间建立定量函数关系的先决条件。根据 IPP 得出的上述的基本几何形体数据，利用数学知识，可以将其组合形成多个量化指标，如轴向系数圆度、分形维数和球度等三维形状指标以及粗糙度、棱角参数、凸度等棱角指标。

(1) 轴向系数(*Aspect*)——表征颗粒的针片状大小，轴向系数越大，颗粒的针状性越大。它反映的是集料颗粒宏观整体的状态和特征。具体计算公式见式(2-17)。

$$Aspect=\frac{Axis_{(\mathrm{major})}}{Axis_{(\mathrm{minor})}} \tag{2-17}$$

式中　$Axis_{(\mathrm{major})}$——颗粒等效椭圆的主轴；

$Axis_{(\mathrm{minor})}$——颗粒等效椭圆的次轴。

(2) 凸度(*Convexity Ratio*)——该指标的设计初衷是考虑到集料颗粒的面积，IPP 可以直接测量出某个颗粒的实际面积，也可以将其外接多边形的面积之积计算出来，这两个量之间肯定存在着一些差值，将这两个量进行比值计算并开方，结果命名为凸度。具体设计公式见式(2-18)。

$$Converxity\ Ratio = \sqrt{\frac{A_{(\text{polygon})}}{A_{(\text{convex})}}} = \sqrt{\frac{Area}{box}} \tag{2-18}$$

式中，$\frac{Area}{box}$为实际物体的面积与外接多边形面积的比值。

(3) 粗糙度(*Roughness*)——实测颗粒周长与其相应外切多边形周长之间的比值，其值越大，表明形状不规则程度越高。设计的具体计算公式见式(2-19)。

$$Roughness = \left(\frac{Perimeter}{Perimeter_{(\text{convex})}}\right)^2 \tag{2-19}$$

式中 $Perimeter$——实际物体的外在周长；

$Perimeter_{(\text{convex})}$——物体外接多边形周长。

(4) 棱角参数(*Angularity Parameter*)——用外切多边形周长与等效椭圆周长之间的差异来表征颗粒的棱角特性，其值越大，则表明棱角性越丰富。设计的具体计算公式见式(2-20)。

$$Angularity\ Parameter = \left(\frac{Perimeter_{(\text{convex})}}{Perimeter_{(\text{ellipse})}}\right)^2 \tag{2-20}$$

式中，$Perimeter_{(\text{ellipse})}$为物体的等价椭圆周长。

(5) 圆度(*Roundness*)——表征颗粒整体形状接近圆的程度，其值越接近1，则形状越接近圆。设计的具体计算公式见式(2-21)。

$$Roundness = \frac{perimeter^2}{4 \times \pi \times Area_{(\text{polygon})}} \tag{2-21}$$

式中 $Area_{(\text{polygon})}$——实际物体的面积；

$perimeter$——实际物体的外在周长。

(6) 分形维数(*Fractal Dimension*)——用于定量描述图形与曲线自相似性的参数就是分形维数。目前有关分形维数的测定方法有很多，如“小岛法”(Slit Island Method)、“垂直截面法”(Vertical Section Method)或“二次电子曲线法”等。本节采用小岛法对集料颗粒的分形维数进行测量计算。对于封闭的分形曲线C，可以通过C的周长P和C包围区域的面积A来计算分形维数D，这种方法称为小岛法，又称周长面积法。根据量纲分析结果，当P_E为C的欧氏长度时，有：

$$P_E^{\frac{1}{D}} = a_0 \delta^{(1-D)/D} A^{\frac{1}{2}} \tag{2-22}$$

式中 δ——测量码尺；

a_0——无量纲常数，称作形状因子。

则分形维数的计算公式可以表示为式(2-23)。

$$D = \log(P_E/\delta)/[\log a_0 + \log(A^{\frac{1}{2}}/\delta)] \tag{2-23}$$

若只测量一个几何图形，取不同的码尺 $\delta_i (i=1, 2, \cdots, n)$，测得 n 个周长值 P_{Ei} 和面积 A_i。由于对给定集合图像，D 和 a_0 为常数，只需对 $\log(P_{Ei}/\delta_i)$，$\log(A_i^{1/2}/\delta_i)$ 作线性回归就可求出 D。

(7) 球度(*Sphericity*)——描述集料颗粒总体三维尺寸。在进行图像获取时，对每个集料颗粒进行两个摆放面的测量，在每个摆放面上分别可以得出一个最短尺寸和一个最长尺寸，可以将这 4 个数据进行组合，并用公式 max(*number*1, *number*2, …) 选取最大值作为最长尺寸 d_l，用公式 min(*number*1, *number*2, …) 选取最小值作为 d_i，用公式 median(*number*1, *number*2, …) 选取中间值作为 d_s。一个完整球体的球度值为 1。具体计算公式见式(2-24)。

$$Sphericity = \sqrt[3]{\frac{\max(A1:A3) \times \min(A1:A3)}{\text{median}(A1:A3)^2}} = \sqrt[3]{\frac{d_s d_i}{d_l^2}} \tag{2-24}$$

为了验证提出的这几个指标的合理性和适用性，本节针对物体的棱角状态选择了 4 个具有不同锯齿数的形状，它们的最长半径都是一样的，锯齿个数分别为 0，10，20，40，如图 2-39 所示。针对物体的整体宏观外形状态选择了 9 个不同边的多边形，其中图形中心到其每个边缘的最长尺寸是相同的，如图 2-40 所示。计算不同形状图形的各设计指标值，结果如表 2-5 和表 2-6 所示。

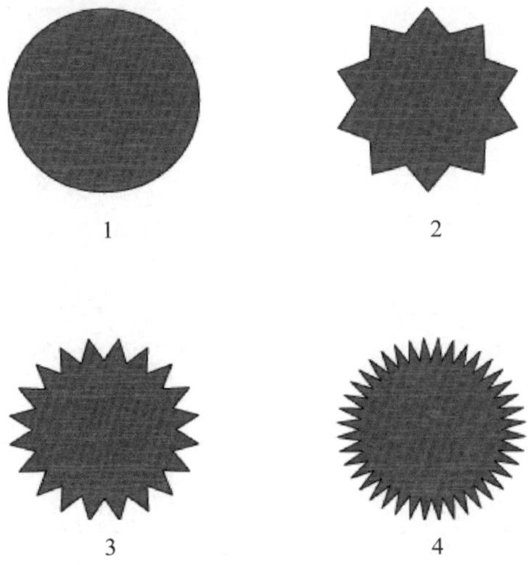

图 2-39　4 个不同锯齿状的图形

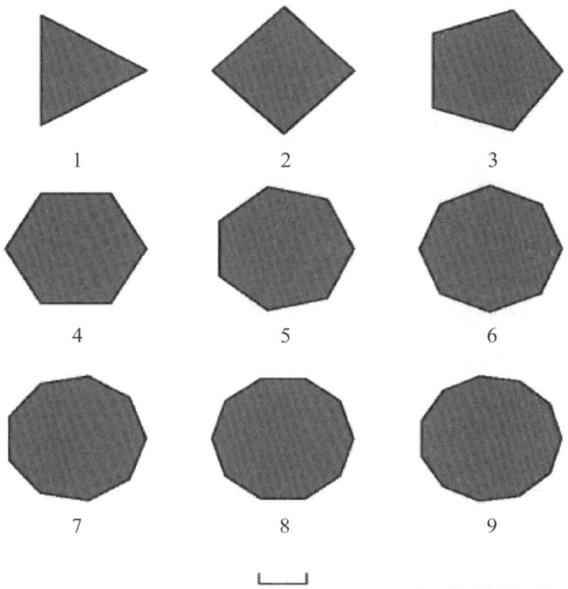

图 2-40　9 个不同边的多边形

表 2-5　各不同锯齿数的图形特征值

锯齿数	轴向系数	凸度	粗糙度	棱角参数	圆度	分形维数
0	1.03318	0.8858	1.0049	0.9981	1.0065	1.0018
10	1.03436	0.7847	1.0305	1.8552	1.9483	1.0950
20	1.02926	0.7885	1.0621	3.5272	3.8205	1.1590
40	1.03199	0.7740	1.2005	9.5816	11.7742	1.3764

表 2-6　各多边形的形状特征值

图像类型	轴向系数	凸度	粗糙度	棱角参数	圆度	分形维数
三边形	1.0144	0.7172	1.0081	1.4478	1.6164	1.0313
四边形	1.0102	0.7171	1.0024	1.2121	1.2491	1.0228
五边形	1.0075	0.8355	1.0022	1.1250	1.1429	1.0153
六边形	1.0031	0.8650	1.0101	1.0806	1.1009	1.0137
七边形	1.0073	0.8623	1.0075	1.0559	1.0708	1.0096
八边形	1.0143	0.8447	1.0150	1.0404	1.0620	1.0088
九边形	1.0232	0.8728	1.0048	1.0306	1.0414	1.0079
十边形	1.0144	0.8792	1.0028	1.0240	1.0319	1.0073
十一边形	1.0114	0.8764	1.0058	1.0190	1.0296	1.0072

将表 2-5 和表 2-6 的数据用曲线图的形式表现出来，如图 2-41 和图 2-42 所示。

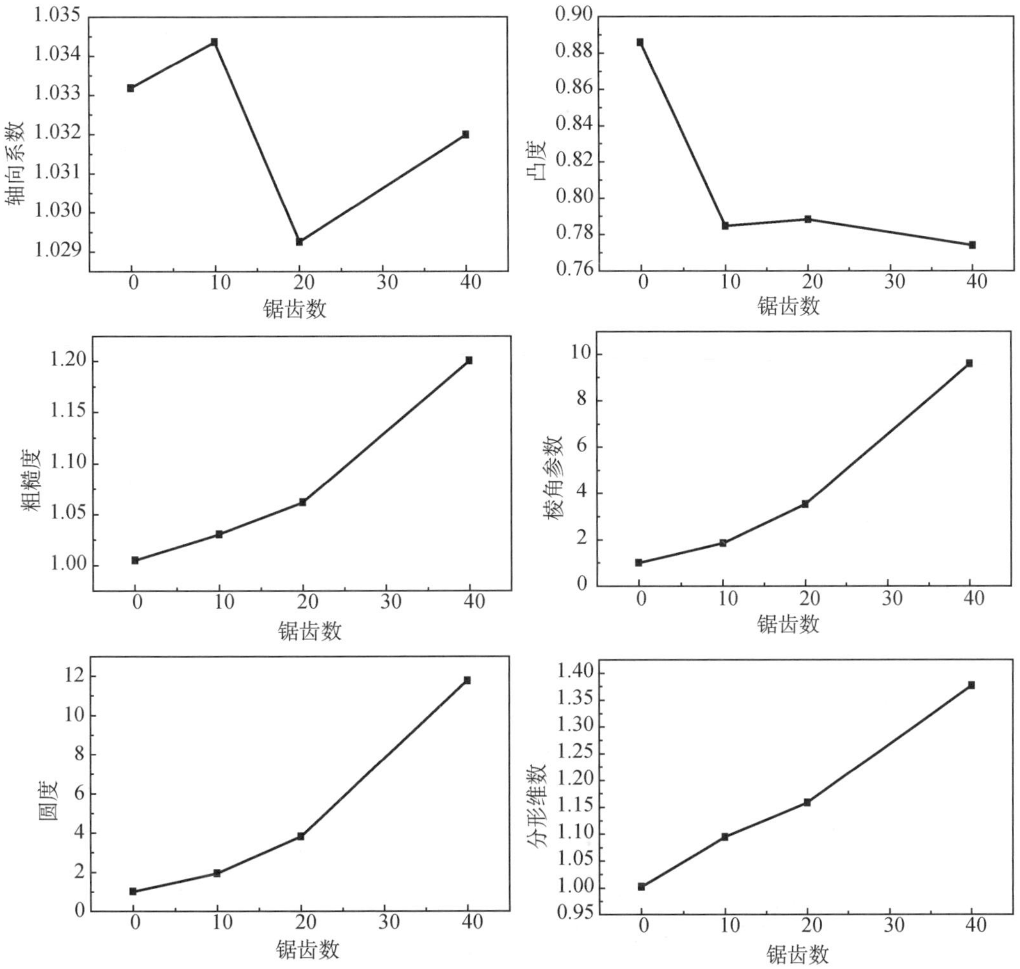

图 2-41　不同锯齿数图形的各指标变化

从图 2-41 可以看出，随着锯齿数的增加，即图形棱角性的增强，粗糙度、棱角参数、圆度和分形维数这 4 个指标均呈明显的上升趋势，而凸度随锯齿数的增加呈现减小的趋势，它们能够较好地体现出不同锯齿数图形之间的差异，将各形状的棱角状况分明地表现出来，故可以选择这 5 个指标测量与比较不同磨耗次数集料的棱角特征。因为这 4 个图形都是在圆形的基础上，对圆形周边进行切割，形成多个锯齿，而并没有对图形的整个外形进行改变，故它们的宏观外形指标也应该不会有太大的变化，从轴向系数这个指标的数据变化就可以解释，它与各图形之间没有明显的增减关系。

从图 2-42 中看到，各多边形随着边数的增加，即图形的外形状况越来越接近圆形，其棱角参数、圆度和分形维数这 3 个指标逐渐减小，这与 3 个指标的计算公式一致，当图形越接近圆形，其圆度越接近 1，其棱角参数和分形维数也越来越小。凸度这个指标

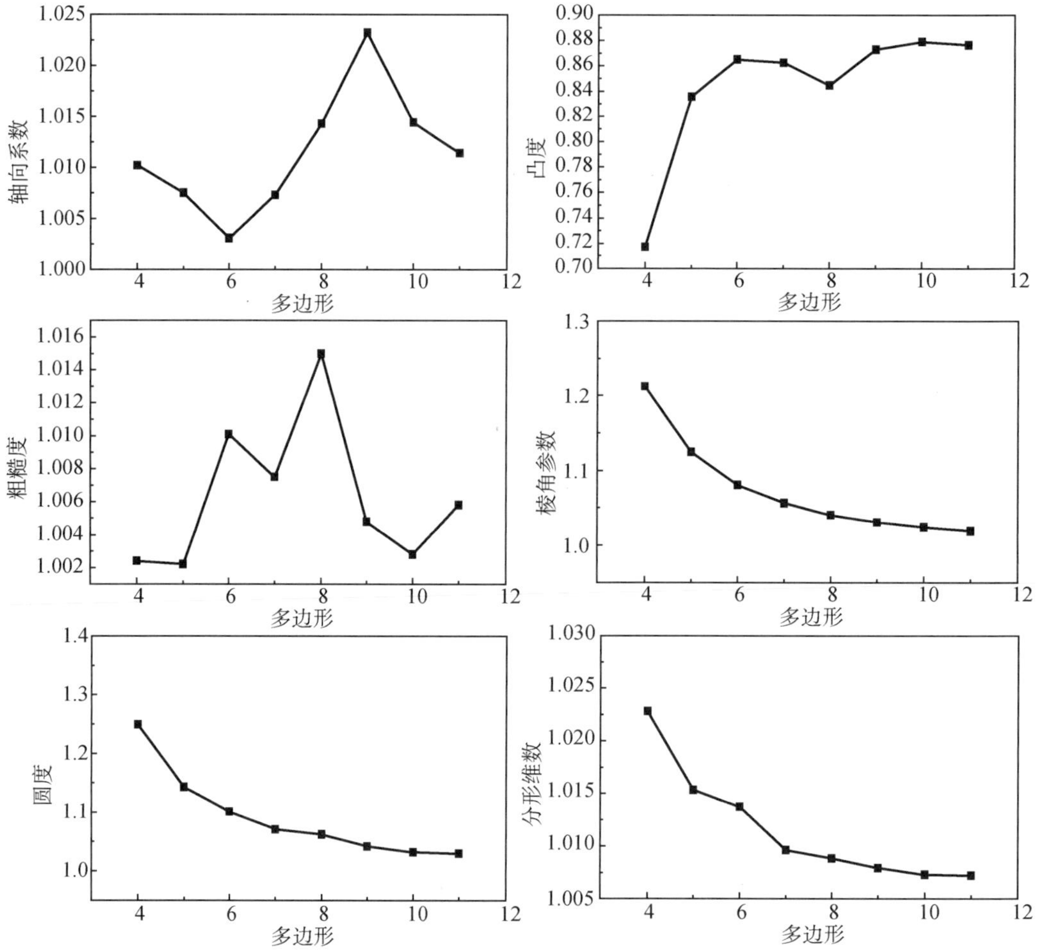

图 2-42　不同多边形的各指标变化

随着多边形边数的增加，即图形越来越圆，呈现出增大的趋势。但是在这一系列图形的变化中，粗糙度这个指标的变化是先增大后减小，当形状为八边形时，其粗糙度值最大。

2.3.3　粗集料整形处理与形态量化分析

集料作为沥青混合料组成中的很大一部分，它的物理参数对混合料性能有一定的影响，目前阶段，我国对粗集料质量的技术要求范围比较窄，并且控制不严格，这就造成了集料质量的不过关，间接影响到了沥青混合料的路用性能，从而给路面的设计和铺筑带来很大困难和挑战。为了整体提升沥青混合料的质量，研究者把目光逐渐从沥青的性能转移到了集料，他们不再认为只有提高沥青质量才能改善沥青混合料的路用性能，在混合料中占很大一部分比例的集料对混合料性能也有很大影响。

由于目前我国规范中对集料的质量控制较不严格，尤其是对粗集料外形特征的质量控制及应用做得远远不够，只是笼统地将集料分成卵石和碎石，仅要求控制粗集料的针片状含量。但是集料形状特征不仅仅只靠针片状这一个参数表示，其粒形受到母岩材质、破碎工艺等多方面的影响，颗粒形态各异，所以为了更好地表征集料外形特征，必须提出能够较真实地反应集料形态特征的指标，从而更好地指导实际工程，为工程集料质量的筛选和控制提供依据。

不同集料颗粒形状和表面性状对混凝土强度、工作性能都有影响同时实际集料形状极为复杂，虽然能通过图像分析技术了解它们的特征指数，但是要将这些特征指数与沥青混合料的路用性能联系起来还是比较困难，因此急需开展有关这方面的研究。

最近几年，随着图像分析技术的发展，描述粗集料外形特征，解释粗集料的作用机理，这已不再是一个难题。借助相关的数学分析软件和图像捕捉设备，已经能够定量描述集料形状的特征指数。本节就是通过图像分析技术对粗集料的外形特征进行研究，然后选择安山岩作为试验集料，通过洛杉矶磨耗仪，把每档粗集料分别进行外形的改变，用改变后的不同外形的石料进行细观结构分析并对其混合料路用性能进行研究。选择同一种集料进行其沥青混合料的性能试验，可以减小不同集料自身的岩性或其各自的基本物理指标对沥青混合料路用性能的影响。所以，本节就是在固定其他因素都不变的条件下，只把通过洛杉矶磨耗仪改变了的集料外形特征作为唯一自变量，通过变化磨耗次数，建立外形特征与路用性能的相关关系，分析当粗集料形态特征各不相同时，对应的沥青混合料路用性能[25]。

表 2-7 为本节中用到的洛杉矶磨耗仪的技术指标。

表 2-7　　洛杉矶磨耗仪主要技术指标

筒内径	内长	转速	工作电压	钢球个数
(710±5) mm	(510±5) mm	30～33 r/min	380 V±10%V(三相)	16

在进行磨耗方案的确定时，需要注意以下两点：

(1) 确定磨耗次数。确定磨耗强度对外形特征的改变程度是关键。首先设定三种不同磨耗次数——0 次、300 次和 600 次作为初始调试状态，然后通过 2.3.2 节介绍过的 IPP 软件对石料进行细观层次上的分析，得出集料相应的外形特征参数，并计算出量化指标，结果见表 2-8。

表 2-8　　IPP 分析结果

磨耗次数	轴向系数	粗糙度	棱角参数	凸度	圆度	分形维数
0 次	1.3627	1.0493	1.1099	0.8282	1.2426	1.0213
300 次	1.3607	1.0401	1.0991	0.8413	1.221	1.0191
600 次	1.3431	1.0298	1.0711	0.8429	1.168	1.0161

（2）当完成磨耗后，应该对不同粒径、不同磨耗次数的每种粗集料进行过筛，去除不属于各自粒径尺寸下的集料颗粒，确保每次分析的颗粒都属于同一个筛孔尺寸。

通过 IPP 分析软件，对这三种状态下的各个参数进行提取，可以看出，它们之间虽然有改变，但是没有形成明显的差异。如果细观上对集料形态特征的研究都没有形成明显的界限，那体现到宏观路用性能方面可能效果会更不明显，或没有可比性。考虑到在进行实际试验时存在着试验误差，故我们需要继续调整磨耗次数，从表 2-8 中 0 次和 600 次的各状态指标可以看出，当用磨耗仪对 16 mm 的集料进行 600 次磨耗之后，其集料的各量化指标形成了较明显的差异，故可以将 600 次作为一种形态改变量。相应的，根据线性变化，选择 1 200 次作为另外一种形态改变量。除了 16 mm 粒径的集料，其他各档粗集料也按照相同的方式进行处理。

2.3.4 粗集料形态量化指标分析

针对本节研究的粗集料，按照以上提出的各种形态量化指标，分析不同粒径不同磨耗次数的各种粗集料形态指标。

1. 颗粒摆放面的影响

因为破碎砾石的破碎面不止 1 个，最少是 2 个及其以上，故在进行试验时，我们选择了两个摆放面，分别对同一个集料的两个摆放面图像进行细观分析，得出基本测量值，并根据提出的细观量化指标来计算结果，表 2-9—表 2-12 分别表示 16 mm，13.2 mm，9.5 mm 和 4.75 mm 四种粒径在两种不同摆放面上的各量化指标值。

表 2-9　　16 mm 粒径的量化指标

摆放面及磨耗次数			轴向系数	粗糙度	棱角参数	凸度	圆度	分形维数
第一面	0 次	均值	1.3627	1.0493	1.1099	0.8282	1.2426	1.0213
		方差	0.058	0.000	0.002	0.001	0.008	0.000
	600 次	均值	1.3431	1.0298	1.0711	0.8429	1.168	1.0161
		方差	0.043	0.000	0.001	0.001	0.004	0.000
	1 200 次	均值	1.3230	1.0089	1.0562	0.8449	1.1243	1.0143
		方差	0.036	0.000	0.001	0.001	0.003	0.000
第二面	0 次	均值	1.6549	1.0384	1.096	0.8035	1.2885	1.0326
		方差	0.122	0.000	0.002	0.002	0.014	0.0075
	600 次	均值	1.5850	1.0332	1.0624	0.8224	1.2223	1.0402
		方差	0.127	0.000	0.001	0.002	0.010	0.0055
	1 200 次	均值	1.520	1.0081	1.0450	0.8320	1.1539	1.0312
		方差	0.078	0.000	0.000	0.001	0.005	0.0049

表 2-10　　13.2 mm 粒径的量化指标

摆放面及磨耗次数			轴向系数	粗糙度	棱角参数	凸度	圆度	分形维数
第一面	0 次	均值	1.3616	1.0416	1.1123	0.8284	1.2384	1.0234
		方差	0.052	0.000	0.002	0.001	0.007	0.000
	600 次	均值	1.3740	1.0275	1.0720	0.8388	1.1754	1.0168
		方差	0.050	0.000	0.001	0.001	0.005	0.000
	1 200 次	均值	1.3648	1.0120	1.0567	0.8432	1.1382	1.0153
		方差	0.053	0.000	0.001	0.001	0.004	0.000
第二面	0 次	均值	1.5972	1.0416	1.1006	0.8250	1.2836	1.0388
		方差	0.100	0.000	0.002	0.001	0.010	0.0066
	600 次	均值	1.5462	1.0338	1.0658	0.8418	1.2177	1.0533
		方差	0.110	0.000	0.001	0.001	0.008	0.0060
	1 200 次	均值	1.4862	1.0086	1.0507	0.8443	1.1562	1.0644
		方差	0.093	0.000	0.001	0.001	0.007	0.0046

表 2-11　　9.5 mm 粒径的量化指标

摆放面及磨耗次数			轴向系数	粗糙度	棱角参数	凸度	圆度	分形维数
第一面	0 次	均值	1.4168	1.1242	1.1210	0.8196	1.3675	1.0307
		方差	0.0700	0.0002	0.0026	0.0015	0.0118	0.0001
	600 次	均值	1.4136	1.1126	1.0802	0.8335	1.2973	1.0262
		方差	0.0538	0.0001	0.0012	0.0011	0.0065	0.0000
	1 200 次	均值	1.3768	1.1083	1.0604	0.8410	1.2561	1.0235
		方差	0.0586	0.0001	0.0007	0.0010	0.0052	0.0000
第二面	0 次	均值	1.7376	1.1212	1.1055	0.7987	1.4416	1.0344
		方差	0.1946	0.0002	0.0023	0.0023	0.0425	0.0103
	600 次	均值	1.7439	1.1111	1.0714	0.8131	1.3817	1.0301
		方差	0.1832	0.0001	0.0011	0.0021	0.0341	0.0099
	1 200 次	均值	1.6424	1.1079	1.0564	0.8280	1.3216	1.0277
		方差	0.1250	0.0001	0.0006	0.0013	0.0243	0.0089

表 2-12　　4.75 mm 粒径的量化指标

磨耗次数	轴向系数	粗糙度	棱角参数	凸度	圆度	分形维数
0 次	1.5425	1.0420	1.1372	0.8084	1.3291	1.0394
600 次	1.4479	1.0335	1.0868	0.8324	1.2287	1.0343
1 200 次	1.3435	1.0152	1.0488	0.8480	1.1318	1.0307

根据球度的计算公式可以看出，球度需要对粒径在两个摆放面的最长轴与最短轴的四个数据进行，故将球度计算结果单独成表，如表 2-13 所示。

表 2-13　　球度指标值

磨耗次数		粒径		
		16 mm	13.2 mm	9.5 mm
0 次	均值	0.9279	0.9229	0.9146
	方差	0.0027	0.0027	0.0030
600 次	均值	0.9309	0.9238	0.9207
	方差	0.0027	0.0029	0.0031
1 200 次	均值	0.9471	0.9428	0.9400
	方差	0.0025	0.0029	0.0045

对 16 mm，13.2 mm 和 9.5 mm 粒径的同批集料在不同摆放面上的相同外形量化指标进行比较，确定不同摆放面对各指标是否有影响。将数据以柱状图的形式表现出来，如图 2-43—图 2-45 所示。

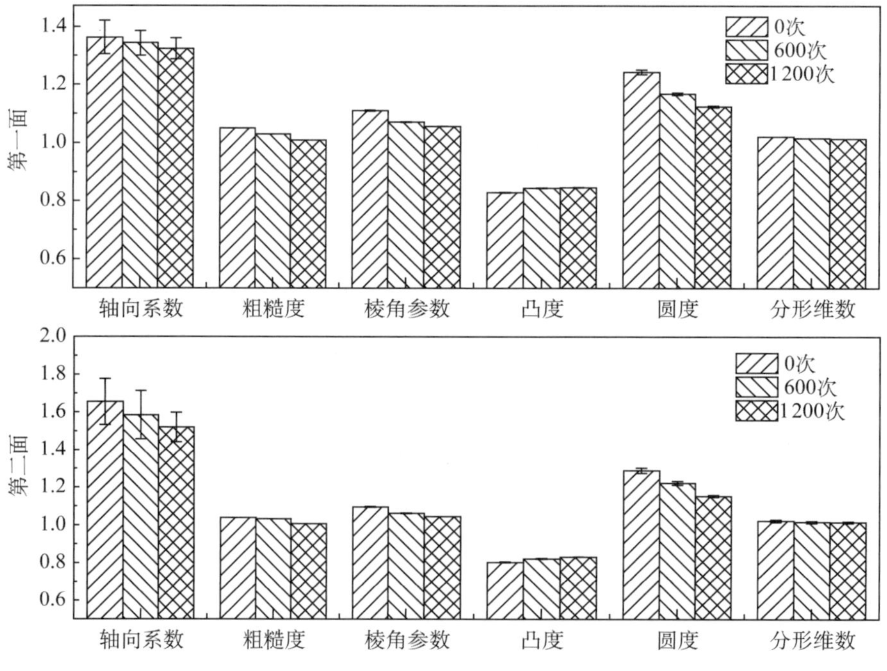

图 2-43　16 mm 粒径两个不同摆放面各指标间比较

从图 2-43 可以看出，当 16 mm 粒径的集料颗粒处于第一个摆放面时，轴向系数、粗糙度、棱角参数、圆度和分形维数都随着磨耗次数的增加而逐渐减小，凸度随着磨耗次数的增加而增大；当集料颗粒处于第二个摆放面时，各指标的变化趋势与第一摆放面的变化基本一致，只是其中数据的变化速率不同。

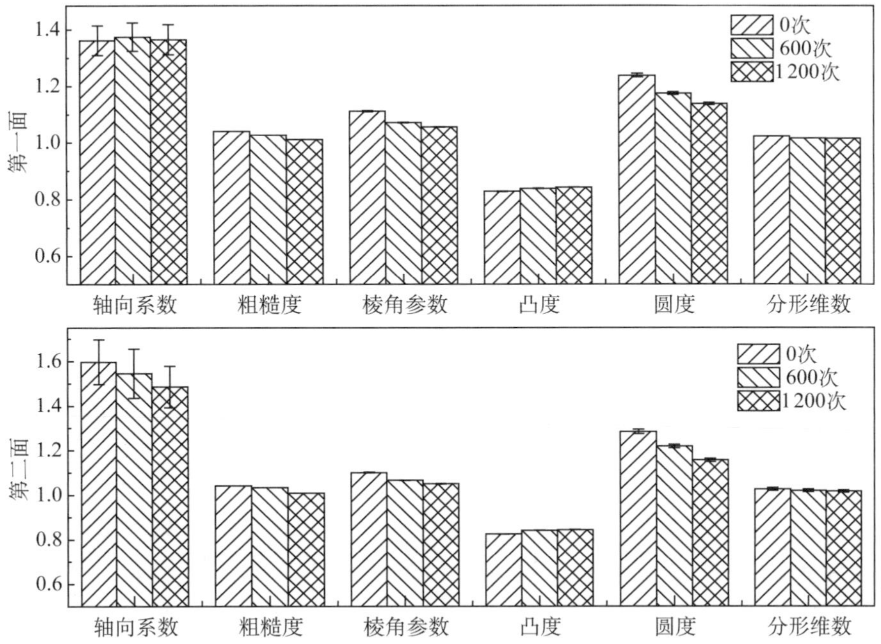

图 2-44 13.2 mm 粒径两个不同摆放面各指标间比较

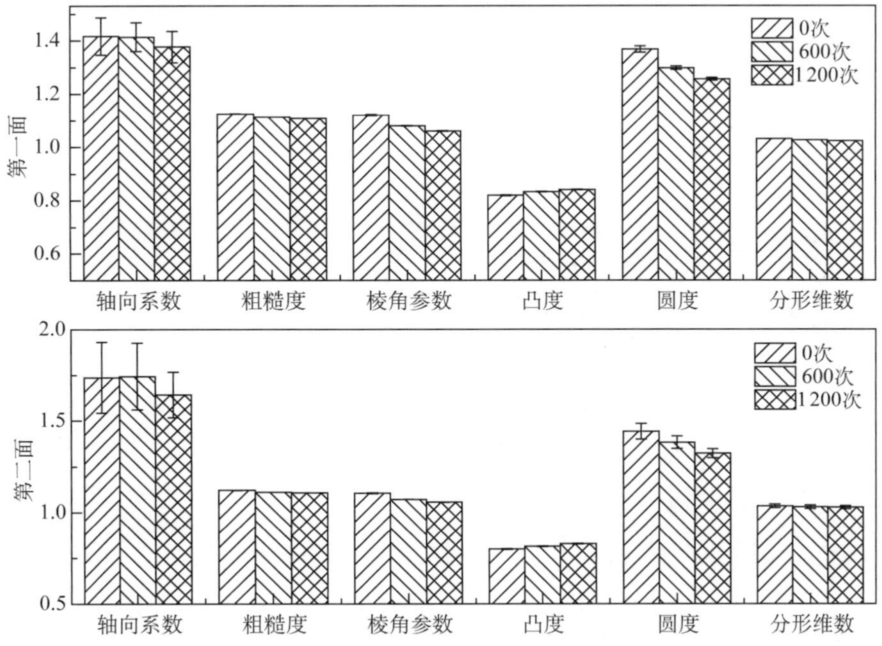

图 2-45 9.5 mm 粒径两个不同摆放面各指标间比较

从图 2-44 中同样可以看出,不论集料颗粒处于哪一个摆放面,随着状态的改变,各评价指标的改变趋势一致。由此可以得出,不论对于哪种粗集料粒径,放置形式的不同不会对集料外形特征的获取和细观分析产生太大影响。

不同摆放面对集料颗粒各量化指标影响的敏感性分析见表 2-14 和表 2-15。

表 2-14　　误差方差等同性的 Levene 检验

因变量	F	$df1$	$df2$	$Sig.$
轴向系数	3.174	1	16	0.080
棱角参数	0.279	1	16	0.605
分形维数	0.346	1	16	0.565
凸度	2.310	1	16	0.148
粗糙度	0.001	1	16	0.970
圆度	0.347	1	16	0.564

注：F—方差检验量；$df1$—自由度 1；$df2$—自由度 2；$Sig.$—显著性水平。

表 2-14 给出了 6 个因变量在摆放面因素水平下的误差方差的 Levene 检验结果，该检验的零假设是：在所有组中因变量的误差方差均相等。从该表可以看出，6 个指标的概率值都大于显著性水平 0.05，因此可以认为各因变量在各个因素水平下的误差方差相等，即可以进行摆放面对各指标的方差分析。

表 2-15　　摆放面对量化指标方差分析结果

源	因变量	Ⅲ型平方和	df	MS	F	$Sig.$
校正模型	轴向系数	0.263	1	0.263	57.899	0.058
	棱角参数	0.000	1	0.000	0.708	0.412
	分形维数	0.000	1	0.000	0.629	0.439
	凸度	0.001	1	0.001	4.274	0.065
	粗糙度	0.000	1	0.000	0.003	0.958
	圆度	0.012	1	0.012	1.479	0.242

注：df—自由度；MS—均方；F—方差检验量；$Sig.$—显著性水平。

表 2-15 为 6 个因变量方差分析的结果。从该表可以看出，6 个指标的概率值都大于显著水平 0.05，因此摆放面对这 6 种量化指标的影响都不显著，故在单独分析每个量化指标时可以只分析其中一个摆放面。

2. 磨耗次数的影响

为了在这几个指标中选择能比较明显体现粗集料外形特征改变的量化指标，所以单独针对不同量化指标，分析不同粒径在不同磨耗次数时其指标的变化。此外，同步分析集料颗粒处于同一个磨耗次数时的各量化指标随粒径的变化。

1）轴向系数

图 2-46 所示为不同粒径在不同磨耗次数时轴向系数的对比，从图 2-46(a)中可知，不同粒径集料的轴向系数各不相同，且在相同的磨耗次数下，其状态的改变也各不相同。4.75 mm 粒径的集料，其轴向系数随着外形改变强度的增大，改变最为明显，这说

明了粗集料颗粒越小，集料本身的坚硬强度不够，当受到外在力和摩擦作用时，不仅会对颗粒的表面棱角和纹理状况进行改变，还会对颗粒的主轴、次轴的长度进行改变，即对颗粒的整体形状进行改变。大于 4.75 mm 的集料颗粒，它们的轴向系数没有随着磨耗状态的改变而产生显著的变化，这是因为这些集料自身的强度足够抵抗磨耗仪的转动能力，集料颗粒之间的摩擦只是改变了颗粒表面的凹凸部分，即改变了集料的棱角状况，而没有将颗粒切割或击碎，则颗粒的整体宏观特征不会产生明显改变。

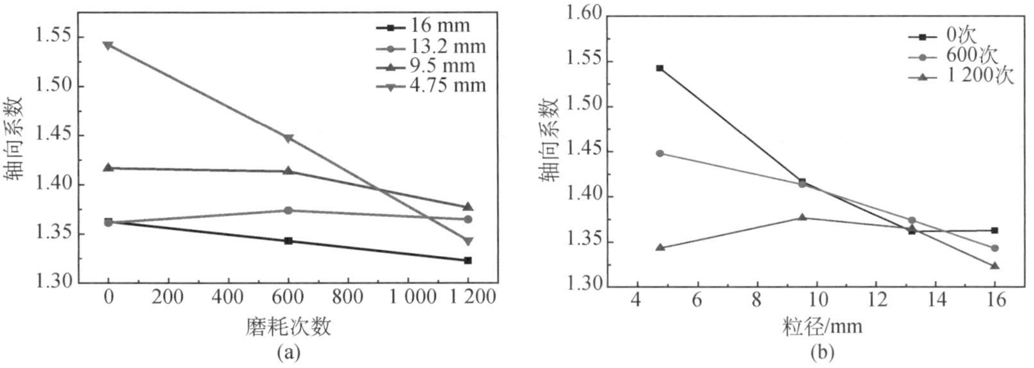

图 2-46　轴向系数分析

从图 2-46(b)中的曲线“0 次”可知，粒径为 4.75 mm 至 13.2 mm 的集料，其轴向系数随着粒径的增大而逐渐减小，值逐渐接近 1，而粒径为 13.2 mm 至 16 mm 的集料，其轴向系数没有明显改变，说明在 13.2 mm 粒径附近的集料，颗粒的主轴长度与次轴长度比较接近，颗粒整体外形比较趋于圆滑。

2）凸度

图 2-47 所示为不同粒径在不同磨耗次数时凸度的对比，从图 2-47(a)可知，不同粒径集料的凸度各不相同，且在相同的磨耗次数下，其状态的改变也各不相同，但整体都是呈变大的趋势，这种变化与之前选取的 9 个多边形的凸度改变趋势一致，即随着边数的增加，图形逐渐变圆，凸度指标值越来越大。其中 4.75 mm 的颗粒的凸度值随着强

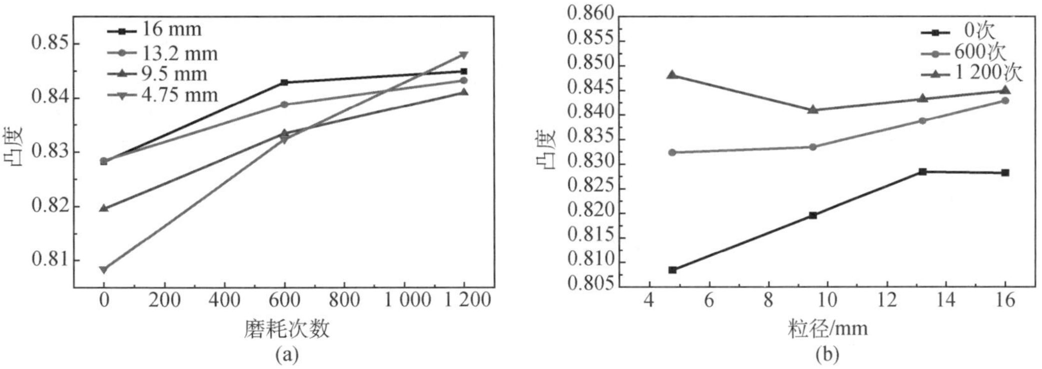

图 2-47　凸度分析

度增大改变最为明显，这与轴向系数的变化趋势类似。从图 2-47(b)中的曲线“0 次”可知，在 4.75 mm 至 13.2 mm 的集料粒径中，集料颗粒的凸度随着粒径的增大而逐渐增大，当在 13.2 mm 至 16 mm 之间，凸度变化不明显，说明集料颗粒处于 13.2 mm 至 16 mm 附近时，颗粒的形状相比其他粒径状态下时较圆，这种变化趋势与轴向系数的改变相似。

3）粗糙度

图 2-48 所示为不同粒径在不同磨耗次数时粗糙度的对比，从图 2-48(a)可知，不同粒径集料的粗糙度各不相同，且在相同的磨耗次数下，其状态的改变也各不相同，但整体都是呈减小的趋势，这与之前 4 个特殊的锯齿状图形的变化趋势一致。当没有锯齿时，粗糙度值最小，随着锯齿数的增加，即图形棱角性的增强，粗糙度指标呈明显的上升趋势，故可得出，不论集料为哪种粒径，随着磨耗强度的增大，其粗糙度逐渐减小，集料颗粒的外在棱角逐渐被打磨，颗粒的棱角性越来越不显著。从图 2-48(b)中曲线“0 次”可知，粒径为 9.5 mm 处的集料颗粒的粗糙度值最大，即该粒径附近的颗粒的棱角状态最好，棱角性最明显。

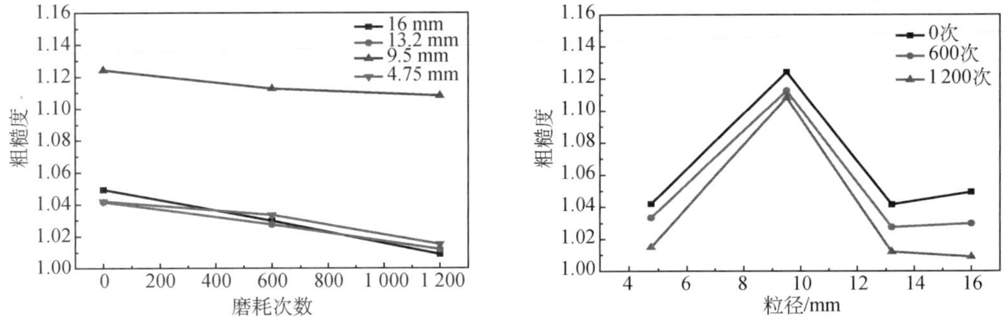

(a)　　(b)

图 2-48　粗糙度分析

4）棱角参数

图 2-49 所示为不同粒径在不同磨耗次数时棱角参数的对比，从图 2-49(a)可知，不同粒径集料的棱角参数各不相同，且在相同的磨耗次数下，其状态的改变也各不相同，但整体都是呈减小的趋势，其中 4.75 mm 粒径处颗粒的棱角参数随强度的改变其状

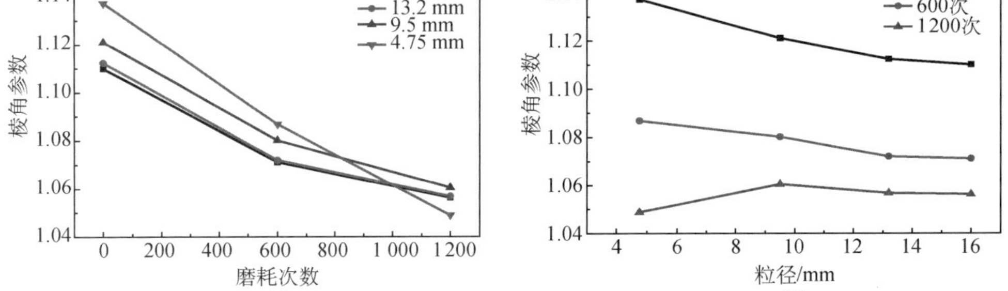

(a)　　(b)

图 2-49　棱角参数分析

态变化最明显。从图 2-49(b)中曲线“0 次”可知，随着粒径的增大，集料颗粒的棱角参数值逐渐减小。

5）圆度

图 2-50 所示为不同粒径在不同磨耗次数时圆度的对比，从图 2-50(a)可知，不同粒径集料的圆度各不相同，且在相同的磨耗次数下，其状态的改变也各不相同，但整体都是呈减小的趋势，其中 4.75 mm 粒径处颗粒的圆度变化最明显。从圆度的计算公式中可以看出，当图形为圆形时，其圆度为 1，当各粒径的集料颗粒的圆度都逐渐减小并接近 1 时，说明随着对集料颗粒外形特征进行改变，它们的表面棱角都被逐渐打磨，故其外形状态逐渐趋于圆形。从图 2-50(b)可知，粒径为 9.5 mm 处的集料颗粒的圆度最大，与标准圆形的圆度值相差最小，说明该粒径附近的颗粒的表面棱角状态最明显，这种变化趋势与颗粒粗糙度随粒径变化的趋势一致。

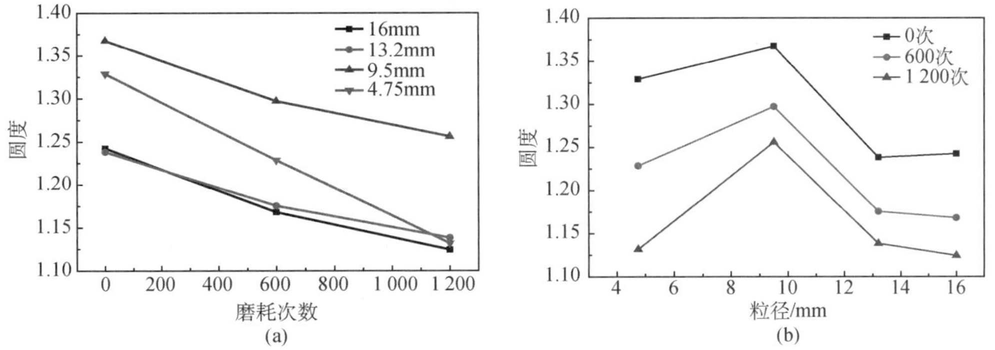

图 2-50　圆度分析

6）分形维数

图 2-51 所示为不同粒径在不同磨耗次数时分形维数的对比，从图 2-51(a)可知，不同粒径集料的分形维数各不相同，且在相同的磨耗次数下，其状态的改变也各不相同，但整体都是随着磨耗次数的增加，分形维数逐渐减小。从图 2-51(b)可知，随着粒径增大，分形维数逐渐减小，这种变化与棱角参数随粒径变化的趋势一致。

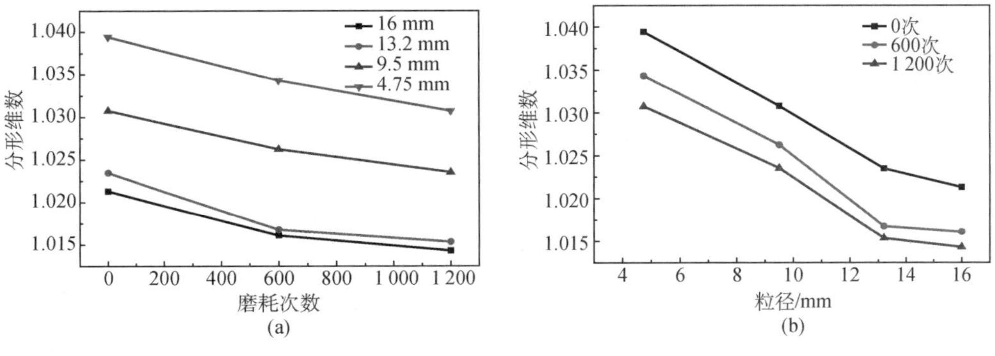

图 2-51　分形维数分析

7）球度

图 2-52 所示为不同粒径在不同磨耗次数时球度的对比，球度指标是将集料颗粒在两个不同摆放面上的两个最短尺寸和两个最长尺寸这 4 个数据进行组合而得到的，可以表征集料的三维形态。从图 2-52(a)可知，不同粒径集料的球度各不相同，且在相同的磨耗次数下，其状态的改变也各不相同，但整体都是随着磨耗次数的增加，球度逐渐增大并接近 1，从球度指标的计算公式可以看出，一个完整球体的球度值为 1，说明通过磨耗试验对集料进行外形改变后，集料颗粒的三维形态逐渐趋于球形。从图 2-51(b)可知，随着粒径增大，集料颗粒的球度逐渐增大，即其三维形状逐渐接近球形。

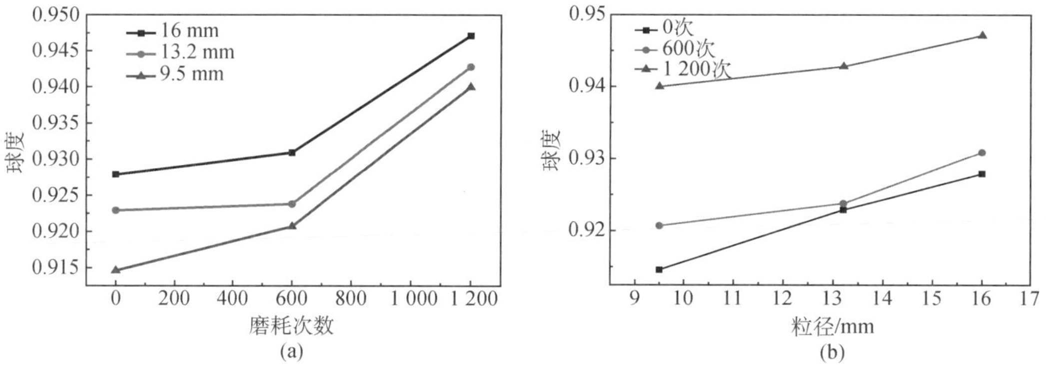

图 2-52　球度分析

3. 量化评价指标的优选

对集料颗粒进行磨耗试验，得到不同外形状态的颗粒，当磨耗次数不同时，集料的外形特征各不相同。故应针对描述集料颗粒外形特征的不同量化指标，分别研究不同磨耗次数对它们的影响，然后得出最能表征不同磨耗次数时颗粒外形变化的指标。

不同磨耗次数和不同粒径尺寸对 7 个量化指标的敏感性分析分别见表 2-16—表 2-23。

表 2-16　　轴向系数方差分析结果

差异源	*SS*	*df*	*MS*	*F*	*P*-value	*F*-value
磨耗次数	0.009668	2	0.004834	2.414916	0.170055	5.143253
粒径尺寸	0.017666	3	0.005889	2.941901	0.120822	4.757063
误差	0.01201	6	0.002002			
总计	0.039343	11				

注：*SS*—离均差平方和；*df*—自由度；*MS*—均方；*F*—统计量；*P*-value—*P* 值；*F*-value—*F* 值。

从表 2-16 可知，磨耗次数的 *F* 值小于 $F(2, 6)$，粒径尺寸的 *F* 值小于 $F(3, 6)$，表明磨耗次数和不同粒径对集料颗粒轴向系数指标的影响不显著。

表 2-17　　圆度方差分析结果

差异源	SS	df	MS	F	P-value	F-value
磨耗次数	0.035066	2	0.017533	34.75079	0.000502	5.143253
粒径尺寸	0.031809	3	0.010603	21.01522	0.001388	4.757063
误差	0.003027	6	0.000505			
总计	0.069901	11				

从表 2-17 可知，磨耗次数的 F 值大于 $F(2, 6)$，粒径尺寸的 F 值大于 $F(3, 6)$，表明磨耗次数和不同粒径对集料颗粒圆度指标都有显著影响。

表 2-18　　分形维数方差分析结果

差异源	SS	df	MS	F	P-value	F-value
磨耗次数	0.000127	2	6.33×10^{-5}	155.0921	6.83×10^{-6}	5.143253
粒径尺寸	0.0006	3	0.0002	489.8274	1.47×10^{-7}	4.757063
误差	2.45×10^{-6}	6	4.08×10^{-7}			
总计	0.000729	11				

从表 2-18 可知，磨耗次数的 F 值大于 $F(2, 6)$，粒径尺寸的 F 值大于 $F(3, 6)$，表明磨耗次数和不同粒径对集料颗粒分形维数指标都有显著影响。

表 2-19　　粗糙度方差分析结果

差异源	SS	df	MS	F	P-value	F-value
磨耗次数	0.001589	2	0.000794	27.16573	0.000984	5.143253
粒径尺寸	0.016727	3	0.005576	190.6622	2.44×10^{-6}	4.757063
误差	0.000175	6	2.92×10^{-5}			
总计	0.018491	11				

从表 2-19 可知，磨耗次数的 F 值大于 $F(2, 6)$，粒径尺寸的 F 值大于 $F(3, 6)$，表明磨耗次数和不同粒径对集料颗粒粗糙度指标都有显著影响。

表 2-20　　棱角参数方差分析结果

差异源	SS	df	MS	F	P-value	F-value
磨耗次数	0.008618	2	0.004309	63.35172	9.24×10^{-5}	5.143253
粒径尺寸	0.000286	3	9.53×10^{-5}	1.401127	0.330925	4.757063
误差	0.000408	6	6.8×10^{-5}			
总计	0.009312	11				

从表 2-20 可知，磨耗次数的 F 值大于 $F(2,\ 6)$，粒径尺寸的 F 值小于 $F(3,\ 6)$，表明磨耗次数对集料颗粒棱角参数指标有显著影响，粒径尺寸对集料颗粒棱角参数指标无显著影响。

表 2-21　凸度方差分析结果

差异源	*SS*	*df*	*MS*	*F*	*P*-value	*F*-value
磨耗次数	0.001116	2	0.000558	16.97312	0.003389	5.143253
粒径尺寸	0.000168	3	5.61×10^{-5}	1.707381	0.26403	4.757063
误差	0.000197	6	3.29×10^{-5}			
总计	0.001482	11				

从表 2-21 可知，磨耗次数的 F 值大于 $F(2,\ 6)$，粒径尺寸的 F 值小于 $F(3,\ 6)$，表明磨耗次数对集料颗粒凸度指标有显著影响，粒径尺寸对集料颗粒凸度指标无显著影响。

表 2-22　球度方差分析结果

差异源	*SS*	*df*	*MS*	*F*	*P*-value	*F*-value
磨耗次数	0.000803	2	0.000402	113.1711	0.000302	6.944272
粒径尺寸	0.000156	2	7.82×10^{-5}	22.0216	0.006932	6.944272
误差	1.42×10^{-5}	4	3.55×10^{-6}			
总计	0.000974	8				

从表 2-22 可知，磨耗次数的 F 值大于 $F(2,\ 4)$，粒径尺寸的 F 值大于 $F(2,\ 4)$，表明磨耗次数和不同粒径对集料颗粒粗糙度指标都有显著影响。

研究目的是根据磨耗次数与集料外形特征之间的关系，建立集料外形特征与沥青混合料路用性能的相关关系。因此将各指标与磨耗次数的方差分析结果汇总于表 2-23。

表 2-23　各指标方差分析汇总

<table>
<tr><th colspan="2">指标</th><th>轴向系数</th><th>圆度</th><th>分形维数</th><th>粗糙度</th><th>棱角参数</th><th>凸度</th></tr>
<tr><td rowspan="2">磨耗次数</td><td>F</td><td>2.414916</td><td>34.75079</td><td>155.0921</td><td>27.16573</td><td>63.35172</td><td>16.97312</td></tr>
<tr><td>F-value</td><td colspan="6">F(2, 6)=5.143253</td></tr>
<tr><td rowspan="2">粒径尺寸</td><td>F</td><td>2.941901</td><td>21.01522</td><td>489.8274</td><td>190.6622</td><td>1.401127</td><td>1.707381</td></tr>
<tr><td>F-value</td><td colspan="6">F(3, 6)=4.757063</td></tr>
</table>

由表 2-23 可知，对于不同磨耗次数，圆度、分形维数、粗糙度、棱角参数和凸度的 F 值都大于 $F(2,\ 6)=5.143253$，说明这 5 个指标对磨耗次数都有显著性变化，比较 F 值

大小可知：分形维数＞棱角参数＞圆度＞粗糙度＞凸度。对于不同粒径尺寸，圆度、粗糙度、分形维数的 F 值大于 $F(3, 6)=4.757063$，比较 F 值大小可知：分形维数＞粗糙度＞圆度。综上可知，磨耗次数和粒径尺寸对分形维数的显著性影响最大，即分形维数是对集料颗粒形态变化最敏感的一个指标，故在实际工程应用中，可以首先推荐分形维数这个二维形状指标对集料进行质量控制。

2.4 本章小结

关于矿质集料形态表征与评价的方法有很多种，本章详细论述了三种主要方法，它们是基于 AIMS 的集料颗粒性形态表征与评价方法、基于 X-ray CT 扫描的集料颗粒三维形态表征与评价方法以及基于室内试验或测试的集料形态表征与评价方法。当前评价集料形态特征的方法多为间接物理力学测量方法与直接手工测量方法，既耗时耗力，又易受到人为主观因素的影响。以上三种方法各有不同，各有优势，但都比当前传统的评价集料形态特征方法更加精确，其中，AIMS 可以直接测量粗、细集料的形状、棱角和表面纹理，新一代的集料图像测量系统（AIMS Ⅱ）操作更简单方便，造价更低，更有利于推广应用；而 AIMS Ⅱ仅能够近似地表征集料的三维形状特征，无法完全准确地反映集料的三维形状特征信息，为了更直观地反映集料的三维形状特征，可选择基于 X-ray CT扫描技术的集料颗粒形态表征与评价方法。

3 沥青结合料的微观结构与性能评价

沥青结合料的微观组成、宏观性能及沥青结合料-集料的黏附性等因素均显著影响沥青混合料的细观结构表征和性能仿真。本章基于宏观、细观、微观和分子尺度，定量和定性地探讨道路用石油沥青的组成和结构、石油沥青的物理性质及改性沥青种类、石油沥青及改性沥青结合料的微观测试方法及路用性能评价体系、沥青结合料-集料的黏附理论及评价方法，为研究沥青混合料的细观结构及宏观性能演化规律打下良好的基础。

3.1 道路用石油沥青的组成和结构

沥青，主要由复杂的高分子碳氢化合物及这些碳氢化合物的非金属（氧、硫、氮等）衍生物组成的混合物，常温下呈黑色或者深褐色的固体、半固体或黏稠状液体。根据沥青材料获得的方式，可分为天然沥青、石油沥青和焦油沥青三大类；根据沥青的用途分类，可分为道路沥青、建筑沥青、机场沥青以及其他沥青。

3.1.1 石油沥青的元素组成

沥青不是单一的物质，而是由多种化合物组成的混合物，主要成分除沥青质和树脂（不饱和烃的聚合物）外，尚含有少量的苯、萘、蒽、菲、吡啶、吖啶、咔唑及酚等挥发性物质，成分极其复杂。但从化学元素组成的角度来讲，沥青主要由碳和氢两种化学元素组成，同时含有少量的硫、氮、氧及一些微量铜、铁、钠、钙等金属元素。

沥青的元素组成比例随原油的来源不同而不同。碳氢比例在一定程度上表示沥青结构单元中组成烃类基属含量的大致比例，其值越大，表明沥青的环状结构尤其是芳香环结构越多。通常情况下，在沥青中，碳元素和氢元素含量占98%～99%，其中碳元素含量为83%～87%，氢元素含量为11%～14%[26]。

3.1.2 石油沥青的组分组成

由于沥青的组成极其复杂，并且存在有机化合物同分异构的现象，造成很多沥青的元素组成十分相似，但其性质却差别很大。因此，人们在研究沥青材料的化学组成时，利用沥青对不同溶剂的溶解性，将沥青分离成几个化学成分和物理性质相近的部分，这些部分被称为沥青的组分。根据试验方法的不同，沥青可以分离为二组分、三组分、四组分、五组分，并以四组分最为常用，采用色谱法测试沥青的四组分[27]，具体步骤如下。

第一步，采用正庚烷使沥青中的沥青质沉淀并定量。

第二步，对可溶分用中性氧化铝为吸附剂，在液固色谱柱中，以正庚烷（或石油醚）、甲苯、甲苯-乙醇（1∶1）、甲苯-乙醇为冲剂，梯度冲洗出饱和分、芳香分和胶质馏分，分别除去溶剂后定量。对于低沥青质含量（小于10%）的沥青可以省略第一步，直接在色谱柱中进行冲洗。由此得到沥青质、胶质、饱和分和芳香分共四组分。

1. 沥青质

沥青质是深褐色至黑色无定形物质，相对密度大于1，不溶于乙醇、石油醚，易溶于苯、氯仿、四氯化碳等溶剂。沥青质是复杂的芳香分物质，具有很强的极性，分子量为1 000～10 000，颗粒的粒径为5～30 nm，氢、碳原子比例1.16～1.28。

沥青质在沥青中的含量为5%～25%，其含量对沥青的流变特性有很大影响，当沥青中的沥青质含量增加时，沥青稠度提高，软化点上升，其高温性能提高。

2. 胶质

胶质也称为树脂或极性芳烃，是半固体或液体状的黄色至褐色的黏稠状物质，相对密度为1.0～1.08，分子量为600～1 000，在沥青中的含量为15%～30%，溶于石油醚、汽油、苯等有机溶剂。

胶质是沥青的扩散剂或胶溶剂，胶质与沥青质的比例在一定程度上决定沥青是溶胶或是凝胶的特性，其氢、碳原子比例为1.30～1.47。胶质具有很强的极性，这一突出特性使其具有很好的黏结力，可以赋予沥青可塑性、流动性及黏结性，对沥青的延性、黏结力有很大影响。

3. 饱和分

饱和分由直链烃和支链烃组成，是一种非极性稠状油类，氢、碳原子比例约为2.0，平均分子量为300～600，饱和分在沥青中的含量为5%～20%，饱和分对温度较为敏感。

4. 芳香分

芳香分是由沥青中最低分子量的环烷芳香化合物组成的，它是胶质沥青的分散介质，芳香分在沥青中的含量为40%～65%，是深褐色的黏稠液体，氢、碳原子比例为1.56～1.67，平均分子量为300～600。

饱和分和芳香分都作为油分，在沥青中起着润滑和柔软作用，油分含量越多，沥青的稠度越低，软化点越低，针入度越大。

3.1.3 石油沥青的胶体结构

现代胶体理论研究发现，沥青的苯溶液具有丁达尔现象，证明沥青溶液也是一种胶体溶液。通过对沥青溶液的研究，该理论认为沥青的胶体结构是若干个聚集的固态超细沥青质颗粒吸附极性半固态的胶质形成胶团，由于胶质的胶溶作用使胶团胶溶、分散于液态的由芳香分和饱和分组成的分散介质中，形成稳定的胶体。

在沥青胶体结构中，从沥青质到胶质，乃至芳香分和饱和分，它们的极性是逐步递变的，没有明显的分界线。所以，只有在各组分的化学组成和相对含量相匹配时，才能形成稳定的胶体。根据沥青中各组分的化学组成和相对含量的不同，可以形成不同的胶体结构，沥青的胶体结构可分为溶胶型、溶-凝胶型以及凝胶型三种。

当油分和胶质足够多时，沥青质形成的胶团全部分散，胶团能在分散介质的黏度许可范围内自由移动，这种沥青被称为溶胶型沥青。其特点是胶体结构中的沥青质含量较少，油分较多，因此具有良好的黏结性，但对温度的敏感性较强。当油分和胶质较少时，胶团浓度相对增加，相互之间靠拢较近，胶团会形成不规则的骨架结构，胶团移动比较困难，这种沥青被称为凝胶型沥青。其特点是弹性好、温度稳定性好，而且具有触变现象。

介于上述二者之间的沥青被称为溶-凝胶型沥青，这种沥青比溶胶型沥青稳定，黏结性和感温性能较好。

目前，胶体稳定指数 I_c 是反映沥青溶胶-凝胶比重的指标，能够很好地反应软沥青质的胶溶能力，计算公式如式(3-1)，I_c 值越大，沥青越趋于溶胶型，沥青胶体结构越稳定。

$$I_c = \frac{R + A}{A_{sp} + S} \tag{3-1}$$

式中 I_c——沥青的胶体稳定指数；

R——沥青中胶质质量分数(%)；

A——沥青中芳香分质量分数(%)；

A_{sp}——沥青中沥青质质量分数(%)；

S——沥青中饱和分质量分数(%)。

3.2 石油沥青的物理性质及改性沥青种类

3.2.1 石油沥青物理性质

1. 密度

密度是沥青在规定温度下(15 ℃)单位体积所具有的质量，单位为 kg/m^3 或 g/cm^3，也可用相对密度(无量纲)来表示。相对密度是指规定温度条件下，沥青质量与同体积水的质量之比。沥青的密度与其化学组成有一定关系，它取决于沥青各组分的比例及排列的紧密程度。沥青中除沥青质使沥青密度增大外，其他组分都使沥青密度变小，其中饱和分含量越多，密度变小的倾向性越明显。通常黏稠沥青的密度为 0.96～1.04 g/cm^3。我国富产石蜡基沥青，其特征为含硫量低、含蜡量高、沥青质含量少，所以密度通常在 1.00 g/cm^3 左右。部分黏稠沥青的密度见表 3-1。

表 3-1　部分黏稠沥青的密度

沥青品种	新疆克拉玛依 90 号	新加坡壳牌	欢喜岭 90 号	伊朗沥青
相对密度	0.973	1.034	1.004	1.03

2. 体膨胀系数

当温度上升时，沥青材料的体积会发生膨胀，这对于沥青储罐的设计，以及沥青作为填缝、密封材料使用有重要影响。同时与沥青路面的路用性能也有密切的关系，体膨胀系数大，沥青路面在夏季易泛油，在冬季会因收缩而产生裂缝。

沥青的体膨胀系数可以通过不同温度下的密度由式(3-2)计算得出。

$$A=\frac{D_{r1}-D_{r2}}{D_{r1}(T_1-T_2)} \tag{3-2}$$

式中 A——沥青的体膨胀系数；

T_1，T_2——测试温度(℃)；

D_{r1}，D_{r2}——沥青在温度 T_1，T_2 时的密度(g/cm^3)。

3. 介电常数

沥青对氧、雨、紫外线等的耐气候老化能力与它的介电常数有关，介电常数定义如式(3-3)所示。

$$介电常数=\frac{沥青作介质时平行板电容器的电容}{真空时相同平行板电容器的电容} \tag{3-3}$$

英国道路研究所研究认为，沥青路面抗滑能力的改善与介电常数有关。

3.2.2 改性沥青种类

随着道路交通流量和行驶频度急剧增长、货运车轴重的不断增加，普遍实行分车道单向行驶，要求进一步提高路面抗流动性，即高温下抗车辙的能力；提高路面柔性和弹性，即低温下抗开裂的能力；提高路面耐磨耗能力和延长使用寿命。因此，道路用石油改性沥青在国内大部分省市得到了较广泛的使用，其优越性越来越得到体现。根据不同地区的气候特征，可制备各种性能优越、适合当地气候及交通发展的改性沥青。因此，合理地选择改性剂及工艺和配方，通过在道路用石油沥青中加入各种高分子聚合物(即改性剂)，经过充分的研磨、混合的改性工艺，生产出道路用石油改性沥青，可以大大增强沥青混合料的抗永久变形能力、抗低温开裂能力、抗疲劳开裂能力以及抗水损坏能力。

目前，应用于道路用石油沥青改性的改性剂主要有三大类：橡胶类(SBR，CR，EPDM 等)、热塑性橡胶类(SBS，SIS，SBD 等)、热塑性树脂类(PE、EVA 等)。

3.3 石油沥青及改性沥青结合料的微观测试方法

随着现代材料测试技术的发展，新的测试手段如傅里叶红外光谱(FTIR)、核磁共振(NMR)、凝胶渗透色谱(GPC)、荧光显微镜、扫描电镜(SEM)、原子力显微镜(AFM)，已被越来越多的研究者用来表征石油沥青及改性沥青结合料微观组成、结构和性能演化规律，对于多角度、多层次理解沥青结合料的组成结构与性能的关系，为沥青改性、沥青老化等方面的研究提供了新途径。

3.3.1 元素和化合物

1. 元素分析仪

元素分析仪，是指同时或单独测试样品中几种元素的仪器，其工作原理是在催化剂的作用下，样品经高温氧化燃烧生成氮气、氮的氧化物、二氧化碳、二氧化硫和水，并在载气的推动下，进入分离检测单元。在吸附柱将非氮元素的化合物吸附保留后，氮的氧化物经还原成氮气后被检测器测定，其他元素的氧化物再经吸附-脱附柱的吸附解析作用，按照 C，H，S 的顺序被分离测定。

元素分析仪分别测定石油沥青及改性沥青结合料中的 C，H，S 等元素含量，通过比较碳氢比、硫含量、芳香度等数据在反应前后的变化，分析改性过程中沥青组分的变化情况。

2. 核磁共振仪(NMR)

核磁共振通过区分不同原子的归属及划分，能检测出沥青中发生的分子异构化，核磁共振谱最常见的为氢谱(^{1}H—NMR)与碳谱(^{13}C—NMR)，根据识别谱图中的原子化学位移与积分曲线计算得到的吸收峰面积，能区分不同种类的原子归属并定量分析各类原子的含量、脱氢及内部交联等反应。例如，^{1}H—NMR 根据沥青结合料中有机化合物中的氢原子核所处的化学环境不同，表现出的核磁性就不同，NMR 的优势在于能够同时测定沥青结合料中的几个组分，评估脂肪族和芳香族氢的相对含量。表 3-2 列出了^{1}H—NMR 谱氢原子在不同碳链上的化学位移，通过分析谱图能对沥青结合料元素组成及分子结构进行研究。

NMR 表征沥青材料的性能主要体现为：通过分析谱图可以计算沥青分子的结构参数、构建分子单元模型，更好地帮助理解沥青结合料分子的化学成分和结构，对比沥青改性老化前后的 NMR 谱图，根据不同类型的 H，C，P 原子含量变化推断可能发生的反应，这在沥青改性老化机理的研究上具有重要意义。^{1}H—NMR 谱中 H 的类型和化学位移见表 3-2。

表 3-2　^{1}H—NMR 谱中 H 的类型和化学位移

符号	归属	化学位移 δ /($\times 10^{-6}$)
H_A	与芳香碳直接相连的氢	6.0～9.0
H_α	与芳香环的 α 碳相连的氢	2.0～4.0
H_β	芳香环上 β 碳上的氢及 β 以远的 CH_2、CH 基上的氢	1.0～2.0
H_γ	芳香环 γ 上位及 γ 以远的 CH_3 基上的氢	0.5～1.0

3.3.2 官能团结构

傅里叶变换红外吸收光谱分析法(Attenuated Total Reflectance Fourier Transform

Infrared Spectroscopy，ATR-FTIR)是鉴定有机化合物官能团组成结构的重要手段，红外光谱利用有机化合物分子中不同基团的特征吸收峰频率不同，测试有机化合物对一定波长范围的红外光吸收情况。红外光谱分析法具有试验速度快、准确度高、灵敏度强等优点，只需少量样品即可研究其化学分子结构、鉴定样品官能团，进而推测物质的化学反应过程，已成为分析石油沥青及改性沥青结合料微观结构的有效方法。沥青结合料红外吸收峰的位置、数目、强度和形状等参数可以对沥青结合料的组成和包含的官能团进行定性分析和鉴定。由于沥青结合料的组成十分复杂，一些官能团的特征吸收峰可能会被其他吸收峰所掩盖和影响，红外光谱难以得到有关沥青结合料的组成和结构的全部信息，但是红外光谱可以研究聚合物改性剂加入沥青中是否发生化学反应，根据特征吸收峰，确定改性沥青改性剂含量；研究沥青结合料老化前后成分的变化，分析氧化反应机理的解析等方面已经具有广泛的应用价值[28]。

红外吸收光谱的原理是：当样品被红外光照射时，红外光会被样品中的某些分子吸收，进而引发分子跃迁，使得特征峰出现在红外光谱图中。由于每个特征峰对应于某个基团的特定振动形式，根据不同的特征峰即可定性判断样品分子结构及类型。同时，根据某一波长的光的吸光度(面积)的强弱，通过选择统一的评判标准，可以定量比较不同样品之间官能团含量的差异，根据各个官能团意义及彼此之间的关系，构造具有化学结构意义的关系式，进而定量分析物质结构差异对性能的影响。可以根据 Beer-Lambert 定律确定特定光的吸光度，具体如式(3-4)所示。

$$A = \lg \frac{I_0}{I} = abc \tag{3-4}$$

式中 A——吸光度；

I_0——入射光强度；

I——通过样品槽后的光强度；

a——吸光度系数(L/g×cm)；

b——样品池厚度(cm)；

c——样品的质量浓度(g/L)。

红外光谱分析使用一束不同波长的红外射线照射待测物质，测定被选择性吸收的特定波长，达到对物质分子进行分析和鉴定的目的。在实际应用中，红外光谱图根据波数范围分为 4 个峰区，来解析图谱和推导分子结构。波数范围在 2 500～4 000 cm^{-1}之间属于 X—H 的伸缩振动，定义为第一峰区；波数在 1 900～2 500 cm^{-1}之间是累积双键和三键的伸缩振动，定义为第二峰区；波数在 1 500～1 900 cm^{-1}之间是双键的伸缩振动、H—O 和 H—N 的弯曲振动，定义为第三峰区；波数在 600～1 500 cm^{-1}之间，除了氢以外的单键(Y—X)的伸缩振动及各种弯曲振动，定义为第四峰区。沥青结合料常用的特征吸收峰见表 3-3。

表 3-3　　　　沥青常用的特征吸收峰

分类		峰位	对应官能团及振动模式	说　明
饱和烃 C—H（烷烃、环烃）	C—H 伸缩(展)振动	2 960 cm^{-1}	CH_3 反对称伸缩振动吸收，强	以 2 920 cm^{-1} 强度表征—CH_2—，是最强的峰，但此峰的峰高受其他散射等因素影响，可能面积相同，但峰高不稳定。2 870 cm^{-1} 处无明显峰，往往与 2 850 cm^{-1} 处重合，因而有的用 2 850 cm^{-1} 表征 CH_2+CH_3
		2 920 cm^{-1}	CH_2 反对称伸缩振动吸收，强	
		2 870 cm^{-1}	CH_2 对称伸缩振动吸收，强	
		2 850 cm^{-1}	CH_3 对称伸缩振动吸收，强	
	C—H 变角振动	1 450 cm^{-1}	CH_3 反对称变角振动吸收，中	1 450 cm^{-1}、1 460 cm^{-1} 实际重叠为 CH_2+CH_3 的峰，强度中等，比较稳定
		1 460 cm^{-1}	CH_2 剪式振动吸收，中	
		1 376 cm^{-1}	CH_3 对称变角振动吸收，强	
	CH_2 扭曲振动	1 310 cm^{-1}	CH_2 扭曲振动吸收，弱	
	CH_2 平面摆动振动	~721 cm^{-1}	—$(CH_2)_n$—　$n\geqslant 4$	$n\geqslant 4$，722~724 cm^{-1} 结晶成长链式烷烃 n 较小时，频率较高。 $n=3$，726~727 cm^{-1} $n=2$，734~743 cm^{-1} $n=1$，770~785 cm^{-1}
芳烃	C—H 伸缩振动	3 000~3 100 cm^{-1}	═C—H 伸缩振动	在谱图上见不到，而是在~3 030 cm^{-1} 处变为饱和取代基的一个肩
	芳环	~1 600 cm^{-1}	C═C 骨架伸缩振动	稠环的吸收
	苯环上═CH	863 cm^{-1}	芳环氢面外弯曲振动	表示芳香族外面的吸收频率，对确定芳香簇类有重要作用
		810 cm^{-1}		
		744 cm^{-1}		
杂原子	醇、酚等	3 610~3 640 cm^{-1}	O—H 伸缩振动	O—H 与分子内的 C═O，NO_2 等形成的分子内氢键，缔合后在 3 200~3 400 cm^{-1} 形成分散的、宽而弱的谱带组

（续表）

分类		峰位	对应官能团及振动模式	说明
杂原子	羰基	1 653～1 752 cm^{-1}	C═O 伸缩振动	包括羧酸、酮、酐和酰胺的吸收。跟酸的二聚物有相同的吸收频率。羧酸和喹啉是沥青中两个重要的官能团，形成非常强的氢键成为二聚物，或同其他官能团聚合成为二聚物，形成的吸收峰很难区分。在 1 715 cm^{-1} 和 1 690 cm^{-1} 以及 1 600 cm^{-1} 的吸收，一部分是由于共轭双键 C═C 引起，另一部分是由于 C═O 的吸收引起的。1 715 cm^{-1} 是由开链的 C═O 引起。而 1 690 cm^{-1} 是由芳香基酮 Ar—C═O—R 的特征吸收峰引起。酮键主要产生在沥青质和极性芳香分中苯甲基碳集中的地方
	酯	～1 260 cm^{-1}	C—O—C 伸缩振动	乙酸醇
	醚	～1 120 cm^{-1}	C—O—C 伸缩振动	归于醚类
	亚砜	～1 031 cm^{-1}	S═O 的伸缩振动	硫化物分子的氧化易生成 S═O，波谱范围 1 007～1 065 cm^{-1}

3.3.3 分子量

凝胶渗透色谱(Gel Permeation Chromatography，GPC)是 1964 年由 J. C. Moore 首先研究成功的。该色谱不仅可用于小分子物质的分离和鉴定，而且可以用来分析化学性质相同而分子体积不同的高分子同系物。在道路工程领域，GPC 被广泛应用于研究沥青结合料改性机理、老化机理以及再生机理等方面，是了解沥青结合料化学组成、分子结构有利的技术手段[29，30]。

凝胶色谱法采用凝胶状多孔性填充剂作为固定相，根据沥青样品中各类分子流体力学体积的不同来进行分离。部分沥青分子因尺寸大于凝胶孔径而无法进入孔内，随流动相流出柱外。比凝胶孔径小的分子可进入孔内，其中大分子流程短、保留值小，因而先流出凝胶色谱柱；小分子流程长、保留值大，后流出凝胶色谱柱。因此，凝胶色谱是按照分子流体力学的体积大小，从大到小排列进行分离的。

通常道路工程领域将 GPC 数据按照尺寸大小划分为三部分，分别为大分子(LMS)、中分子(MMS)和小分子(SMS)，根据色谱图曲线与 x 轴围成的面积采用不同的划分方法计算每一部分的面积。根据研究需要不同，目前道路领域研究人员在进行色谱图划分时所选用的方法稍有差别，主流的划分方法包括如下三种。

(1) 如图 3-1 所示，将色谱图进行 13 等分并分成三部分：大粒径分子(LMS，1～5 等分)、中粒径分子(MMS，6～9 等分)和小粒径分子(SMS，10～13 等分)。

(2) 按照分子量范围将测试样品分子划分为聚合物(分子量大于 19 000)、沥青质(分子量 3 000～19 000)和软沥青(分子量低于 3 000)三部分。

(3) 通过统计方法，直接按照流出时间将其划分为三部分。

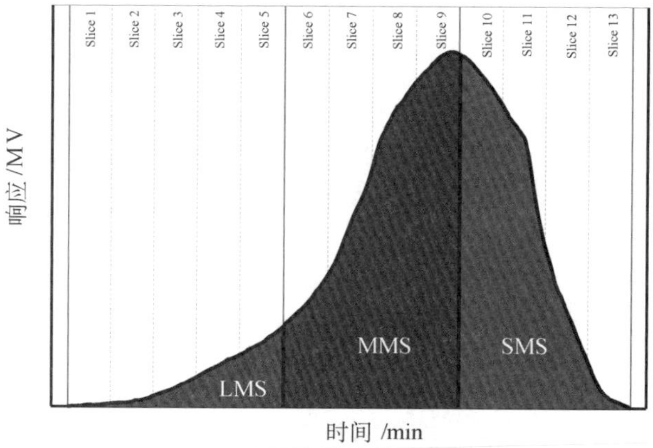

图 3-1　LMS、MMS 和 SMS 的定义

沥青结合料的分子量及其分布状态是沥青性能表现的内在原因，对沥青结合料的宏观路用性能有较大影响。有研究表明，沥青结合料分子量与物理性质之间存在线性相关关系，具体表现为平均分子量、峰值分子量与黏度、软化点、针入度都有着相当好的线性关系。分子量大，分子间作用力就强，分子链段产生相对位移或整个分子的运动较难，从而导致黏度较大，温度敏感性较小；分子量小时，分子链段较多，链的排列疏松，温度变化有利于链的运动，黏度较小，则表现为感温性大。

3.3.4　形貌图

荧光显微镜、扫描电镜和原子力显微镜可以对沥青与改性剂的相容性、表面微观形貌、断口形态及纤维结构变化等进行表征。

1. 荧光显微镜

荧光显微镜技术(Fluorescence Microscope，FM)是用人眼不可见的一定波长的紫外线(365 nm)或短光波的蓝紫单色光(420 nm)作激光光源照射被检物体，使之受激发后产生人眼可见的荧光，然后再经过显微镜成像系统放大来进行镜检的技术。一般情况下，我们利用的是材料的固有荧光，即当物质在紫外线的照射下所发出的可见光。

由于改性沥青的发展，沥青中掺加了越来越多的改性剂，目前改性沥青多为物理改性过程，通过溶胀剪切发育等机械过程最大化地提高改性剂在沥青中的均匀分散和相容性；这种物理混合的状态在荧光显微镜中很容易判断。另外，通过荧光显微镜技术了解聚合物改性剂在沥青中的存储状态，进而指导改性工艺优化和性能检测中的试验条件限定[31]。一般来讲，现有改性沥青荧光显微镜主要应用在改性剂分布状态的观测上，并据此判断沥青改性效果的好坏。因此，荧光显微分析技术的应用，必须具备一个前提性的理论认识，如不同物质的荧光特征是什么，如何鉴别具有相同荧光的不同物质。沥青组分与其荧光颜色见表 3-4。

表 3-4　　沥青组分与其荧光颜色

沥青组分	发光颜色	成　分
油质沥青	黄、黄白、淡苋白、绿黄、淡绿黄、黄绿、绿、淡绿、蓝绿、淡蓝绿、绿蓝、淡绿蓝、蓝、淡蓝、蓝白、淡蓝白、白	为烃类化合物，包括饱和烃、环烷烃、芳烃，除饱和烃中的气态不发光外，其余均发光
胶质沥青	以橙为主，褐橙、浅褐橙、淡橙、黄橙、淡黄褐	为含氧、氮、硫的烃类，是石油中较固定的组分，含量不低于 1%，芳烃为主
沥青质	以褐为主，褐、淡褐、淡橙褐、黄褐、淡黄褐	为不溶于石油醚的胶质沥青，非烃及沥青质
炭质沥青	不发光(全黑)	—

2. 扫描电镜

扫描电镜(Scanning Electron Microscope, SEM)是利用聚焦非常细的高能电子束在试样上扫描，入射试样的电子与试样原子相互作用，激发或电离试样原子。SEM 的特点是放大倍数范围大(从几十倍到几十万倍)，其二次电子像富有很强的立体感，并具有较高的二次电子像分辨能力(1～5 nm)和较大的景深[32]。

SEM 可以通过观察改性沥青的微观形貌，比较不同改性剂与沥青相容性的优劣，并根据相容性确定改性剂的最佳掺量。通过 SEM 可以观察到改性剂的表面形貌，更大的表面积可以吸附更多的沥青，形成非均相的稳定结构。利用 SEM 与 ESEM 观察不同老化阶段沥青的微观形貌，分析老化带来的微观损伤，有助于沥青的老化机理与耐老化性能的研究。

SEM 用于观察沥青材料的微观形貌，可以提供改性沥青中聚合物多相分散信息，能评价沥青与聚合物的相容性，得到沥青与聚合物形成稳定网络的最佳含量，也可以分析不同聚合物改性剂的比表面积大小，并确定其吸附沥青的能力。SEM 还能进一步对沥青的物理特征、断口形貌、裂纹扩展机制、开裂与愈合现象、沥青与改性剂的黏结性等方面进行研究，通过观察老化前后的微观形貌发现，基质沥青老化后表微观形貌变得粗糙，改性沥青老化后相容性变差甚至出现团聚现象，说明老化对沥青具有显著影响。SEM 在沥青再生、新老沥青混合程度的研究上也起到重要作用，有助于研究人员作出更好的决策。

3. 原子力显微镜

原子力显微镜(Atomic Force Microscope, AFM)是扫描探针显微镜的一种，主要由针尖、微悬臂梁、激光和光电二极管四个核心部分组成，在扫描过程中，试样微表面高度的变化会改变针尖与样品表面之间的微作用力（吸引力或排斥力），此时微悬臂将遵循胡克定律发生偏移。通常，这一偏移会引起照射在微悬臂背面的激光光源反射信号的变化，并被光电二极管所感知，经过处理可以获得样品的表面形貌图。与传统显微镜的不同之处在于，它采用纳米尺度的探针在样品表面上扫描，从而获得样品微细观的信息。作为一种新型表面结构分析仪器，原子力显微镜超越了光和电子波长对显微镜分辨率的限制，可以从立体三维的角度观察物质的形貌。与传统测量样品表面形貌的方法相比，原子力显微镜具有精度高、不破坏样品、局域性强、样品制备简单等优点[33-36]。

在道路工程领域中，采用原子力显微镜图像可以分析沥青结合料纳米尺度的微观结构，建立其微观形态和化学组成之间的联系，探究改性沥青结合料的改性机理及黏附力等。

3.4 石油沥青及改性沥青结合料的路用性能评价体系

3.4.1 针入度分级体系

我国道路石油沥青采用针入度作为分级指标。在《公路沥青路面施工技术规范》（JTG F40—2004）中，根据当前沥青生产水平与应用要求，提出 A，B，C 三个等级。同时，沥青质量要求充分照顾到气候条件，规定了适用于各气候区适宜的针入度等级。

1. 针入度

针入度是在规定温度、附加荷重和作用时间条件下，以标准针贯入沥青中的深度，以 0.1 mm 表示。通常如不特殊注明，则试验温度为 25 ℃，附加荷重为 100 g±0.1 g，贯入时间为 5 s。针入度可以用来划分沥青的标号，道路用石油沥青和聚合物改性沥青针入度分级要求分别如表 3-5 和表 3-6 所示，针入度越小，沥青的稠度越大[5]。

2. 针入度指数 PI

J. P. Pfeiffer 等认为，沥青的针入度对数与温度之间有很好的线性关系。目前，人们利用沥青 15 ℃，25 ℃，30 ℃时的针入度计算其针入度指数 PI。针入度指数 PI 用来评价沥青材料的感温性能，PI 值越大，沥青的感温性越小。PI 的计算公式见式（3-5）。

$$PI=\frac{20(1-25A)}{1+50A} \tag{3-5}$$

式中 PI——针入度指数；

A——针入度温度敏感性系数，可由针入度与温度的半对数关系直线的斜率求出。

3. 软化点

软化点是在规定尺寸的铜环内，浇注一定量的沥青，并在其上放置规定质量的钢球，

表 3-5　　道路用石油沥青针入度分级要求[6]

指标	单位	等级	沥青标号																	试验方法
			160 号②	130 号②	110 号			90 号					70 号①					50 号①	30 号②	
针入度(25 ℃，5 s，100 g)	0.1 mm		140～200	120～140	100～120			80～100					60～80					40～60	20～40	T0604
适用的气候分区			注②	注②	2-1	2-2	3-2	1-1	1-2	1-3	2-2	2-3	1-3	1-4	2-2	2-3	2-4	1-4	注②	附录 A③
针入度指数 PI②		A	−1.5～+1.0																	T0604
		B	−1.8～+1.0																	

注：① 70 号沥青可根据需要要求供应商提供针入度范围为 60～70 或 70～80 的沥青，50 号沥青可要求提供针入度范围为 40～50 或 50～60 的沥青。
② 30 号沥青仅适用于沥青稳定基层。130 号和 160 号沥青除寒冷地区可在中低级公路上直接应用外，通常用作乳化沥青、稀释沥青、改性沥青的基质沥青。
③ 附录 A 参见《公路沥青路面施工技术规范》(JTG F40—2004)。

表 3-6　　聚合物改性沥青针入度分级要求[6]

指标	单位	SBS 类(Ⅰ类)				SBR 类(Ⅱ类)			EVA、PE 类(Ⅲ类)				试验方法
		Ⅰ-A	Ⅰ-B	Ⅰ-C	Ⅰ-D	Ⅱ-A	Ⅱ-B	Ⅱ-C	Ⅲ-A	Ⅲ-B	Ⅲ-C	Ⅲ-D	
针入度(25 ℃，5 s，100 g)	0.1 mm	>100	80～100	60～80	40～60	>100	80～100	60～80	>80	60～80	40～60	30～40	T0604
针入度指数 PI，≥		−1.2	−0.8	−0.4	0	−1.0	−0.8	−0.6	−1.0	−0.8	−0.6	−0.4	T0604

以 5 ℃/min 的升温速率加热，沥青软化，钢球从沥青试样中沉落至规定距离的底板时的温度，以℃表示。软化点实质上反映的是沥青的黏度，是一种条件黏度，即在等黏度条件下以温度表示的黏度。软化点还可以反映沥青的高温性能，软化点越高，其等黏度越高，则沥青的高温性能越好。

4. 延度

延度是沥青在一定温度下，按照一定速度拉伸至沥青断裂时的长度，以 cm 计。通常试验温度为 15 ℃和 10 ℃，拉伸速度为 5 cm/min。延度主要反映沥青的柔韧性，延度越大，沥青的柔韧性越好，如低温下延度大，则沥青的低温抗裂性能较好。

5. 60 ℃动力黏度

在我国，夏季沥青路面的温度可达 60 ℃以上，动力黏度可以真实地反映路面的实际使用情况。黏度大的沥青在荷载作用下产生较小的剪切变形，弹性恢复性能好，残留的永久塑性变形小，即沥青路面抵抗车辙的能力强。因此，60 ℃动力黏度也是反映沥青高温性能的指标之一。

6. 旋转薄膜烘箱试验

沥青混合料在生产过程中，沥青需要加热，尤其是沥青在薄膜状态下与热集料接触，可能存在老化现象。在室内模拟这一老化过程采用旋转薄膜烘箱试验，即将沥青放在 163 ℃的烘箱中试验不少于 85 min，根据加热前后的质量变化，测定其质量损失率，以表示其轻质油分挥发的数量。同时，测定针入度、延度等指标，比较旋转薄膜烘箱试验前后性能的变化，以表征沥青的抗老化性能。

7. 蜡含量

沥青的蜡含量对沥青路面的使用性能有极大的影响。在高温季节，若沥青含蜡量高，沥青路面的高温稳定性就会变差，路面沥青中的蜡熔化后变软，道路容易产生车辙；而在低温季节时，含蜡量会使沥青变脆，延度变小，路面的抗裂性能降低，容易产生裂缝和龟裂。沥青中的蜡也会使路面抗滑性能降低，沥青与石料的黏结性大大降低，造成沥青混合料路面的剥离破坏，影响路面质量的耐久性和道路的行车安全。

8. 脆点

沥青材料在低温下受到瞬时荷载作用时，常表现为脆性破坏。沥青脆性的测定极为复杂，通常采用费拉斯脆点试验方法可以求出沥青达到临界硬度时发生脆裂的温度，并以此作为条件脆性指标。费拉斯脆点试验方法可参考《公路工程沥青与沥青混合料试验规程》(JTG E20—2011)。脆点实质上反映沥青由黏弹性体转变为弹脆体(玻璃态)时的温度，即达到临界硬度时发生脆裂的温度，亦沥青达到等劲度时的温度。

9. 闪点、溶解度

沥青在加热过程中，其挥发油分与空气混合气体在高温下极易发生闪火，闪火时的温度被称为闪点。因此，为保证施工期间的安全，需要控制沥青材料的加热温度。

沥青在溶剂中的溶解度表明沥青的有效成分。通常采用三氯乙烯、二甲苯等溶剂测试沥青的溶解度。

3.4.2 SHRP PG分级体系

由于沥青路面受车辆荷载、材料状况、极端气候、土壤地质条件等影响，针入度、软化点、延度等物理指标不能很好地预测路面的使用性能。因此，在1987—1993年，美国公路战略研究计划(Strategic Highway Research Program, SHRP)沥青项目的研究者从沥青材料的化学和物理性质入手，利用流变学和断裂力学等工具，试图建立沥青材料的化学、物理性质与沥青混合料性质之间的关系，进而以便和实际路面使用性能的研究联系起来。PG分级是模拟沥青寿命期三个临界的阶段进行试验，先后对沥青进行旋转薄膜烘箱试验和压力老化试验后，再进行动态剪切流变仪和弯曲梁流变仪试验，来模拟实际路面温度、运储、装卸等短期老化，表面光、热氧化等长期老化作用下对沥青高温抗车辙、中温抗疲劳、低温抗开裂性能的影响。SUPERPAVE作为SHRP沥青项目的最终产品集成了沥青基于性能的沥青规范、试验方法、试验标准和混合料设计系统。其中，《沥青结合料规范》(*Performance Graded Asphalt Binder Specification*)作为SUPERPAVE的主要内容之一被认为是SHRP成果中最为成熟的部分。

1. 高温抗车辙性能

美国SHRP计划利用动态剪切流变仪(Dynamic Shear Rheometer, DSR)，以动态正弦波的动态加载方式对沥青结合料进行加载，加载频率为10 rad/s，相当于80 km/h的行车速度。通过小应变水平下的单点动态测试得到不同温度下沥青结合料的线黏弹性力学参数，即动态剪切模量G^*和相位角δ，δ是作用应力和对应应变之间的时间滞后，是弹性和黏性变形数量的相对指标，δ越小，材料越接近于弹性，抗变形能力也越强。SHRP研究者根据能量消散理论，将$G^*/\sin\delta$(车辙因子)作为控制高温车辙的指标，$G^*/\sin\delta$越大，沥青材料的抗车辙能力越强。对于原样沥青，车辙因子$G^*/\sin\delta$的临界最小值为1.0 kPa，对于经旋转薄膜烘箱试验(Rolling Thin Film Oven Test, RTFOT)后的残留物，其车辙因子$G^*/\sin\delta$的临界最小值为2.2 kPa。

美国NCHRP9-10课题提出了利用DSR进行重复蠕变恢复试验(Repeated Creep Recovery, RCP)来评价沥青的高温抗车辙性能。该方法采用了控制剪切应力的蠕变加载方式，与之前小应变水平下的震荡动态加载方式相比，RCP试验中随着不可恢复蠕变变形的积累，材料的损伤效应可以很好地考量。RCP采用黏度蠕变柔量(J_V)的倒数，黏性蠕变劲度(G_V)作为沥青结合料高温性能评价指标。

美国联邦公路局在RCP试验的基础上改进，得到了多重应力蠕变恢复(Multiple Stress Creep Recovery, MSCR)试验。该方法在0.1 kPa和3.2 kPa两种应力水平下进行连续测试，每个应力水平进行10个周期，每个周期10 s，分为1 s的蠕变阶段和9 s的卸载恢复阶段，试验总时间为200 s，评价指标为变形恢复率R和不可恢复蠕变柔量J_{nr}。

此外，澳大利亚通常采用弹性黏度指标，欧洲普遍采用零剪切黏度（Zero Shear Viscosity，ZSV）或低剪切黏度（Low Shear Viscosity，LSV）指标来评价沥青结合料的高温性能。

2. 抗疲劳性能

SHRP 研究计划中用 $G^* \cdot \sin\delta$ 来表征沥青等高分子物质在变形过程中由于自身内部摩擦产生的以热量的形式所散失的能量。将 $G^* \cdot \sin\delta$ 定义为疲劳因子，其数值越大，说明其疲劳性能越差。SHRP 研究计划是这样确定疲劳因子 $G^* \cdot \sin\delta$ 的：在路面的最高和最低设计温度的平均值之上 4 ℃，以 10 rad/s 的剪切速率进行 DSR 试验，当沥青处于其线黏弹性范围内时，在小振幅应力作用下经过 10 个循环而实测的结果，即为疲劳因子 $G^* \cdot \sin\delta$，并规定其不应超过 5 000 kPa。

3. 低温抗开裂性能

利用旋转薄膜烘箱试验（RTFOT）和压力老化试验（Pressure Aging Vessel，PAV）对沥青结合料进行短期和长期老化后，采用弯曲梁流变仪（BBR）测试沥青结合料 60 s 的蠕变速率 m 值和蠕变劲度模量 S 值，来评价路面在低温条件下沥青的收缩和释放能力。m 值表示沥青的应力松弛能力，m 值越大，说明沥青对于低温产生的应力可以较大的速度进行释放，避免了沥青中出现剩余应力，保证了沥青的低温抗开裂性能。同理，S 值越大，说明产生单位应变所需的应力越大，沥青相对比较硬脆，低温柔韧性较差。因此，SHRP 研究计划规定 60 s 的 m 值不小于 0.30，S 值不大于 300 MPa。蠕变劲度模量 S 计算公式如式(3-6)所示。

$$S(t)=\frac{PL^3}{4bh^3\delta(t)} \tag{3-6}$$

式中 b——小梁宽度(m)；

h——小梁高度(m)；

L——简支梁跨径(m)；

P——施加的恒定荷载(N)；

δ——随时间 t 变化的跨中挠度(m)。

直接拉伸试验(DTT)：DTT 试验是 SHRP 计划为测试沥青拉伸性能而开发的一种“微延度”试验，即用沥青结合料薄膜的极限拉伸应变来反映其抵抗变形的能力，试验温度为 0～36 ℃，沥青试件如哑铃状，试件质量约 2 g，两端粗、中间细，长 40 mm，有效标准长度为 2 mm，截面积为 36 mm^2。试验温度为设计最低温度以上 10 ℃，拉伸速率为 1 mm/min，较延度试验慢得多。测得的结果是试件拉断时的荷载和伸长变形。试件的应力和应变公式如式(3-7)、式(3-8)所示。

$$\text{应力}(\sigma)=\frac{\text{最大荷载}}{\text{试件截面积}} \tag{3-7}$$

$$应变(\varepsilon_f)=\frac{长度变化(伸长\ \Delta L)}{有效标准长度(27\ mm)} \tag{3-8}$$

SHRP 规范要求直接拉伸试验的破坏应变不得大于 1%。DTT 试验破坏应变与沥青结合料温度应力试验的破断温度具有良好的相关关系，作为 BBR 试验的有力补充，可以准确地评价沥青结合料的低温性能。

双边缺口拉伸(DENT)：DENT 试验基于断裂力学中基本断裂功(Essential Work of Fracture，EWF)理论，测试沥青结合料的抗延性拉伸性能，来表征沥青结合料在受约束条件时的抗拉伸断裂性能，采用热动力学理论对整个拉伸过程中的能量进行分析，根据 AASHTOTP 113—15 对沥青结合料进行 DENT 试验，利用得出的临界裂纹张开位移 CTOD 值对沥青结合料在延性状态下的容许应变进行评价，可以准确判断不同温度下沥青结合料的低温特性。

4. 其他分级体系

很多国家认为，针入度分级有很多局限性，在 25 ℃温度下，针入度相同的两种沥青，其黏度往往会有很大的差别，而黏度是表征沥青黏结性能的重要指标，它可以反应沥青在中温和高温下的力学性质，比针入度指标更加符合实际情况，所以，有些国家采用黏度指标对沥青进行分级。如，美国国家高速公路和交通运输协会(American Association of State Highway and Transportation Officials，AASHTO)，美国试验与材料协会(American Society for Testing and Materials，ASTM)制定了以黏度为分级的沥青技术标准。为防止和减少车辙，日本和一些欧洲国家也制定了以 60 ℃黏度为分级的沥青技术标准。

3.4.3 沥青结合料的其他性能

1. 黏滞性

石油沥青的黏滞性是反映材料内部阻碍其相对流动的一种特性，是划分沥青牌号的主要性能指标。沥青的黏滞性与其组分及所处的温度有关。当沥青质含量较高，又有适量的树脂，且油分含量较少时，黏滞性较大。在一定的温度范围内，当温度升高，黏滞性随之降低，反之则增大。建筑工程中多采用针入度来表示石油沥青的黏滞性，其数值越小，表明黏度越大，沥青越硬。

2. 塑性

塑性是指石油沥青受外力作用时产生变形而不破坏，除去外力后仍保持变形后形状的性质，是石油沥青的主要性能之一。石油沥青的塑性用延度表示，延度越大，塑性越好，柔性和抗断裂性越好。

3. 温度稳定性

温度稳定性是指石油沥青的黏滞性和塑性随温度升降而变化的性能，是沥青的重要指标之一。在工程中使用的沥青，要求有较好的温度稳定性，否则容易发生沥青材料

表 3-7　　**SUPERPAVE 沥青胶结料 PG 分级技术要求[6]**

沥青使用性能等级	PG46			PG52							PG58					PG64						PG70						PG76					PG82				
	−34	−40	−46	−10	−16	−22	−28	34	−40	−46	−16	−22	−28	−34	−40	−10	−16	−22	−28	−34	−40	−10	−16	−22	−28	−34	−40	−10	−16	−22	−28	−34	−10	−16	−22	−28	−34
7 d 平均最高设计温度①/℃,<	46			52							58					64						70						76					82				
最低设计温度①/℃,>	−34	−40	−46	−10	−16	−22	−28	−34	−40	−46	−16	−22	−28	−36	−40	−10	−16	−22	−28	−34	−40	−10	−16	−22	−28	−34	−40	−10	−16	−22	−28	−34	−10	−16	−22	−28	−34
原样沥青																																					
闪点(COC, ASTM D92)/℃	230																																				
黏度ASTM D4402②最大值 3 Pa·s,试验温度/℃	135																																				
动态剪切(AASHTO T315—02)③ $G^*/\sin\delta$, 最小值 1.0 kPa, @10 rad/s,试验温度/℃	46			52							58					64						70						76					82				
RTFOT 残留沥青(PP1　T240)																																					
质量损失/%,≤	1.00																																				
动态剪切(AASHTO T315—02) $G^*/\sin\delta$, 最小值 2.2 kPa, @10 rad/s,试验温度/℃	46			52							58					64						70						76					82				
PAV 残留沥青(PP1)																																					
PVA 老化温度④/℃	90			90							100					100						100(110)						100(110)					100(110)				
动态剪切(AASHTO T315—02) $G^*/\sin\delta$, 最大值 5.0 MPa, @10 rad/s,试验温度/℃	10	7	4	25	22	19	16	13	10	7	25	22	19	16	13	31	28	25	22	19	16	34	31	28	25	22	19	37	34	31	28	25	40	37	34	31	28
物理老化	实测记录																																				
蠕变劲度⑤(ASTM D6648-01) S 最大值 300 MPa, m 最小值 0.300@60 s试验温度/℃	−24	−30	−36	0	−6	−12	−18	−24	−30	−36	−6	−12	−18	−24	−30	0	−6	−12	−18	−24	−30	0	−6	−12	−18	−24	−30	0	−6	−12	−18	−24	0	−6	−12	−18	−24
直接拉伸(ASTM D6723-02) 破坏应变,最小值 1.0% @1.0 mm/min,试验温度/℃	−24	−30	−36	0	−6	−12	−18	−24	−30	−36	−6	−12	−18	−24	−30	0	−6	−12	−18	−24	−30	0	−6	−12	−18	−24	−30	0	−6	−12	−18	−24	0	−6	−12	−18	−24

注:① 路面温度由大气层温度按 SUPERPAVE 程序中的方法计算,也可由指定的机构提供。
② 如果供应商能保证在安全的温度下,沥青结合料都能很好地泵送或拌和,此要求可由指定的机构确定放弃。
③ 为控制非改性沥青结合料产品的质量,在试验温度下测定原样沥青结合料黏度,可以取代测定动态剪切的 $G^*/\sin\delta$,在此温度下,沥青多处于牛顿流体状态,任何测定黏度的标准试验方法均可使用,包括毛细管黏度计或旋转黏度计(AASHTO T201 或 T202)。
④ PVA 老化温度为模拟气候,从 90 ℃, 100 ℃, 110 ℃中选择一个温度,高于 PG64 时为 100 ℃,在沙漠条件下为 110 ℃。
⑤ 如果蠕变劲度小于 300 MPa,直接拉伸试验可不要求;如果蠕变劲度为 300～600 MPa,直接拉伸试验的破坏应变要求可代替蠕变劲度的要求,m 值在两种情况下都应满足。

夏季流淌或冬季变脆甚至开裂等现象，使防水层失效。通常用软化点来表示石油沥青的温度稳定性，即沥青受热由固态转变为具有一定流动态时的温度。软化点越高，表明沥青的耐热性越好，即温度稳定性越好。沥青的软化点不能太低，不然夏季易融化发软；但也不能太高，否则不易施工，品质太硬，冬季易发生脆裂现象。

4. 耐久性

沥青作为道路结合料，暴露于自然环境中，与空气中的氧气等发生复杂的物理化学反应，耐久性是指石油沥青在热、阳光、氧气和潮湿等因素的长期综合作用下抵抗老化性能。在阳光、空气和热的综合作用下，沥青各组分会不断递变。轻质组分逐渐硬化，低分子化合物将逐步转变成高分子物质，即油分和树脂逐渐减少，而沥青质逐渐增多。实验发现，树脂转变为沥青质比油分变为树脂的速率快很多(快约 50%)。因此，石油沥青随着时间的进展其流动性和塑性逐渐减小，硬脆性逐渐增大，直至脆裂。

3.5 沥青结合料-集料黏附性理论及评价方法

对于沥青混合料细观结构表征与评价，沥青结合料在其中扮演的角色在本质上是提供黏附性和内聚力，在形式上是确保沥青混合料具备良好的整体性，保证良好的路用性能。研究沥青结合料的黏附性，对于充分认识沥青材料特性、优化混合料材料设计、预估混合料使用寿命和路用性能具有一定的意义。下面将从沥青结合料与集料的黏附机理、黏附性影响因素和黏附性评价方法三个方面对沥青结合料与集料黏附性进行介绍[37, 38]。

3.5.1 沥青结合料-集料的黏附机理

沥青结合料与集料的黏附是一个复杂的物理化学过程，目前，采用力学理论、化学反应理论、分子定向理论、静电理论等来解释其黏附机理。

1. 力学理论

沥青结合料与集料之间的黏附性主要是由于其分子间力的作用。从微观角度看，集料的表面是粗糙和不规则的，这种粗糙增加了集料的表面积，使沥青结合料和集料的黏合(界)面积增大，提高了二者之间总的黏结力。此外，集料的表面存在各种形状、各种取向、各种大小的孔隙和微裂缝，由于吸附与毛细作用，沥青渗入上述孔隙与裂缝，增加了二者结合的总内表面积，从而提高了总的黏结力。此外，沥青结合料在高温时以液相渗入骨料孔隙与微裂隙中，当温度降低后，沥青结合料则在孔隙中发生胶凝硬化，这种楔入与锚固作用，增强了沥青结合料与集料之间的机械结合力。

2. 化学反应理论

沥青结合料与集料之间的黏附性主要是由于沥青结合料与集料表面发生了化学反应。研究表明，石油沥青中含有大量的酸性及碱性组分，且酸性组分含量高于碱性组分含量。碱性集料如石灰岩表面存在碱性活性中心，容易与沥青中的酸性成分发生化学反应，生成不溶于水的化合物，故碱性集料与沥青的黏附性好。而酸性集料如花岗岩表面缺乏这种碱性活性中心，故较少发生化学反应，所以沥青与其黏附性差。

3. 分子定向理论

沥青结合料与集料之间的黏附性是由于沥青结合料中的表面活性物质对集料表面的定向吸附而形成的。沥青结合料可视为表面活性物质在非极性化合物中的溶液，根据所含表面活性物质数量的不同而具有不同活性。沥青结合料黏附在集料表面后，首先发生极性分子定向排列而形成吸附层，与此同时，在极性力场中的非极性分子，由于得到极性的感应而获得额外的定向能力，从而构成致密的表面吸附层。因此认为，沥青结合料的极性是黏附的本质，是导致集料吸附沥青的根本原因。

4. 静电理论

当沥青结合料与集料接触时，沥青结合料-集料体系形成双电层而产生静电引力。它可以看作一个电容器，由于两种不同的物质接触而充电，界面的作用力就是双电层之间的作用力。

5. 表面能理论

恒温恒压条件下，体系增加单位表面积，外界所做的功即表面能，以 γ 表示，常用单位为 mJ/m^2。其产生的根本原因是，对于处在内部的分子受到周围微粒均匀作用而处于对称力场中，外部分子只受到内侧分子的作用而处在不均匀力场中从而具有向内收缩的特性。

材料的表面能分量 γ 主要由两个部分组成：非极性的色散分量 γ^{LW} 和极性的酸碱分量 γ^{AB}，酸碱分量 γ^{AB} 又包括酸分量（又称为电子受体分量，γ^{+}）和碱分量（又称为电子供体分量，γ^{-}）。γ^{LW}，γ^{+}，γ^{-} 共同构成了材料表面能的三个基本参数，各表达式见式(3-9)。

$$\left.\begin{aligned}\gamma &= \gamma^{AB} + \gamma^{LW} \\ \gamma^{AB} &= 2\sqrt{\gamma^{+}\gamma^{-}}\end{aligned}\right\} \tag{3-9}$$

以上几种理论均是从沥青结合料与集料黏附机理的某一个方面进行的解释，但任何一种单独的理论都无法全面系统地解释沥青结合料与集料的黏附性，关于沥青结合料与集料黏附性的机理探究还需要进一步研究。

3.5.2 沥青结合料-集料黏附性的影响因素

影响沥青结合料与集料之间黏附性的因素众多，目前认为沥青结合料性质、集料特性、水与荷载等对沥青结合料-集料黏附性的影响最为显著。

1. 沥青结合料性质

在沥青的四组分中，饱和分和芳香分属于轻质油分，在沥青中起着润滑和柔软作用，主要为：分子间范德华力与集料发生吸附，与集料的黏附力较弱；而胶质和沥青质内部均存在具有化学活性成分的沥青酸、沥青酸酐等极性组分，改善了沥青对矿物质的浸润性，提高了沥青结合料与集料之间的黏附强度，与集料表面发生化学吸附，吸附力较强。此外，沥青中还有环烷酸、地沥青酸等酸性物质，沥青酸性越大，与矿料的黏附性就越好。

2. 集料特性

集料在沥青混合料中与沥青结合料发生复杂的物理化学作用，集料的化学性质显著影响沥青结合料的黏附性，进而影响着混合料的路用性能。根据化学反应理论，集料的酸碱性会影响沥青与集料的黏附性。一般认为碱性较强的集料与沥青结合料的黏附性好，酸性集料与沥青的黏附性差。

此外，相关研究表明，集料表面电荷及比表面等性质可以在很大程度上反映集料与沥青结合料的黏附性。当集料被粉碎成细颗粒作为分散相分散于介质水中，在每个颗粒周围会形成双电层。在组成双电层之一的扩散层内存在过剩反离子的净电荷，这些离子在电场的作用下发生移动。由于这些离子是水合离子，因此其在本身运动的同时，将带动水的运动，运动方向取决于矿料表面普遍带有电荷的性质。矿料表面由于普遍带有电荷的性质不同，其方向也异，所以可根据液体运动的方向判定矿料表面所带电荷的性质。而所测试的电势，就是矿料与水两相发生相对运动的边界处与液体内部的电位差。这个电位的大小，在双电层厚度一定的情况下，取决于矿料表面占主导地位的电荷密度，即电荷密度越大，电位越大。电位越大，即矿料表面的电荷密度越大，集料与沥青的黏附性越好。

3. 水与荷载

影响沥青结合料与集料黏附性的因素除了沥青、集料本身的性质等内因外，还包括水与荷载等外因。水及交通荷载的存在是沥青结合料与集料发生黏附性破坏而剥离的先决条件。洁净的集料在干燥条件下与沥青黏附良好。如果遭遇多雨天气或路面始终处于浸水状态，水分就很容易浸润到集料与沥青的界面上，导致沥青膜被水置换，最终剥离集料。交通荷载的反复作用则是加速水损坏进程的重要因素。当路面上有水时，汽车的通过会形成一种水力冲刷现象，在轮胎前面的水受轮胎挤压挤入路表面的空隙中，造成水压力，轮胎通过后在轮胎的后方又形成负压，将空隙中的水吸出，这种挤入和吸出的反复循环，便形成了水力冲刷，使集料松散、掉粒，继而形成坑槽而造成路面破坏。

3.5.3 沥青结合料-集料黏附性评价方法

我国《公路工程沥青与沥青混合料试验规程》(JTG E20—2011)规定，沥青结合料与粗集料黏附性试验方法根据沥青混合料的最大粒径决定，如表 3-8 所示。

表 3-8　沥青与集料黏附性试验方法

集料最大粒径	沥青结合料与集料黏附性试验方法
>13.2 mm	水煮法
≤13.2 mm	水浸法

1. 水煮法

水煮法在我国应用非常广泛，适用于基质沥青、改性沥青、经过热处理的掺加抗剥落剂的沥青。通过将集料置于(105±5) ℃烘箱中 1 h，将沥青加热，将加热的集料颗粒浸入沥青 45 s 后取出，挂于试验架上 15 min。将冷却的集料颗粒浸入保持微沸状态的水中，3 min后观察沥青膜剥落情况，按沥青膜剥落情况分为 5 个等级来评价沥青与集料的黏附性。水煮法具有试验时间短、设备简单、容易操作、沥青膜剥落情况直观明显等优点。但由于其判断结果是人为肉眼判断，故主观因素导致有时试验结果区分度不够大，并且与现场相关性不大。

2. 水浸法

水浸法是日本的标准方法，试验时选用 20 颗已用沥青结合料拌和裹覆的石料，浸泡在 80 ℃的恒温水槽中 30 min，然后按照沥青膜剥离面积的百分率来评定沥青与集料的黏附性。与水煮法相比，水浸法的温度恒定；但水没有沸腾，完全处于静止状态，更缺乏水力的冲刷作用，所以要延长时间到 30 min 来弥补。与水煮法一样，水浸法同样存在主观因素对剥落率的评价影响大的缺点。

3. SHRP 净吸附法

美国 SHRP 研究内容中，曾经报道过采用一种搅动水净吸附法测定沥青与集料的黏附性的方法。它是根据矿料表面对沥青有吸附作用，以及遇水后水对沥青膜的置换作用，即水使沥青膜剥落的特性，将一定粒级的集料放在沥青-甲苯溶液中一段时间进行循环回流，则会有一部分沥青吸附到集料表面，之后向沥青-甲苯溶液中加入一定量的水，让水对吸附在集料表面的沥青进行置换。这一系列的过程便会使沥青-甲苯溶液中沥青的浓度发生变化，利用光电分光光度计测定溶液的吸光度，即可计算出矿料对沥青的吸附量和加水后沥青的剥落量，以及自矿料表面剥落的沥青剥落率或吸附率。该方法直接用沥青-甲苯溶液中沥青浓度的改变来计算剥落率，误差小，外界干扰因素小，数据客观、重现性好。但是试验操作复杂，要求高，时间长，并且目前与现行规范还没有联系。

4. 鼓泡试验法

2007 年以来，Fini 在其博士学位论文及后续研究中提出了应用鼓泡试验评价沥青类材料与石料黏附性能的方法。鼓泡试验的基本原理是，在一定内部压力条件下，作用界面的黏附力不足以抵抗内部压力，黏附材料沿着界面发生脱层，黏附材料体积膨胀而形成鼓泡现象。通过鼓泡形态特征与泡体内部压强的关系，提出指标定量地评价黏附性能。如图 3-2 所示，将沥青灌封胶涂抹在带孔石料的基板表面，在 0 ℃以下环境中，推动活塞压缩酒精形成压力，通过孔洞向沥青层与石料界面注入酒精，在沥青结合料与石料界面处形成鼓泡。通过布置位移传感器和压强传感器，记录鼓泡发展过程中鼓泡高度值与鼓泡内部压力值的动态变化，通过临界压强计算界面断裂能，评价沥青结合料的黏附性能。

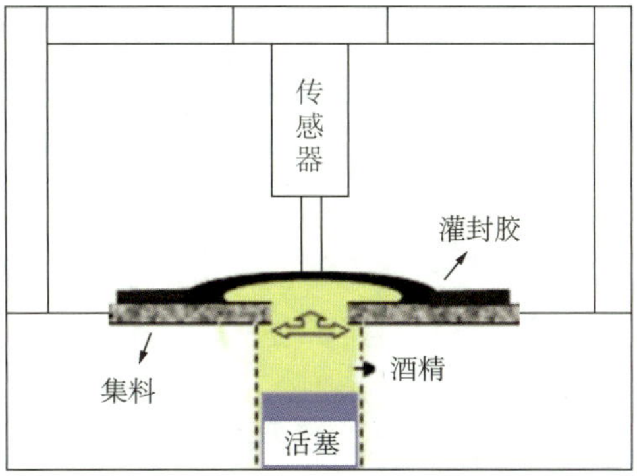

图 3-2 测定沥青结合料-集料黏附性的鼓泡试验

5. *表面自由能法*

将表面能理论应用于道路工程领域，通过表面能基本运算法则，可分别得到沥青自身内聚结合能 ΔG_i^{c}（简称内聚能）及其分量、沥青与集料组合的黏附结合能 ΔG_{ij}^{a}（简称黏附能）及其分量、沥青与集料在有水存在条件下三相介质界面的黏附结合能 ΔG_{ikj}^{a}，分别如式(3-10)—式(3-13)所示，其中沥青、集料、水分别采用字母 i，j，k 表示，即

$$\Delta G_i^{cLW}=2\gamma_i^{LW},\ \Delta G_i^{cAB}=4\sqrt{\gamma^+\gamma^-} \tag{3-10}$$

$$\Delta G_i^{c}=\Delta G_i^{cLW}+\Delta G_i^{cAB} \tag{3-11}$$

$$\Delta G_{ij}^{aLW}=2\sqrt{\gamma_i^{LW}\gamma_j^{LW}},\ \Delta G_{ij}^{aAB}=2(\sqrt{\gamma_i^-\gamma_j^+}+\sqrt{\gamma_i^+\gamma_j^-}) \tag{3-12}$$

$$\Delta G_{ij}^{a}=\Delta G_{ij}^{aLW}+\Delta G_{ij}^{aAB} \tag{3-13}$$

$$\begin{aligned}\Delta G_{ikj}^{a}&=\Delta G_{ikj}^{aLW}+\Delta G_{ij}^{aAB}\\&=2[\sqrt{\gamma_i^{LW}\gamma_k^{LW}}+\sqrt{\gamma_j^{LW}\gamma_k^{LW}}-\sqrt{\gamma_i^{LW}\gamma_j^{LW}}-\gamma_K^{LW}+\\&\quad\sqrt{\gamma_k^+}(\sqrt{\gamma_i^-}+\sqrt{\gamma_j^-}-\sqrt{\gamma_k^-})+\sqrt{\gamma_k^-}(\sqrt{\gamma_i^+}+\sqrt{\gamma_j^+}-\sqrt{\gamma_k^+})-\\&\quad\sqrt{\gamma_i^+\gamma_j^-}-\sqrt{\gamma_i^-\gamma_k^+}]\end{aligned} \tag{3-14}$$

3.6 本章小结

本章首先介绍了石油沥青结合料的组成结构（元素组成、组分及胶体结构）、物理性质及改性沥青种类；其次，基于元素分析仪、核磁共振仪、傅里叶红外光谱仪、凝胶色谱仪、荧光显微镜和原子力显微镜等微、纳观测试手段分别详细介绍了石油沥青及改性沥

青结合料的元素和化合物、官能团结构、分子量及形貌图；再次，通过针入度分级体系和PG分级体系阐释了沥青及改性沥青结合料的路用性能评价体系；最后，介绍了沥青结合料与集料的黏附机理、黏附性影响因素和黏附性评价方法；通过本章基于宏-微-纳-分子尺度对沥青结合料组成结构及性能的介绍，为充分认识沥青材料特性，研究各因素对沥青混合料的细观结构的演化规律，预估混合料使用寿命和路用性能具有一定的意义。

4 沥青混合料中空隙及评价

沥青混合料是由矿质集料、沥青胶浆、空隙混合而成的复杂多相材料。空隙是沥青混合料细观结构特性的重要组成部分，空隙中的水和空气是造成混合料水损坏和老化的原因之一，而空隙也是混合料结构中的薄弱点与缺陷，空隙的大小、形貌、分布和复杂度与混合料的受力特性、破坏过程紧密相关。一直以来，由于研究手段与工具的缺乏，多数对混合料空隙的研究还停留在对空隙率的研究。随着 X-ray CT 无损扫描技术与图像处理技术的发展，混合料内部的细观结构及空隙特征可被定量表征；离散元模拟仿真技术也提供了混合料内部结构可视化的研究手段。

4.1 沥青混合料中的空隙特征

空隙是指混合料总体积扣除固体骨架所占体积后的剩余部分，一般来说混合料的空隙分为开口空隙和闭口空隙两大类。开口空隙是材料的表面和外界连通的空隙，而开口空隙根据状态又可以分为连通空隙和半连通孔隙；闭口空隙是封闭在材料内部的空隙。根据混合料的空隙率大小，可以分为密实型混合料、半开型混合料和开级配混合料。开级配沥青混合料不同于多空隙沥青混合料，其关键差别在于内部空隙（即闭口空隙）是否连通[39]。

在路面设计阶段，空隙是评价沥青混合料内部结构的重要参数，不同的路用功能对应不同的空隙形式。在我国现行技术规范《公路沥青路面施工技术规范》（JTG F40—2004）中，空隙率 VV 是沥青混合料马歇尔试验配合比设计环节的关键指标[6]。

（1）密级配混合料：矿料颗粒由大到小连续存在，结构较密实，按照公路等级、气候分区及交通荷载情况，规定空隙率范围在 2%～6%之间（表 4-1）。

表 4-1　　密级配沥青混合料空隙率设计标准　　单位：%

深度	高速公路、一级公路				其他等级公路	行人道路
	夏炎热区		夏热区及夏凉区			
	中轻交通	重载交通	中轻交通	重载交通		
深度约 90 mm 以内	3～5	4～6	2～4	3～5	3～6	2～4
深度约 90 mm 以下	3～6		2～4	3～6	3～6	—

（2）沥青玛琋脂碎石混合料（*SMA*）：结构中既有粗集料形成的骨架，同时空隙中被足够的细集料和沥青胶浆充填，具有较高的密实度，规定设计空隙率范围为 3%～4%。

（3）开级配沥青混合料（*OGFC*）：高占比的粗集料构成附加，空隙较大，可满足道路表层排水需求，且提高降噪性能，一般规定该种混合料设计空隙率范围为 18%～25%。

空隙性质对路用性能的影响显著。水损害常常是沥青路面的主要病害之一。密水性是避免水损害的必要条件，沥青路面在空隙率为 8%时显示出很强的透水性；当实际空隙率大于 15%时，水在路面空隙中迅速排出，但在 8%～15%范围内则在路面空隙中缓慢渗流或滞留在里面，后一种情况最易造成水损害。空隙率与渗水系数之间存在着指数关系，空隙率对沥青路面的渗水性起着决定性的作用，从而进一步影响沥青路面的水稳定性。

沥青混合料的空隙率大，空气容易进入结构层中，沥青容易氧化变脆，从而导致沥青混合料容易产生裂缝和松散，直接影响路面的使用寿命。沥青混合料的耐久性主要体现在老化过程中，老化将导致混合料的脆性升高、韧性下降，过早出现疲劳开裂和其他形式的破坏现象。壳牌沥青手册中指出，在道路工程中影响沥青老化的主要因素是沥青混合料的空隙率。英国壳牌沥青部门对热拌沥青混合料磨耗层的现场取样分析表明：路面的压实度是影响沥青混合料使用性能的主要因素之一；压实度差的混合料极易令沥青严重硬化（或称老化）；压实度好的沥青混合料（即空隙率小于 5%）的老化通常在可接受范围之内。研究表明沥青混合料的空隙率过小，面层容易产生辙槽和推挤现象。

对于新型排水路面，在配合比设计阶段，如何合理控制及评价混合料的空隙特征是当前亟待解决的问题。由于排水的需要，OGFC 混合料内部需要足够的连通空隙，空隙的三维体积和空间位置分布决定着混合料的渗透系数。集料的分布形式、接触状态及形状特征等细观结构参数很大程度影响着沥青混合料的空隙分布及宏观性能，因此，采用数字图像处理技术获取混合料的三维空隙分布模型，提出更精确的量化评价指标是十分必要的。

4.2 沥青混合料空隙特征的评价指标

沥青混合料的空隙评价指标大致可分为两类：体积指标和分布指标。体积指标是从材料自身组成出发，基于密度理论反映集料间、集料与结合料的接触特点，包括空隙率、矿料间隙率和沥青饱和度；分布指标则关注空隙在混合料结构内部的空间分布形态，包括均布系数、当量半径、连通率、曲折度等指标。

空隙率的测定方法例如表干法、蜡封法、封口膜密封法，各种空隙率试验方法都不同，测试方法得出的沥青混合料空隙率不同[40]。开口空隙体积对试件的空隙率影响较大。传统的蜡封法测试由于蜡吸入一部分开口空隙，且未将试件侧面凹陷形成的开口空隙计入空隙体积，测得的开口空隙体积偏小，从而导致试件毛体积减小。封口膜密封法将构造体积排除在空隙体积外，计入了包括试件侧面在内的全部开口空隙体积[41]。研究表明，因为计算的开口空隙体积不同，两种方法测得的空隙率平均值相差约为 3.9%。

4.2.1 体积指标

1. 空隙率

沥青路面的空隙结构特征，首先体现在空隙的数量上，即空隙的多少。空隙率可以很好地反映这一特性，空隙率是指压实沥青混合料试件内除矿料毛体积和有效沥青体积之外的间隙体积占试件毛体积的百分比，其大小对沥青路面的透水性、耐久性、高温稳定性、低温抗裂性等主要技术性能具有重要的影响。因此，空隙率是表征沥青混合料空隙特性的一个必不可少的参数。本节沿用当前现存的空隙率来表征沥青路面的空隙多少。空隙率的计算式见式(4-1)。

$$VV=\left(1-\frac{\gamma_f}{\gamma_t}\right)\times 100\% \tag{4-1}$$

式中 VV——沥青混合料试件空隙率；

γ_f——沥青混凝土试件毛体积相对密度；

γ_t——沥青混合料试件理论最大相对密度。

空隙率直观地反映了路面结构中空隙的数量，是空隙结构的重要技术指标。空隙率的大小，与沥青路面中的吸排水能力有关。空隙率越大，路面内部与水的接触面积就越大，造成的水损坏就可能越持久。

2. 矿料间隙率

矿料间隙率是指压实沥青混合料试件中矿料石体以外的体积占试件总体积的百分率，计算式见式(4-2)。

$$VMA=\left(1-\frac{\gamma_f}{\gamma_{sb}}\cdot\frac{P_s}{100}\right)\times 100\% \tag{4-2}$$

式中 VMA——沥青混合料试件的矿料间隙率；

γ_f——沥青混合料试件毛体积相对密度；

γ_{sb}——沥青混合料试件合成毛体积相对密度；

P_s——各种矿料占沥青混合料总质量的百分率。

3. 沥青饱和度

沥青饱和度是指压实沥青混合料试件矿料间隙中扣除被集料吸收的沥青以外的有效沥青实体体积，在矿料间隙中所占的百分率。计算式见式(4-3)。

$$VFA=\frac{VMA-VV}{VMA}\times 100\% \tag{4-3}$$

式中 VFA——沥青饱和度；

VMA——沥青混合料试件的矿料间隙率；

VV——沥青混合料试件空隙率。

4.2.2 分布指标

1. 均布系数

在路面工程中，一般假定沥青混合料是均匀的、各向同性的材料。其实，并非如此。

在沥青混合料的生产、运输、摊铺和碾压过程中，由于机械固有的缺陷和温度的散失会导致混合料的离析，从而会引起其内部空隙分布的不均。此外，由于碾压过程中应力扩散及单向性，也会导致实际建成的路面结构中空隙率非均匀分布。在深度方向，由于应力的递减扩散引起压实功减小，使空隙率随深度增加而变大。纵向上，碾压机械会对沥青混合料产生揉搓作用，使混合料在该方向上更加致密。而横向上没有这种作用，该方向上的致密性理应不如纵向。采用均布系数 C 来表征实际路面中空隙的分布特征，计算式见式(4-4)。

$$C_{ij}=\frac{V_{ei}}{V_{ej}}\times 100\% \tag{4-4}$$

式中 C_{ij}——i，j 方向上空隙均布系数；

V_{ei}，V_{ej}——i，j 方向上的空隙率；

i，j——分别代表道路纵向及横向。

沥青路面不同方向上的空隙率，可通过在不同方向上切割相应的试件测定计算得到。本研究中，首先采用旋转成型法制作.$d=150$ mm、$h=150$ mm 的混合料试件，然后以试件几何中心为基点，在不同方向上对称切割和钻芯得到直径 $d=50$ mm、高度 $h=100$ mm 的圆柱体试件，然后分别进行空隙率测定，即可得到纵向、横向和深度方向的空隙率，进而计算得到均布系数 C。C 可以表征路面结构中空隙分布的非均匀性，进而可以反映水在沥青路面中输送的非均匀性。

2. 当量半径

在沥青混合料中，如果空隙数量较少，单个空隙较大时，在荷载作用下，大空隙处容易产生应力集中而出现裂缝损伤，严重时会导致路面不均匀沉降，所以，空隙的大小对沥青混合料具有重要的作用。由于沥青混合料中的空隙构造极其复杂不规则，很难通过一些参数直接描述其单个空隙的大小。对路面空隙尺寸的评定，引入空隙当量半径 r。实际路面中的空隙可以分为两类：连通空隙和非连通空隙。

对于非连通空隙，以 r 为半径的规则球形体积来替代其真实体积 V'_e。即

$$\frac{4}{3}\pi r^3=V'_e \tag{4-5}$$

$$r=\sqrt[3]{\frac{3V'_e}{4\pi}} \tag{4-6}$$

对于连通空隙，可以用假想水平面对空隙切割，以 r 为半径的规则圆形面积来替代其真实截面面积 S，即

$$S=\pi r^2 \tag{4-7}$$

$$r=\sqrt[2]{\frac{S}{\pi}} \tag{4-8}$$

连通空隙的当量半径，与水在路面结构中的传输快慢密切相关，因而可以反映水在沥青路面中的传输速率[41, 42]。据调研结果，沥青混合料空隙率与空隙当量直径、面积的关系大致如图 4-1 所示。

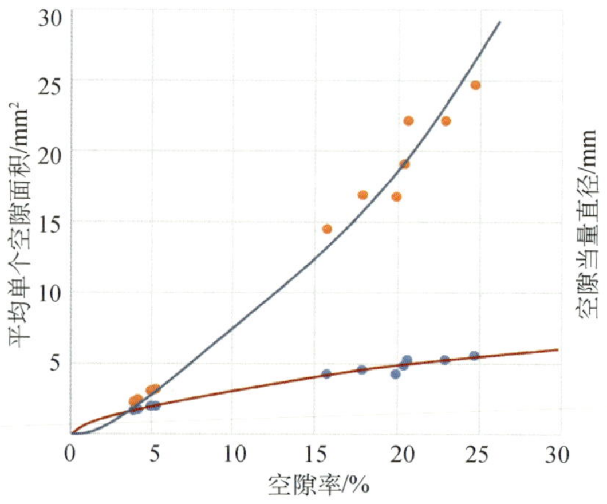

图 4-1　沥青混合料空隙率与分布特征指标的关系曲线

3. 连通率

连通空隙的当量半径与水在沥青路面中的传输速率相关，连通率则用于描述沥青路面中空隙的连通密度，与渗透进入路面结构内部的难易程度密切相关。本节引入空隙连通率 D 来表征连通空隙占总空隙的比例，计算式见式(4-9)。

$$D=\frac{V''_e}{V}\times 100\% \tag{4-9}$$

式中　V''_e——连通空隙体积；

V——空隙总体积。

连通空隙体积通过长期浸水法测得。将混合料试件浸在 20 ℃的水中 24 h，然后测得其在水中重 m_w，将试件取出后置于 60 ℃的烘箱中，烘干 24 h，冷却后测量其在空气中质量 m_a，测量混合料试件的尺寸并计算得到其体积 V，连通空隙体积的计算见式(4-10)，进而计算得到连通率 D。

$$V''_e=\left(1-\frac{m_a-m_w}{\rho_w V}\right)\times V \tag{4-10}$$

连通率反映了路面中空隙的连通密度，进而可以对水进入路面结构深度和广度作出评价。

4. 曲折度

沥青路面中的连通路径是曲折的，为此本节引入曲折度 T 来表征连通路径的曲折程度。曲折度定义为连通空隙两端空间直线距离与实际连通空隙长度之比，即

$$T=\frac{L'}{L}\times 100\% \tag{4-11}$$

式中 L'——连通空隙两端空间直线距离；

L——连通空隙实际长度。

沥青路面中空隙连通的曲折程度，与水在沥青路面中的传输路径相关，也与滞留于路面中的水在重复荷载作用下的运动方式有关。由此，可以反映水在路面中的渗透时间和动水对沥青混合料的冲刷作用。

4.3 基于图像技术的沥青混合料空隙表征

沥青混合料的体积组成体现的是其三维特征，利用二维沥青混合料数字图像处理技术具有一定的局限性，所以必须解决沥青混合料三维图像获取和三维数字处理技术问题，才能够获得其真实的体积特性。将目前沥青混合料的二维图像处理手段扩展为三维图像处理方法，这样的三维数字图像处理技术具有手段简洁的特点，与现有方法有一定的连续性。在此基础上，对体积组成和相关三维特征参数进行分析研究。利用数字图像处理技术从细观尺度研究沥青混合料的性能相对于传统宏观实验方法能节省大量人力物力，减少人工试验的误差，同时将沥青混合料的宏观性能和细观特征很好地联系起来。

沥青混合料体积组成的二维数字图像处理技术是三维数字图像处理技术的基础。本节在分析沥青混合料体积组成特性的基础上，以 X-ray CT 作为数字图像获取手段，采用体积组成中的空隙率参数，结合 Image Pro-Plus、VG Studio MAX 软件对不同级配的沥青混合料试件图像进行二维、三维和室内试验测得的空隙率对比分析，确定所用三维体积组成分析计算方法更加准确。在详细研究二维、三维空隙率的同时，采用三维数字图像处理技术，对沥青混合料试件三维体积组成进行分析，并与实测结果对比研究，从而确定最佳阈值。

采用前面章节介绍的 X-ray 工业 CT 扫描不同级配沥青混合料试件得到高质量的 CT 图像，在 VG Studio MAX2.0 软件中完成三维可视化重建并对批量图像进行处理，实现集料、砂浆、空隙三种物质的密度差异性区分。本节所介绍内容是在完成图像处理和三种组成物质准确区分的基础上进行的，三维空隙率参数提取则直接在 VG 软件完成，把图片导入 Image Pro-Plus 图像处理软件中进行二维空隙参数的获取[43, 44]。

4.3.1 沥青混合料空隙三维分布特征

1. 试样准备和研究内容

本节采用公称最大粒径(NMAS)分别为 13 mm 与 16 mm 的 AC，SAC，SMA 沥青混合料试件作为研究对象，采用 Marshall 方法确定最佳油量，AC 和 SAC 级配混合料试件采用马歇尔击实仪正反各击实 75 次成型，SMA 级配试件正反各击实 50 次成型。为了便于 CT 进行材料差异识别，集料采用密度较大的玄武岩，细集料和矿粉采用石灰岩。级配曲线如图 4-2 所示；最佳沥青用量和通过表干法测定的空隙率如表 4-2 所示。

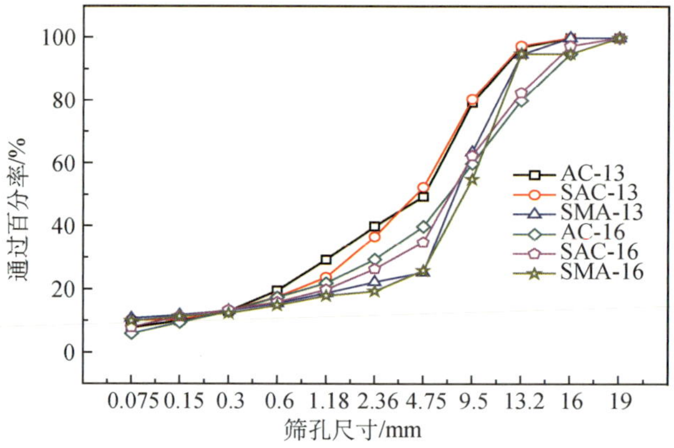

图 4-2　级配曲线

表 4-2　试件最佳沥青用量和实测空隙率

试样	AC-13	SAC-13	SMA-13	AC-16	SAC-16	SMA-16
最佳油量/%	4.2	4.2	5.7	4.3	4.1	5.8
实测空隙率/%	4	3.2	3.5	4.3	3.5	3.9

2. 三维(3D)空隙率计算和分析

(1) 提取空隙体积参数。

利用 VG 软件的分析模块对沥青混合料中的空隙成分进行识别与分析，把空隙当作工件损伤可以直接获取每个空隙的体积、表面积、坐标等参数，并且形成表格，在此基础上对试件内部空隙进行统计分析。

根据提取出的试样内部空隙体积，对每 50 mm^3 的体积区间里的空隙数量进行统计分析，得到统计图如图 4-3 所示。每 50 mm^3 为一个体积区间，且由图可以看出 0～50 mm^3 区间空隙分布最多，且与 50～100 mm^3 区间的空隙数量相差很大，总体趋势是：空隙数量随空隙体积增大而减少。

为了有效提取出体积参数，需利用 VG 软件对内部空隙进行识别，对研究的试样 AC-13，AC-16 识别出某断面空隙分布如图 4-4 所示，从图中可以看出边界空隙，从而导致空隙率计算出现一定误差。

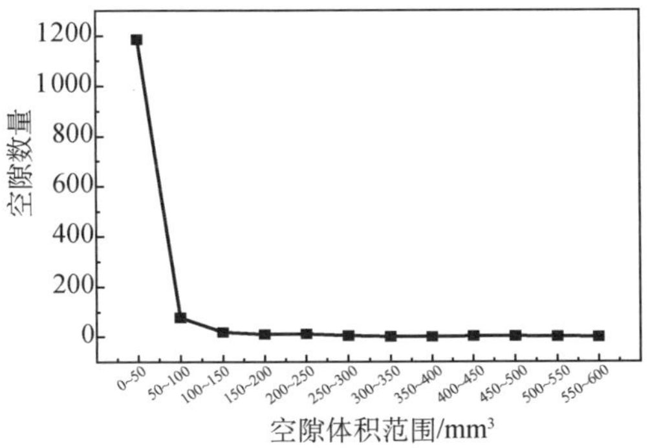

(a)AC-13试件空隙体积范围分布

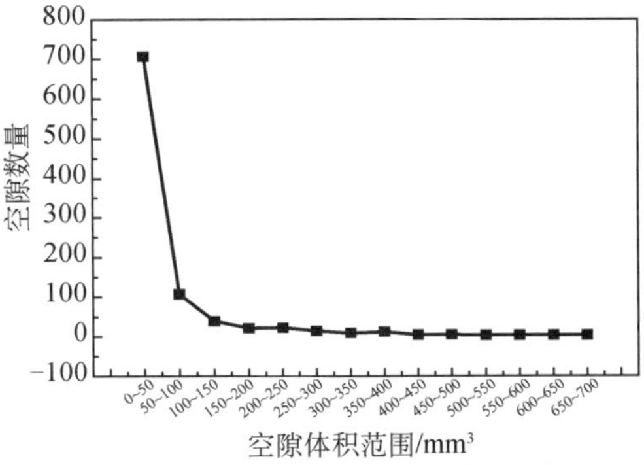

(b)SAC-13试件空隙体积范围分布

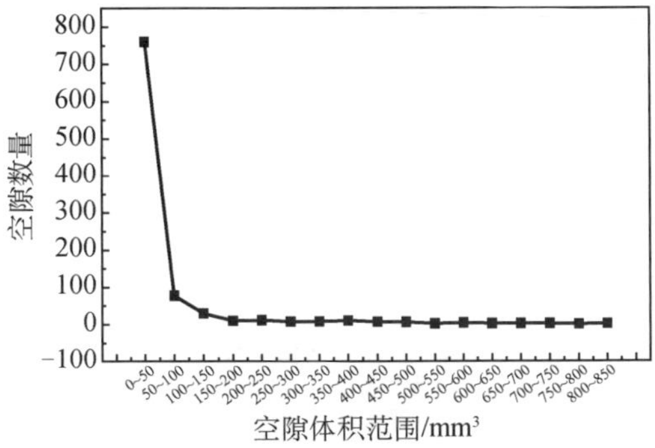

(c)SMA-13试件空隙体积范围分布

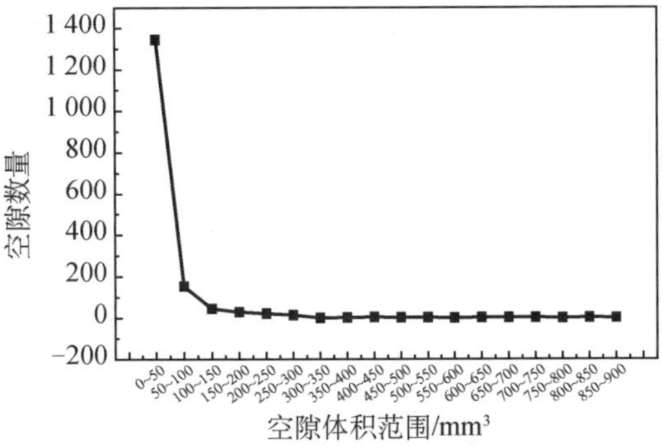

(d)AC-16试件空隙体积范围分布

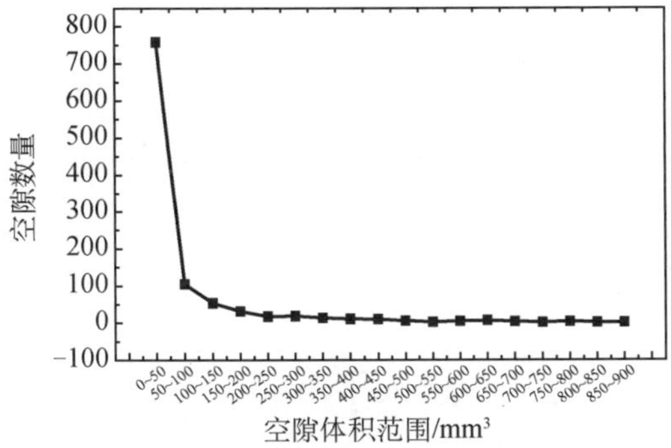

(e)SAC-16试件空隙体积范围分布

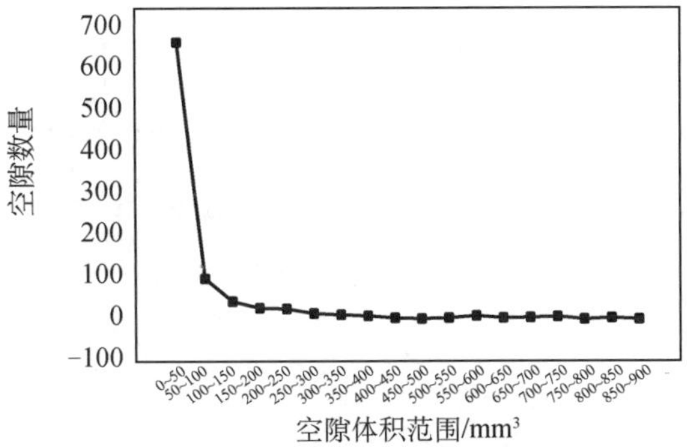

(f)SMA-16试件空隙体积范围分布

图 4-3　不同体积范围内空隙数量分布

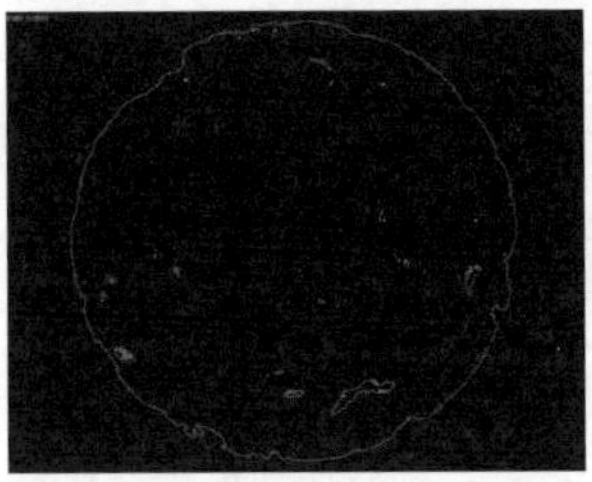
(a)SMA-13某断面空隙

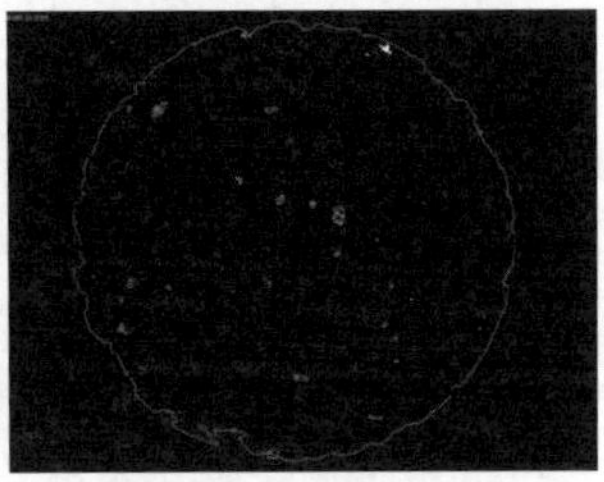
(b)SMA-16某断面空隙

图 4-4　断面的空隙分布

（2）三维（3D）空隙率计算。

由以上提取出的3D空隙体积参数和实验室测定的试样体积，计算出空隙率如表4-3所示。

表4-3　3D计算空隙率

试样	AC-13	SAC-13	SMA-13	AC-16	SAC-16	SMA-16
计算空隙率/%	3.7	2.8	2.9	3.8	2.9	4.2
实测空隙率/%	4	3.2	3.5	4.3	3.5	3.9
相对误差	7.5%	12.5%	17.1%	11.6%	17.1%	7.7%

由表4-3中3D计算空隙率与实测空隙率比较可以看出，由提取出的3D体积参数计算出的空隙率小于实测空隙率，正如上所述，误差的出现是由于边界空隙存在引起的。

相同级配下AC，SAC，SMA的3D计算空隙率和实测空隙率对比如图4-5所示。AC，SAC，SMA在不同级配下3D计算空隙率和实测空隙率对比如图4-6所示。

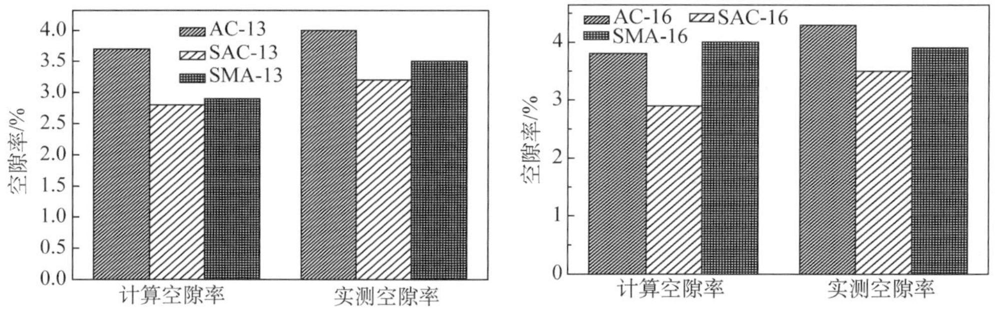

(a) NMAS13mm的空隙率对比　(b) NMAS16mm的实测空隙率对比

图4-5　AC，SAC，SMA空隙率（3D）对比

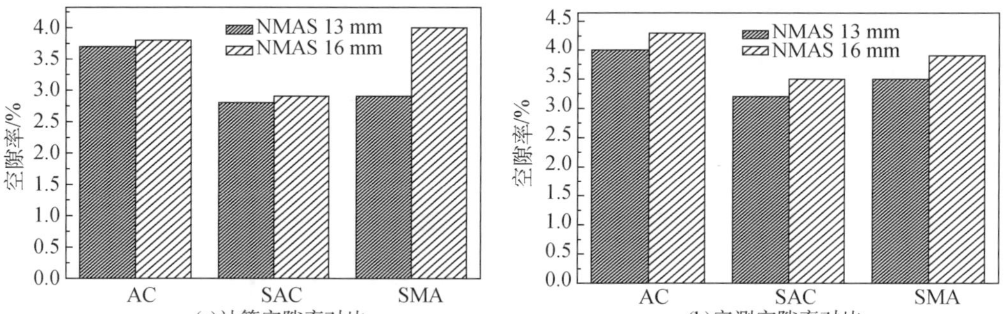

(a)计算空隙率对比　(b)实测空隙率对比

图4-6　NMAS为13 mm和16 mm时空隙率（3D）对比

由图4-5可以看出，相同公称最大粒径时，SAC的空隙率小于AC和SMA。由图4-6可以看出，公称最大粒径（NMAS）为13 mm的空隙率都小于NMAS为16 mm的空隙率。

3. 二维(2D)空隙率计算与分析

对扫描的试样自下而上分别截取高度为 100，150，200，250，300，350，400，450，500，550 mm 共 10 个断面，对每个断面图像导入 Image-Pro Plus 中处理并提取断面空隙面积，计算出断面空隙率并求其均值，即二维(2D)试样空隙率。计算得出的断面空隙率及其分布如表 4-4 所示，2D 断面空隙率随高度变化情况如图 4-7 所示。

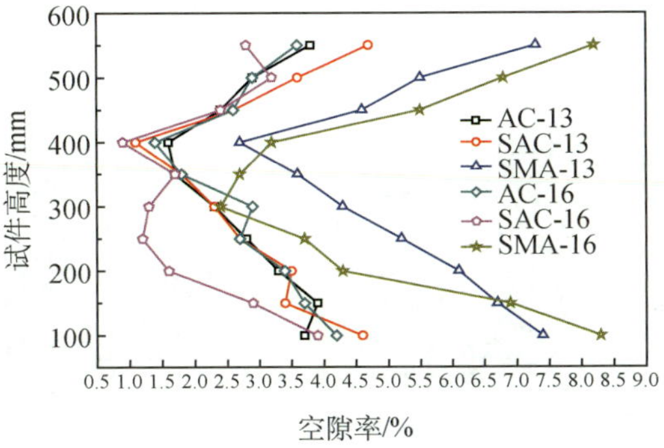

图 4-7　截取断面空隙率对高度分布

表 4-4　截取断面空隙率

断面	AC-13 断面空隙率 /%	SAC-13 断面空隙率 /%	SMA-1 断面空隙率 /%	AC-16 断面空隙率 /%	SAC-16 断面空隙率 /%	SMA-16 断面空隙率 /%
100	3.7	4.6	7.4	4.2	3.9	8.3
150	3.9	3.4	6.7	3.7	2.9	6.9
200	3.3	3.5	6.1	3.4	1.6	4.3
250	2.8	2.7	5.2	2.7	1.2	3.7
300	2.3	2.3	4.3	2.9	1.3	2.4
350	1.7	1.8	3.6	1.8	1.7	2.7
400	1.6	1.1	2.7	1.4	0.9	3.2
450	2.4	2.6	4.6	2.6	2.4	5.5
500	2.9	3.6	5.5	2.9	3.2	6.8
550	3.8	4.7	7.3	3.6	2.8	8.2
平均值	2.84	3.03	5.34	2.92	2.15	5.3

由表 4-4 中 2D 计算空隙率与实测空隙率对比可以看出，计算出的 AC，SAC 空隙率小于实测空隙率，SMA 的计算空隙率却大于实测空隙率。

空隙在试样内部随高度变化情况是：空隙率由试样两端向中间呈逐渐减小的趋势，且 SMA 较 AC 和 SAC 表现得更加明显，最大公称粒径为 16 mm 的试件比 13 mm 的试件表现得明显。

相同公称最大粒径下 AC，SAC，SMA 的 2D 计算空隙率和实测空隙率对比如图 4-8 所示。AC，SAC，SMA 在不同公称最大粒径(NMAS)下 2D 计算空隙率和试验空隙率对比如图 4-9 所示。

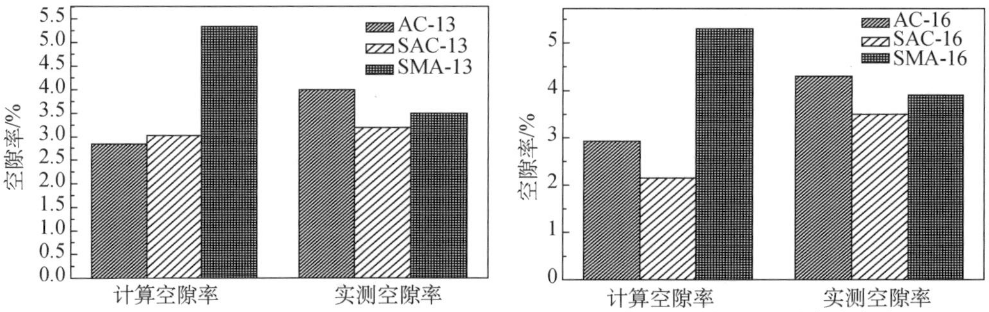

(a)NMAS为13 mm的空隙率对比　(b)NMAS为16 mm的空隙率对比

图 4-8　AC，SAC，SMA 空隙率(2D)对比

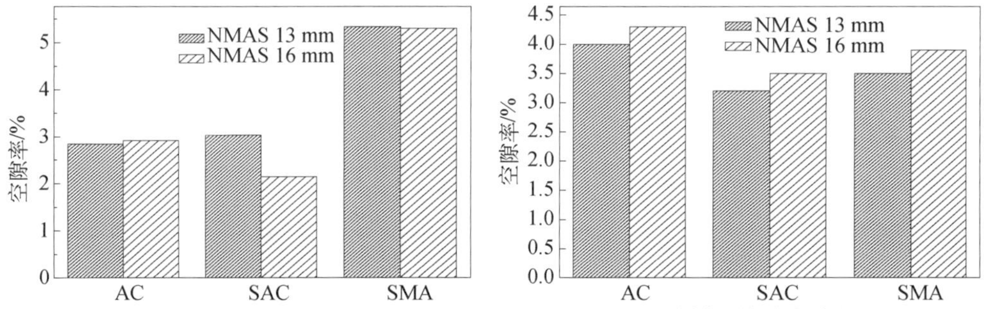

(a)计算空隙率对比　(b)实测空隙率对比

图 4-9　NMAS 为 13 mm 和 16 mm 的空隙率对比

由图 4-8 可以看出，公称最大粒径(NMAS)为 13 mm 时，SAC 的空隙率小于 SMA，与 AC 接近；NMAS 为 16 mm 时，SAC 的空隙率小于 AC 和 SMA；由图 4-9 可以看出，2D 计算空隙率中 NMAS 为 13 mm 的空隙率不都是小于 NMAS 为 16 mm 的空隙率，而实测空隙率中 NMAS 为 13 mm 的都小于 16 mm 的，这也就说明了 2D 计算的空隙率具有不确定性。

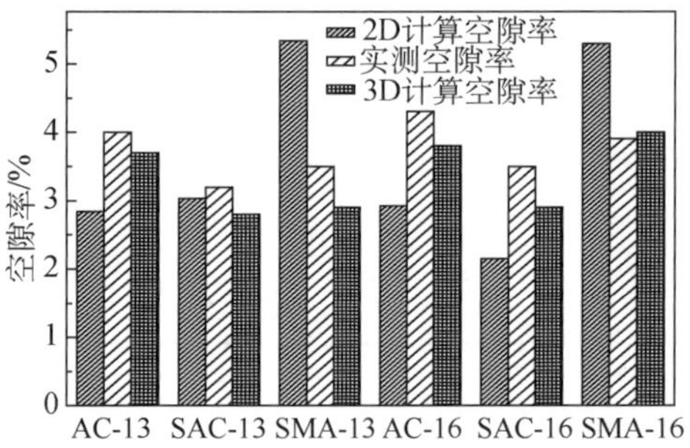

图 4-10　2D、实测、3D 空隙率对比

综合以上 2D 计算空隙率、3D 计算空隙率、实测空隙率得出如图 4-10 所示的空隙率对比图。可以看出，3D 计算空隙率都小于实测空隙率,2D 计算空隙率除了 SMA 外也都遵循了这个规律。相比较 2D 和 3D 计算的空隙率,3D 更接近于实测空隙率,其计算出的空隙率更准确。

4.3.2 沥青混合料体积组成分析

沥青混合料总体积包括粗细集料、沥青砂浆、空隙、掺加剂等体积。粗集料之间的体积(VCA)由细集料、矿粉充填,剩下的体积(VMA)再由沥青砂浆、添加剂等充填。最后剩余体积称为沥青混合料的空隙率(VV),沥青混合料体积组成是否合理可显著影响其力学性能。根据 4.3.1 节研究内容可知,采用 VG Studio MAX 软件对扫描的沥青混合料试件图像准确分割的情况下,可以较准确地计算空隙率,本节采用此种方法,对扫描的沥青混合料批量图像进行处理,在校准后分离提取出空隙参数后,再对集料-集料、集料-砂浆进行分割处理,得到三值化图像。可以通过 VG 相关功能模块获取各类组成物质占整个混合料体积组成的总体积百分比等相关分析研究。通过不断对三种组成成分进行体积分析,从而不断与实测结果对比,确定最佳阈值。本节采用的沥青混合料试件是图像批量处理研究中所用 SMA-13 级配,马歇尔成型试件,钻芯、切割为直径 50 mm、高 50 mm 的试样。

1. 空隙的识别与分析

对沥青混合料进行体积组成分析,首先要根据灰度直方图确定空隙、沥青砂胶和集料三种不同组分的阈值范围。本节采用双峰法进行阈值试算,初步确定区分空隙与沥青胶浆的阈值 T_1,区分沥青砂胶和集料的阈值 T_2。反复微调阈值 T_1 和 T_2,确定 T_1 以后,提取出其中灰度值介于 0 和 T_1 之间的部分就是空隙,如图 4-11 所示。

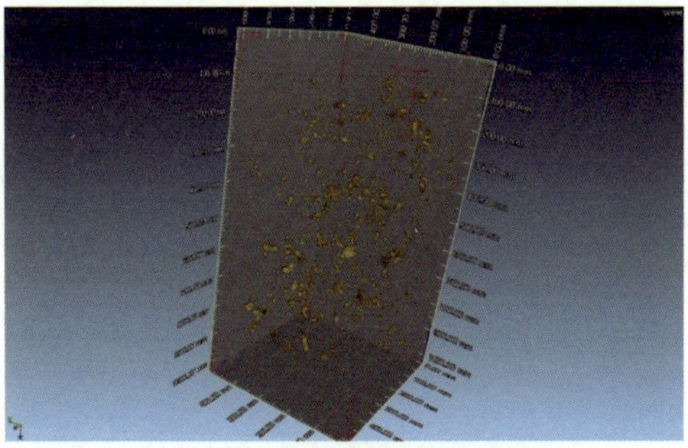

图 4-11 空隙在空间分布

根据 VG 中显示的空隙三维图像,得到的空隙参数如表 4-5 所示,可以计算出空隙的体积与表面积。

表 4-5 空隙体积等参数

对象	体积/mm^3	体素数量/个
空隙	4 740.8	2.7×10^6
试件	85 729.6	5.0×10^7

根据空隙的体积与试件体积,可计算试件的空隙率:

$$VV=\frac{V_v}{V_s}\times100\%=\frac{4\,740.8}{85\,729.6}\times100\%=5.53\%$$

式中　VV——沥青混合料空隙率(%)；

V_v——沥青混合料空隙体积(mm^3)；

V_s——沥青混合料试件体积(mm^3)。

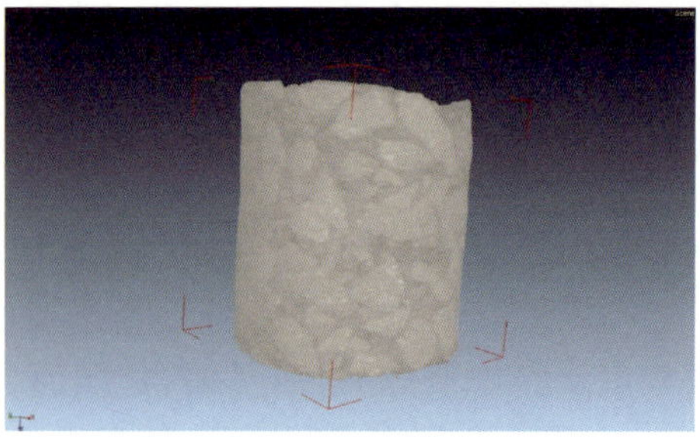

图 4-12　集料颗粒在空间分布

把计算的空隙率与实测空隙率对比，不断微调阈值 T_1，最终确定最佳阈值 T_1。

2. 集料颗粒的识别与分析

类似于空隙提取方法，确定 T_2 以后，提取出其中灰度值大于 T_2 的部分，即为集料颗粒，如图 4-12 所示。

根据集料颗粒的三维图像，可以计算出集料颗粒的体积与表面积，如表 4-6 所示。

表 4-6　集料体积等参数

对象	体积/mm^3	体素数量/个
集料	65 426.8	3.8×10^7
试件	85 729.6	5.0×10^7

根据集料的体积与试件体积，可计算集料的体积百分比：

$$VM=\frac{V_m}{V_s}\times100\%=\frac{65\ 426.8}{85\ 729.6}\times100\%=76.3\%$$

式中　VM——集料的体积百分率(%)；

V_m——集料的体积(mm^3)；

V_s——沥青混合料试件体积(mm^3)。

把计算的集料百分比与实测值对比，不断微调阈值 T_2，直到与实测值误差最小，最终确定最佳阈值 T_2。

3. 沥青砂浆的识别与分析

类似于空隙的提取方法，确定 T_1 和 T_2 以后，提取出其中灰度值介于 T_1 和 T_2 之间的部分，即为沥青砂浆，如图 4-13 所示。

图 4-13　沥青砂胶在空间分布

根据沥青砂浆的三维图像，可以计算出沥青砂浆的体积与表面积，如表 4-7 所示。

表 4-7　　沥青砂浆体积等参数

对象	体积/mm^3	体素数量/个
沥青砂浆	15 259.9	9.0×10^6
试件	85 729.6	5.0×10^7

根据沥青胶浆的体积和试件体积，可计算沥青胶浆的体积百分比：

$$VA=\frac{V_a}{V_s}\times100\%=\frac{15\ 259.9}{85\ 729.6}\times100\%=17.8\%$$

式中　VA——沥青胶浆的体积百分率(%)；

V_a——沥青胶浆的体积(mm^3)；

V_s——沥青混合料试件体积(mm^3)。

本节采用工业 CT 扫描沥青混合料试件，获得三维可视化模型，根据 VG Studio MAX 软件分析功能进行体积组成分析，根据初定阈值，计算三种不同物质的体积百分比。并与室内实测值进行不断比较调整，最终确定区分空隙与沥青砂浆的阈值 T_1 和区分沥青砂浆与集料的阈值 T_2。

4.4 本章小结

空隙率的测定方法包括表干法、蜡封法、封口膜密封法，各种空隙率试验用不同测试方法得出的沥青混合料的空隙率也不同。本章首先阐述了空隙率的室内评价方法，其次研究了基于图像的空隙分布，以 X-ray CT 作为数字图像获取手段，采用体积组成中的空隙率参数，结合 Image Pro-Plus，VG Studio MAX 软件对不同级配的沥青混合料试件图像进行二维、三维和室内试验测得的空隙率对比分析，确定所用三维体积组成分析计算方法更加准确。

5 沥青混合料成型与数字重构技术

沥青混合料是由矿质集料和沥青胶浆黏结而成的混合物，其组成结构与成型方法具有密切相关性。本章主要关注沥青混合料的成型方法及特点，重点介绍基于离散单元法方法的沥青混合料数字重构技术。

5.1 室内成型方法及特点

室内成型是沥青路面施工成型的试验仿真，其目的是为室外具体工程实践提供理论依据，因而室内成型与现场碾压的一致性显得非常重要。不同的成型方法，对沥青混合料的均匀性指标[45]、沥青路面的早期损坏等沥青混合料路用性能也有不同程度的影响。因此，合理选择成型方法是沥青混合料配合比设计的关键环节。目前，沥青混合料成形方法中主要的方法包括马歇尔击实法、旋转压实法、振动击实法、轮碾成型法和静压法等，表 5-1 从成型原理、试件尺寸、成型要求、特点及各种成型方法的不足等方面进行了对比。

表 5-1　室内成型方法对比[5]

方法		成型原理	试件尺寸	成型要求	成型特点		不足
马歇尔击实法	标准马歇尔法	落锤竖向击实，施加冲击荷载	ϕ101.6 mm×63.5 mm 圆柱体试件	标准击实仪，高度 457 mm，每面击实 75/50 次	适用于细集料密级配沥青混合料	设备简单、价格低廉、测定简便、易于操作	与现场压实方法压实机理方面相去较远，击实功固定
	大马歇尔法		ϕ152.4 mm×95.3 mm 大型圆柱体试件	大型击实仪，高度 457 mm，每面击实 75/112 次	采用较大粒径集料		
旋转压实法		搓揉压实，旋转压实时其压头下压和切剪局部沥青混合料	按压实次数或者按试件高度两种模式进行压实	旋转压实仪：GTM(美)、Texas(美)、LCPC(法)、Servopac（澳）、SGC（Superpave）、HYXY－150（国产）	节省人力，提高了总体效率；试验结果稳定，变异系数低		对于大粒径的沥青混合料，旋转压实不能使集料在水平方向上朝更加均匀的方向上移动
振动击实法		颗粒在振动冲击作用下由静止渐渐进入运动形态，颗粒之间也由静摩擦力转变为动摩擦力	ϕ15 cm×15 cm 圆柱体试件	振动压实成型机	与路面压实机械压实工况贴近；振动作用使被振材料的内部摩擦阻力急剧减小，剪切强度降低，材料在重力作用下更易趋近于合理的排列		击实功小

（续表）

方法	成型原理	试件尺寸	成型要求	成型特点	不足
轮碾成型法	碾压轮前后运动使大颗粒成线性排列	长 300 mm×宽 300 mm×厚 50～100 mm	轮碾成型机、切割机	不易导致集料破碎；对沥青混合料均匀性指标影响较小	钻芯法过程烦琐，试验周期时间长，耗用材料资源多，成型试件需要专门设备切割，成本较高
静压法	施加垂直压力	不同试验所需时间尺寸不同；成型压力控制，或成型高度控制	成型压力控制，或成型高度控制	易于操作；与沥青混合料温度有很大关系	部分粗集料被压碎，降低了沥青混合料的强度

马歇尔击实法，是目前世界上应用最为广泛的沥青混合料成型方法。它利用竖向的击实作用使不同粒径的集料相互嵌挤，从而达到密实状态，但是若混合料受力的垂直压力过大易造成大集料破碎，从而改变混合料的骨架结构[46]。后为了提高沥青混合料的高温稳定性，采用较大粒径集料，导致沥青混合料在成型时受到试模边界效应的影响，标准马歇尔法成型的试件体积参数和力学参数与实际值有较大的差异。因此，大型马歇尔试验方法应运而生。

马歇尔击实方法具有设备简单、价格低廉、测定简便、易于操作等特点，但是它通过施加冲击荷载对沥青混合料进行压实，这与现场通过高频振动作用使材料产生“共振”来压密的过程存在一定差异。研究表明，在集料不破碎的前提下，随着击实功的增大，沥青混合料试件毛体积密度增大，空隙率减小，沥青饱和度增加；而大量事实表明马歇尔击实方法击实功偏小，导致室内成型沥青混合料密度偏小，成型试件剩余空隙率较大。除此之外，压实机理的差异也导致马歇尔室内锤击次数与路面成型时的压实功没有必然的联系。因而，工程实践中存在压实度“超百”现象，表明室内试验采用马歇尔击实法确定最佳沥青用量及标准密度，作为现场碾压质量的控制指标并非完全吻合[47]。

旋转压实法采用旋转压实仪模拟路面的实际压实状态。研究表明，旋转压实的程度可以达到最大理论密度的 98%以上，成型时可以通过压实次数或者试件高度等进行控制，并且能采集每压实一次时的试件高度，以便对沥青混合料的体积特性进行评价[48]。正是由于旋转压实仪能够较好地模拟现场，且具有数据采集的优越性，其成为成型沥青混合料试件较为理想的仪器。它在压实过程中能较好地模拟沥青混合料的施工现场压实状况，而且在评价混合料时，不但可以评价在整个成型过程中的混合料试件密实特性，还可以对压实过程中某一点的压实情况进行评价，因而被认为是一种比较符合实际的沥青混合料试件制备仪器。各国根据实际情况研发生产了不同种旋转压实仪，它们在压实原理方面均存在一定差异性。若以能否直接测量剪切应力区分指标，则除了 SGC 和 Texas 旋转压实机外，其他旋转压实仪都可以测量剪切参数。

目前应用比较广泛的 Superpave 旋转压实仪(SGC)设计是在垂直压力、旋转压实角和旋转速率设定为恒定值下制备热拌沥青混合料试件，通过控制空隙率、粉胶比、沥青饱和度、矿料间隙率及不同压实次数下的密实度等指标来完成沥青混合料配比设计的。该设备有压力控制和高度控制两种模式，并且能够及时记录、读取不同压实次数下的试件高度，以供试件密实度的计算使用。旋转压实的良好模拟性和自动采集数据的优越性使其成为较为理想的试件制备工具，为路面设计提供了更加可靠的保证。

振动压实法的原理是被压实材料的颗粒状态在振动冲击作用下由静止渐渐进入运动形态，颗粒之间也由静摩擦力转变为动摩擦力。常见的振动压实理论有三种，即内部摩擦减小学说、反复载荷学说和共振学说[49]。根据振动器安装形式的差异，可以将振动压路机分为定向振动压路机、摆振式振动压路机、外振式振动压路机和内振式振动压路机。目前，绝大多数振动压路机的振动系统采用内振式结构。研究者主要针对马氏成型方法的不足，结合振动压实法的振动时间、振动频率对沥青混合料体积特征参数影响开展研究。

轮碾成型机使用一种模拟全刻度滚筒的运动来压实沥青铺装材料板块。轮碾成型机工作原理：被碾压的试模放在小车上，圆弧形碾压轮对试件施压线荷载，小车通过曲柄连杆机构作往返运动碾压试件。在我国，轮碾法成型的试件主要被用于测定沥青混合料的高温性能和低温性能，有时经过钻芯后还会被用于测定沥青混合料的力学性能。轮碾成型机成型的沥青混合料试件体积大，有利于混合料在压实过程中的移动，且其施加的压强一定，因此该方法不易导致集料破碎[50]。学者研究不同的成型方法对沥青混合料均匀性指标如试件空隙率、力学强度等的影响，发现轮碾成型相较于马歇尔击实和旋转压实对沥青混合料均匀性指标影响更小。但是，该方法成型的试件是板体的，需要采用钻芯机钻芯才能测定其力学强度，因此，烦琐的钻芯使得该方法比较少地被用于测定沥青混合料的力学性能。

静压法成型在我国被广泛应用于基层材料的成型中，其原理是对沥青混合料施加垂直压力的作用，使沥青混合料内部产生相应的法向应力和剪切应力，从而重新排列。静压法成型制作的沥青混合料试件，其尺寸比较规格，主要用作抗压试验和三轴压缩试验，进行测定沥青混合料物理力学性质。静压法可根据需要选取不同控制条件来成型试件。目前，现行的试验规程考虑成型应以密实度为要求指标，故规定以高度为主，对压力则不规定，只指出以供成型时注意校核有无错误。由于静压法成型时，在较大的荷载下沥青混合料在较短的时间内一次被压密，不利于混合料在压实过程中的移动，因此该方法易导致集料破碎。

显然，室内成型方法很多，且各具特点，它们在模拟现场压实方面的优势与不足也各不相同。经多年研究发现，沥青路面的实际密度远大于马歇尔试验成型试件密度。马歇尔击实功固定，无法通过增加击实次数增大混合料密度，导致道路上沥青混合料最终密度大于试验室成型试件密度。以多级嵌挤密实级配对振动成型法和大型马歇尔击实法两种成型方法的比较，发现利用振动法施工可以减少沥青用量，振动法成型过程中的击实功小于击实法的击实功，但是振动法对级配的破碎状况要优于击实法。旋转压实法比轮碾法方便，不需要专门的切割设备；相比静压法，其本身已附带液压脱模装置，不需配备脱模器，且其脱模过程轻便快捷，可提高总体效率；同时旋转压实法成型试件的试验结果稳定，变异系数低，更能真实反映沥青混合料的实际抗压强度和回弹模量，为沥青路面设计提供更准确的参数。旋转压实法是一种比较理想的沥青混合料室内制备试件方法，能模拟施工现场压实过程，反映沥青混合料的使用性能，在我国沥青路面工程实践中能起到良好的指导作用。由此可见，从发展历程而言，室内压实成型方法在不断改进，逐步接近现场压实条件，但由于受加载条件、试件大小等方面的制约，室内和现场成型的差距依然很大，室内成型方法仍需不断改善。

5.2 沥青混合料的自定义数值模型

沥青混合料是一种复杂的复合材料，其中含有的气孔、沥青黏结剂和骨料总量占沥青混合料总体积的 80%～90%，是沥青混合料承载能力的重要来源。此外，集料的形貌和微观结构特性长期以来被认为是影响沥青路面结构性能和防滑性能的关键因素。因此，集料与沥青混合料的形貌和微观结构特性的研究具有重要意义。

随着计算机和数值方法的快速发展，虚拟仿真技术成为了人类认识客观世界的一种不可或缺的重要手段，正在发挥越来越重要的作用。就沥青混合料数值模型构建而言，自定义模型是指集料颗粒、沥青砂浆、空隙等参数都由用户定义。当参数不能直接获取时，采用随机产生的方式获取，譬如颗粒形状可以通过随机多边形或多面体来模拟，颗粒的空间分布也可以通过随机产生来实现等。几种自定义模型[51-53]介绍如下。

5.2.1 自定义离散元模型Ⅰ——圆盘和圆球模型

在沥青混合料中，颗粒大小不一、形状各异，直接影响混合料的结构组成和力学行为。在数值仿真模型中，如何考虑集料形状问题呢？通常考虑仿真的真实性和计算效率，但形状仿真往往降低计算效率。为了提高计算效率，往往采用简单形状的单元，如图 5-1 所示，集料颗粒形状在二维和三维中分别表现为圆盘和圆球形状。

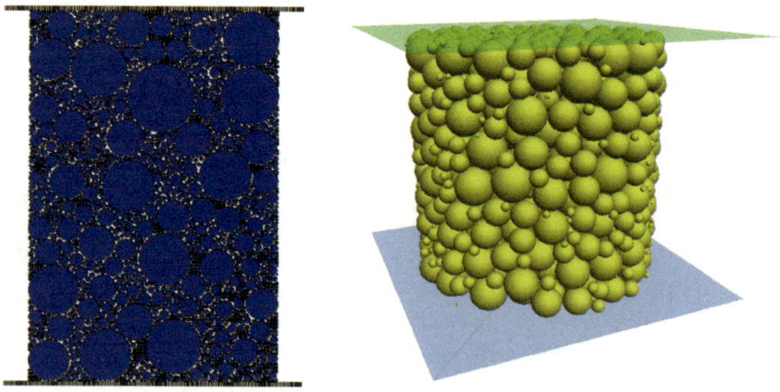

(a)二维圆盘模型　　(b)三维圆球模型

图 5-1　自定义离散元模型Ⅰ——圆盘和圆球模型

5.2.2　自定义离散元模型Ⅱ——椭球模型

另一种简单颗粒形状模型是椭球模型，它使用椭球体来模拟颗粒，如图 5-2 所示。椭球体是由一簇相互黏结的球形单元形成的，其形状由长、中和短三个主轴决定。用户可以通过输入集料的方向角和球度指数构建不同的球体模型，以达到特定的仿真目标。

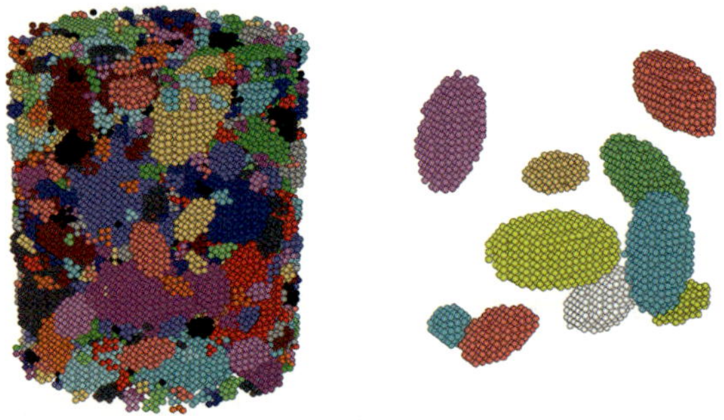

(a)混合料模型　　(b)代表性颗粒

图 5-2　自定义离散元模型Ⅱ——椭球模型

如果椭球体的三个主轴在 xyz 坐标系的三个轴上对齐，椭球体的方程为式(5-1)。

$$\frac{x^2}{a^2}+\frac{y^2}{b^2}+\frac{z^2}{c^2}\leqslant 1 \tag{5-1}$$

其中，a 和 b 是赤道半径(沿 x 和 y 轴)，c 是极半径(沿 z 轴)。所有变量都是确定椭球形状的固定正实数。如果 $a\geqslant b\geqslant c$，则 $2a$，$2b$，$2c$ 分别是集料颗粒的最长、中间、最短尺寸。

球度指数可按式(5-2)计算获取：

$$SP=\sqrt[3]{\frac{2b\times 2c}{(2a)^2}}=\sqrt[3]{\frac{bc}{a^2}} \tag{5-2}$$

片状比(FR)可按式(5-3)计算：

$$FR=\frac{2b}{2c}=\frac{b}{c} \tag{5-3}$$

假设集料颗粒的最长尺寸 $2a$ 表示集料颗粒尺寸，则对于给定的 SP 和 FR，b 和 c 可由式(5-4)和式(5-5)确定。

$$c=\sqrt{\frac{SP^3}{FR}}a \tag{5-4}$$

$$b=c\times FR=\sqrt{FR\times SP^2}\times a \tag{5-5}$$

粒径 $2a$ 可根据给定级配的筛径随机生成。如果筛子尺寸为 19 mm，则粒度 $2a$ 是 19～25 mm 之间的随机数。然后，可以在上述方程式中确定给定 SP 和 FR 的 b 和 c。显然，创建骨料颗粒形状的三个输入参数是 SP、FR 和骨料级配，它们用于随机创建 a，b 和 c。

确定集料形状后，通过 α，β，γ 三个方向角考虑集料颗粒的空间方向。这三个角度是通过旋转标准轴对准的椭球体绕其三个主轴来定义的，如图 5-3 所示。首先，椭球体绕其极半径(沿 z 轴)旋转，从而产生方向角 α，如图 5-3(a)所示。然后，椭球体继续围绕其赤道半径(沿 x_1 轴)旋转，从而产生方向角 β，如图 5-3(b)所示。它继续围绕另一个赤道半径(沿 y_2 轴)旋转，从而产生方向角 γ，如图 5-3(c)所示。通过设置 α，β 和 γ，可以生成不同取向的椭球粒子来模拟集料在混合料中的方向角。

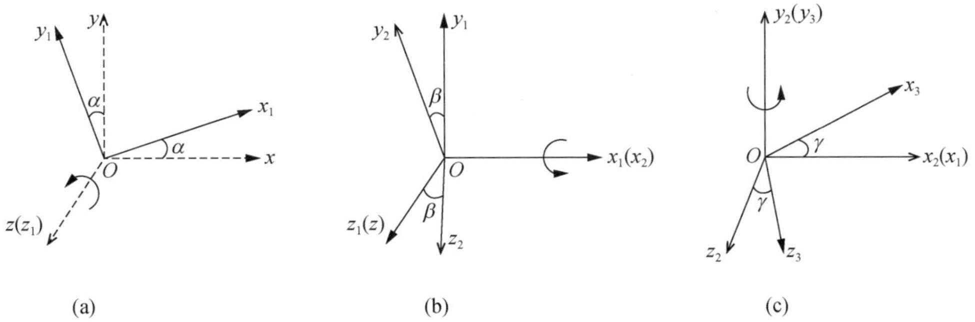

图 5-3　三个旋转角 α，β，γ 的定义

5.2.3　自定义离散元模型Ⅲ——破裂面模型

破裂面模型是利用破裂表面的椭球体来模拟集料颗粒的模型，如图 5-4 所示。破裂面由式(5-6)表示的平面模拟：

$$\frac{x}{m}+\frac{y}{n}+\frac{z}{p}=1 \tag{5-6}$$

式中，m，n，p 分别为 x，y，z 坐标轴上的取值。

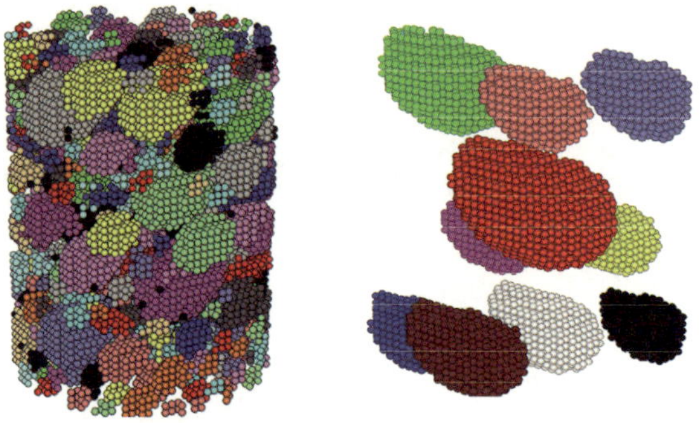

(a)混合料模型　　(b)代表性颗粒

图 5-4　自定义离散元模型Ⅲ——破裂面模型

因此，通过给 m，n，p 分配不同的值，可以得到不同的平面来模拟集料颗粒的不同破裂面。例如，假设 $m=m_1$，$n=n_1$，$p=p_1$，具有一个断裂面的标准轴对齐椭球体颗粒可定义为

$$\frac{x}{m_1}+\frac{y}{n_1}+\frac{z}{p_1}\leqslant 1,\ \frac{x^2}{a^2}+\frac{y^2}{b^2}+\frac{z^2}{c^2}\leqslant 1$$

具有两个破裂面的标准轴对齐椭球体可以类似地定义为

$$\frac{x}{m_1}+\frac{y}{n_1}+\frac{z}{p_1}\leqslant 1,\ \frac{x}{m_2}+\frac{y}{n_2}+\frac{z}{p_2}\leqslant 1,\ \frac{x^2}{a^2}+\frac{y^2}{b^2}+\frac{z^2}{c^2}\leqslant 1$$

在相同的原理下，通过添加新的平面来定义具有三个或更多破裂面的椭球体，新的平面可以用方程式表示。如果给定沥青混合料体积特性、矿物骨料级配及破裂面等信息，即可创建破裂面模型。关键输入参数如下：

(1) 建立椭球模型所需的参数：FR，SP，α，β 和 γ。

(2) 创建断裂面所需的参数：破裂面的数量 N；在 x，y 和 z 坐标下的三个截距 m，n 和 p。

5.3　基于图像技术的沥青混合料数值模型

显然，采用自定义数值模型能够在一定程度上仿混合料的三个基本组分，但与真实混合料差别较大，包括集料形状、空间分布、空隙等。为了更真实地仿真混合料，研究者们早在 21 世纪初就开始探索基于图像技术的沥青混合料数字重构技术，本节介绍两种常用的数值模型。

5.3.1 基于混合料图像的沥青混合料数值模型

基于沥青混合料图像的离散元模型可以追溯到 21 世纪初，美国伊利诺伊大学著名教授 Buttlar 的研究团队采用二维图像模型。在二维模型基础上，他的学生尤占平教授在密歇根理工大学带领团队开发了三维模型并用于研究沥青混凝土的变形特性。自 2008 年以来，基于沥青混合料图像的离散元模型逐步成熟，得到了广泛关注，它具有如下特点：

（1）由于离散元模型直接来源于沥青混合料的图像，因此，不仅集料颗粒形状能够精确仿真，而且沥青和空隙分布也能较为准确地仿真。

（2）一般采用 Cluster 方法建模，模型精度与单元大小直接相关，往往需要大量的离散单元，严重影响计算效率。

（3）如何分离相邻集料颗粒，如何在建模时准确仿真集料-集料交界处、集料-沥青交界处和集料-空隙交界是难以解决的关键问题之一。

（4）由于离散元模型来源于沥青混合料的图像，在建模之前，必须先成型沥青混合料，所以，该类模型一般用于模型校正，很难用以做大量计算分析。

图 5-5 所示为 2D 和 3D 模型的典型代表，图中浅色的单元代表沥青砂浆（沥青及粒径小于 1.18 mm 的矿料），深色单元代表集料颗粒（粒径大于等于 1.18 mm）。构建一个基于混合料图像的模型包含如下几个步骤[52-54]：

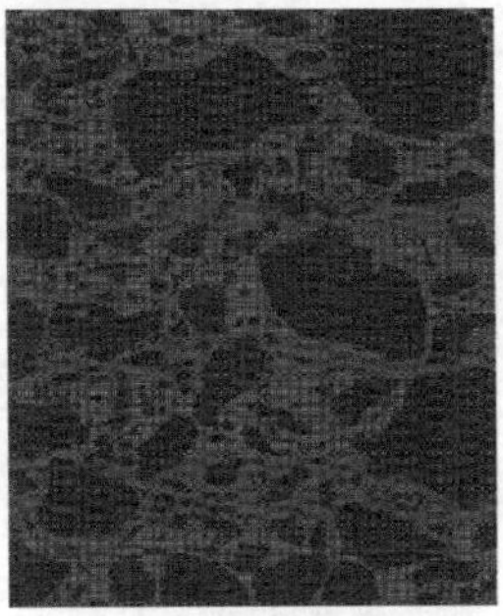

(a)二维模型

(b)三维模型

图 5-5 基于混合料图像的离散元模型

（1）室内成型或现场取芯，获得沥青混合料试件（当尺寸较大时，需要切割成直径小于 100 mm 的试件，以保证图像质量）。

（2）通过 X-ray CT 扫描，获取混合料的图像切片（根据计算精度，确定切片间距，一般 0.5 mm 就能够满足离散元建模要求）。

（3）图像处理，分离集料、沥青和空隙，并记录像素点。

（4）按照集料、沥青、空隙的像素点坐标和大小，生成离散单元法，形成如图 5-5 所示的基于混合料图像的离散元模型。

5.3.2 基于集料图像的沥青混合料数字重构技术

如上所述，自定义模型简单、精度低，但效率高，而且不依赖于实验测试，可以用于设计、机理分析和根据其他需要进行仿真分析；而基于混合料图像的模型虽然具有较高的精度，但计算效率低，而且依赖于试验，很难进行大量的仿真分析。在此背景之下，本节作者研究团队在开发与应用自定义模型和基于混合料图像的模型之后，先后采用 X-ray CT和 3D 扫描仪扫描集料颗粒[15, 55, 56]，提出基于集料图像的仿真模型。构建基于集料图像的离散元模型的关键步骤如下：

1. 获取集料图像

有两种方法可以获取集料图像信息，分别是 X-ray CT 扫描和 3D 扫描仪扫描。

（1）X-ray CT 扫描方法。

为了提高扫描效率，专门开发了扫描矿质集料的载物装置，如图 5-6 所示。它是一种透明塑料方盒，用以载放集料与辅助扫描，能够在不干扰逐颗扫描过程的情况下，使得一次扫描能够同时获得 48 颗集料的断层扫描图像。通过该装置对集料进行扫描，并将图像存储在组织良好的数字文件中，大大提高了扫描速度。断层扫描图像中的每一颗颗粒的位置是相对固定的，而由于扫描的偏差，每张图片上方盒和颗粒的位置会稍有变化，需要手动获取方盒四个角的坐标，然后使用 MATLAB 自动切割图

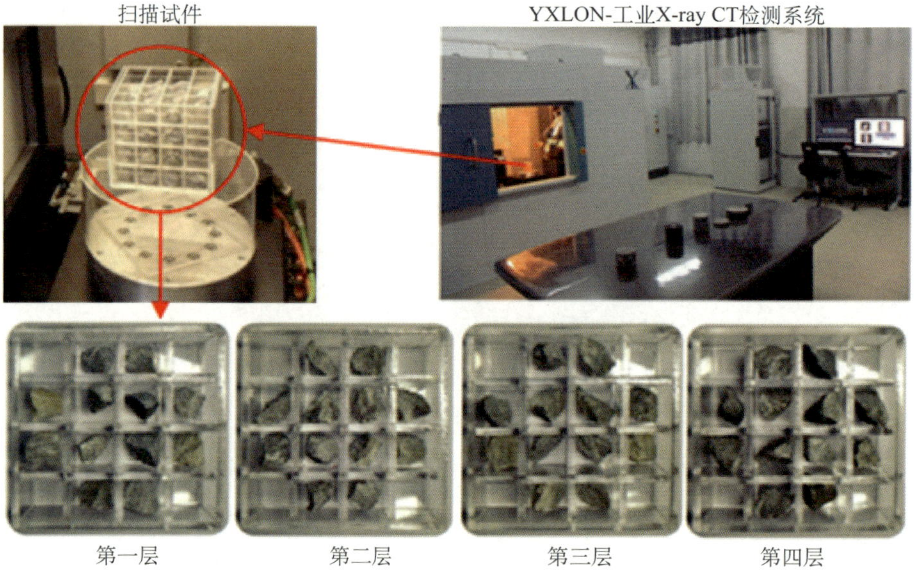

图 5-6 X-ray CT 扫描集料

片。每颗颗粒的纵向断层扫描图像大约有 200 张，断层图像的扫描精度小于 0.05 mm。得到集料的断层扫描图像后，为了更清晰地显示颗粒形状边缘的变化，图像的编号不是连续选取的，而是间隔了 30 张图片，纵向的变化高度为 1.5 mm。

(2) 3D 扫描仪扫描方法。

利用如图 5-7 所示的 3D 扫描仪获取集料颗粒的外部轮廓图像，输出文件一般为 STL 文件。为了提高扫描效率，本节作者的研究团队开发了专门的载物装置，如图 5-8 所示。

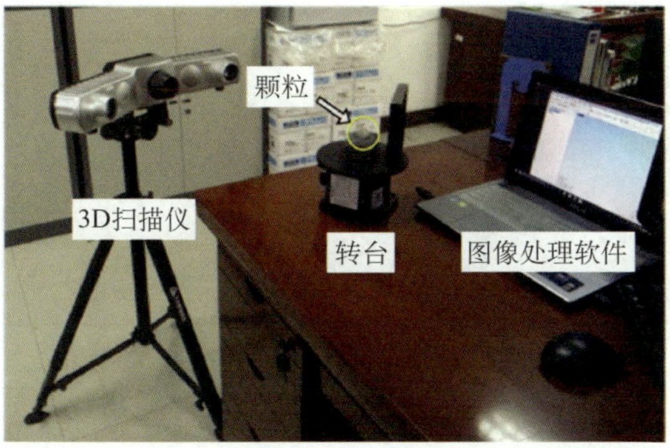

图 5-7 室内 3D 扫描装置

图 5-8 室内 3D 扫描载物装置

2. 集料图像处理分析

针对所得集料 X-ray CT 图像，研究者基于 MATLAB 开发了二维和三维 X-ray CT 图像分析方法。通过图像分析，获取集料图像的傅里叶函数和球面调谐函数的基本参数，为数字重构集料颗粒提供基本参数。所研发的基于 MATLAB 的 X-ray CT 二维图像处理方法设计了用户友好型界面，如图 5-9 所示。用户只需要输入个别控制参数就可以对所获得的集料 CT 图像进行分析，并得到较为准确的结果。处理方法具体流程和内容如图 5-10 所示。

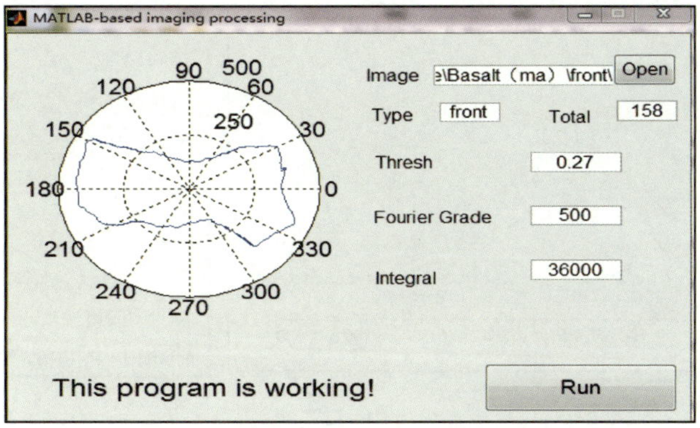

图 5-9 基于 MATLAB 的 X-ray CT 二维图像处理方法

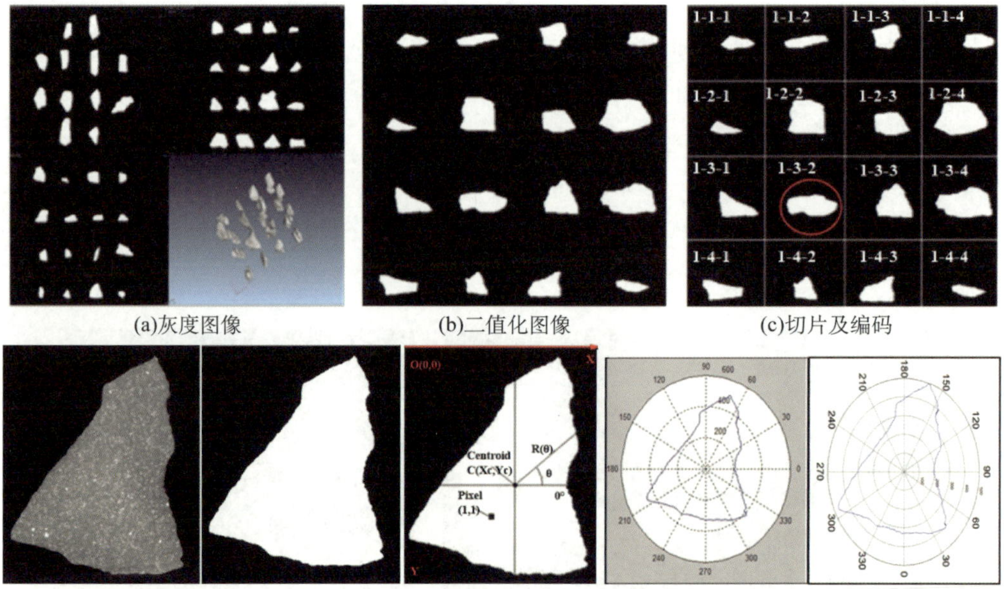

(a)灰度图像　(b)二值化图像　(c)切片及编码

(d)灰度图像　(e)二值化图像　(f)直角坐标　(g)极坐标转换图　(h)2D模型

图 5-10　图像分析系统的详细步骤

如图 5-11 所示，利用集料二维函数数据库对集料二维形态进行分析，二维分析系统可以获得切片的极径、边缘、表面纹理和棱角。与此同时，这个傅里叶函数的数据库也可使用在相同阶数的模拟软件上，如离散元软件 PFC5.0 Suite 等。

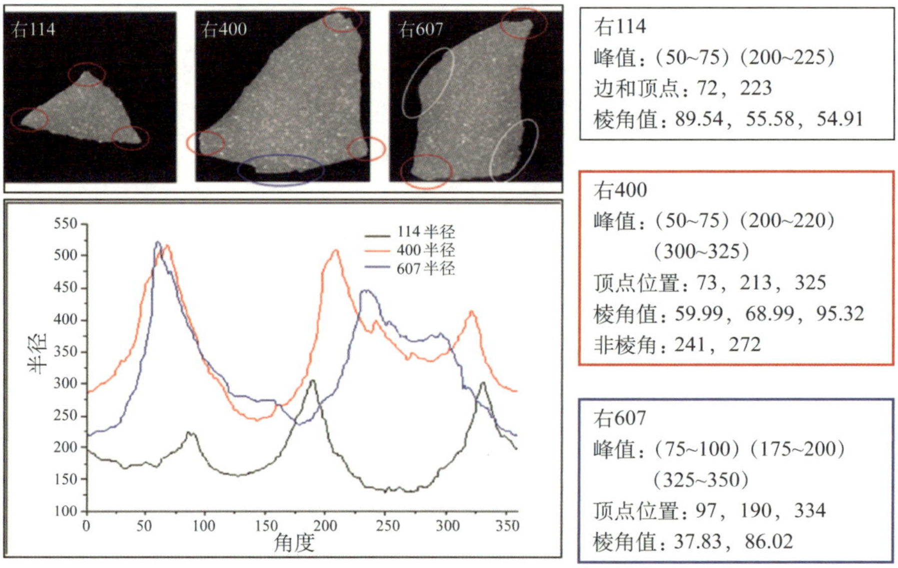

图 5-11　重构极径

若集料图像来自 3D 扫描仪，所获得的图像文件是集料轮廓的 STL 文件，图像处理软件是配套软件 Geomagic Studio。由于 3D 扫描时至少扫描两次才能完全记录集料全部形貌特征，因此需要对两次扫描所得初始图像信息文件进行修整，去除多余部分，并进行进一步的组合、调整，从而获得一颗完整集料的图像信息 STL 文件(ASCⅡ)文件(＊.stl)。图像处理具体步骤，读者可以参考软件的使用说明。

3. 集料形态数据构建

选择典型集料颗粒，本节作者研究团队正在构建集料形态数据库，如图 5-12 为分类示意图。数据库内应包含集料的 X-ray CT 图像、3D 扫描图像、傅里叶函数、球面调谐函数等。

(a)集料筛选与分类存储

(b)集料分类

图 5-12 矿质集料分类示意

4. 虚拟集料颗粒模板

基于数据库信息，研究者采用 PFC5.0Suite 内置的 bubble pack 算法进行颗粒数字重构[57]。Bubble Pack 算法是通过在形状轮廓中填充 pebble 小球完成重构的，有两个关键控制参数，分别是控制棱角性的 *Distance* 和控制光滑程度的 *Ratio*。如图 5-13 所示，随着 *ratio* 取值的减小，clump 的边缘变得更加锋利；随着 *distance* 取值的增大，clump 表面变得光滑。同时，这两种变化都伴随着 clump 中 pebble 数量的增加。为了平衡离散元的计算效率，同时综合考虑仿真精度，本研究取在 pebble 数量明显增加前的两个值，即 *ratio* 为 0.2、*distance* 为 130 作为本研究的推荐值。

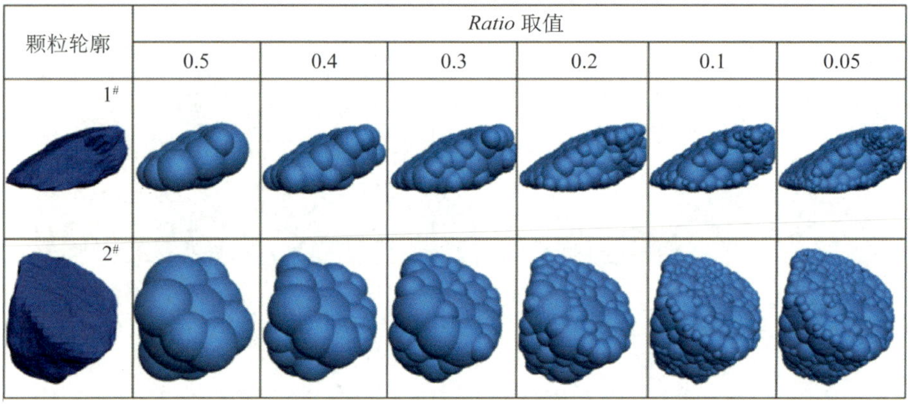

(a) *Ratio* 取值

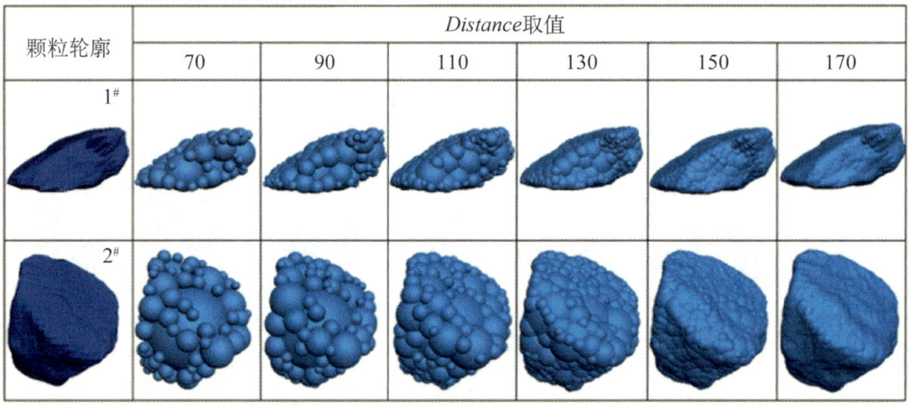

(b) *Distance* 取值

图 5-13　虚拟集料颗粒形状的控制参数

5. 构建离散元模型

利用步骤 4 获得的集料颗粒模板，按给定级配，生成不同粒径的颗粒并组合成为所需沥青混合料试件。如图 5-14 所示为集料颗粒的离散元模型构建过程，沥青胶浆的仿真一般采用球形单元。如图 5-15 所示为基于集料图像的典型离散元模型。

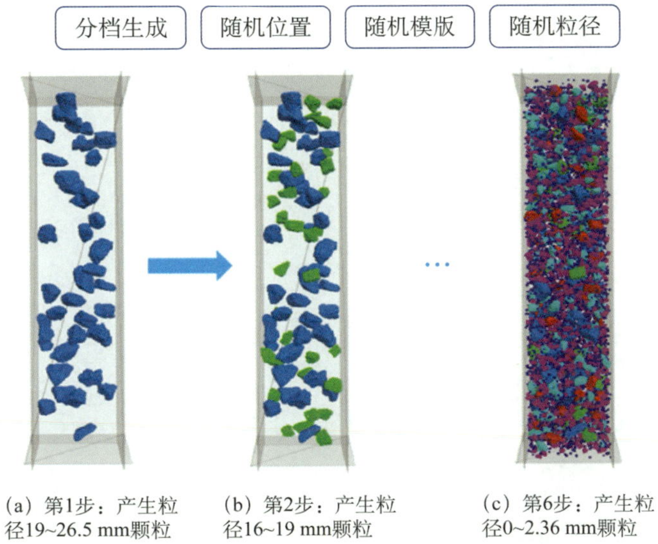

图 5-14　基于集料图像的混合料仿真模型构建过程

图 5-15　沥青混合料仿真模型示例

5.4　本章小结

沥青混合料在成型前处于松散状态，受成型条件的影响较大。本章主要介绍了常见的室内成型方法及特点，重点介绍了基于离散单元方法的数字重构技术，包括自定义数值模型和基于图像的数值模型两大类。自定义数值模型简单，精度低，但效率高，而且不依赖于试验测试，可以用于设计、机理分析和根据其他需要进行仿真分析；而基于图像的模型虽然具有较高的精度，但计算效率低，而且依赖于试验，很难进行大量的仿真分析。二者各有优缺点，读者应根据具体问题，具体分析。

6 基于有限单元方法的沥青混合料虚拟实验

沥青混合料的力学性能与其实际使用中的路用性能密切相关,然而,传统的沥青混合料研究多偏重于对其宏观体积指标的测试,这种从宏观角度进行的唯象研究存在着一定的局限性,导致在实际应用过程中出现了混合料宏观体积指标相近但其路用性能却相差很大的矛盾现象。分析其原因,主要是因为忽略了沥青混合料细观结构的复杂性,无法揭示材料变形和破坏的物理机制,从而无法从根本上解决路面破坏问题,因此,对沥青混合料的研究从宏观层次发展到细观力学分析是非常有必要的。本章从细观力学方法入手,应用力学分析方法,以突破基于现象学的经验或试验方法的局限性,采用虚拟加载试验的有限元模拟方法从细观角度分析沥青混合料的力学机理,从而为沥青混合料设计及破坏机理分析提供新的研究手段。

6.1 基于三维有限单元方法的裂纹扩展模拟

6.1.1 半圆弯拉试验简介

半圆弯拉试验(Semi-Circular Bending Test, SCB)是源于美国和欧洲的一种试验方法。该试验方法最早广泛应用于岩石结构抗开裂性能的评价,其试验设备较为简单、试件制备较为容易,因此国内外道路研究者将其引入路面领域,测试沥青混合料的低温抗开裂性能,并得到了广泛使用,试验装置如图 6-1 所示。

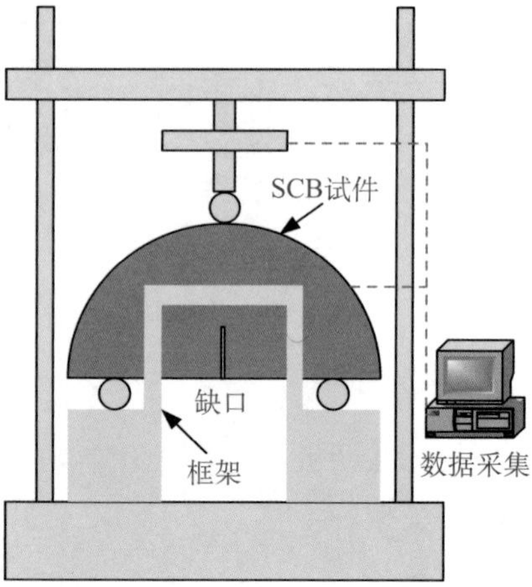

图 6-1 SCB 试验加载装置示意

本节采用 SCB 试验对沥青混合料力学特性进行分析。通过 X-ray CT 扫描技术对沥青混合料 SCB 试件进行扫描,建立有限元数值分析模型,进行基于细观结构的沥青混合料 SCB 试验以及切口 SCB 试验的虚拟加载模拟。通过 SCB 试验的虚拟加载技术的研究,可以克服室内试验周期长、工作量大等问题,同时也节省了资金投入[58, 59]。

6.1.2 扩展有限元(XFEM)原理

Belytschko 和 Black 教授的研究团队在 1999 年首次提出了扩展有限元思想,该方法基于整体划分的概念,是对传统有限元方法的扩展。在 2000 年,扩展有限元法(Extended Finite Element Method, XFEM)这一用语被正式提出并使用。采用传统有限元法进行裂纹扩展模拟时,网格的划分要求服从几何的不连续。因此,在裂纹扩展模拟时需要随着裂纹的发展不断地进行网格的重新划分,对裂纹尖端网格进行进一步的细化,来更好地模拟裂纹尖端处的奇异场。而且,采用传统有限元方法进行裂纹扩展模拟时,需要考虑孔洞、杂质等对网格划分的影响。然而,XFEM 在模拟扩展裂缝时网格与边界无须始终保持协调，可以有效避免以上问题。因此，扩展有限元法已应用于计算断裂力学、孔洞以及杂质问题[60-64]。

XFEM 方法的基本原理是基于单位分解思想，能够反映裂纹不连续性的跳跃函数与裂尖渐进位移场函数等附加函数加入常规有限元位移中去，从而处理断裂等不连续力学问题。XFEM 的位移模式的场函数如式(6-1)所示。

$$u(x)=\sum_{i\in N}N_i(x)u_i+\sum_{j\in N^{dis}}N_jH(x)a_j+\sum_{k\in N^{asy}}N_k\sum_{a=1}^{4}\Phi_a(x)B_k^a \tag{6-1}$$

式中 i——全部结点集合；

j——完全被裂纹贯穿的单元结点集合；

k——含裂纹尖端单元结点集合；

N_i, N_j, N_k——相应结点所对应的形函数；

u_i, a_j, B_k^a——相应各结点位移。

而对于沥青混合料而言，在裂尖高应力梯度场作用下，裂尖附近区域发生连续损伤开裂，该损伤区以微裂纹为先导。恰恰因为裂尖附近区域连续损伤区的存在而使沥青混合料尖端的应力奇异性消失，而裂纹的扩展是自然的一个过程，也就是说式(6-2)中右端的第三项目在分析沥青混合料开裂时不存在。

通过引入 Heaviside 函数，反映了裂纹扩展时裂纹面位移的不连续性：

$$H(x)=\begin{cases}+1 & \text{裂纹面上方}\\ -1 & \text{裂纹面下方}\end{cases} \tag{6-2}$$

裂纹尖端渐进位移场函数用 B_k^a 表示，它所反映的是裂纹尖端应力的奇性：

$$B_k^a=\left(\sqrt{r}\sin\frac{\theta}{2},\ \sqrt{r}\cos\frac{\theta}{2},\ \sqrt{r}\sin\theta\sin\frac{\theta}{2},\ \sqrt{r}\sin\theta\cos\frac{\theta}{2}\right) \tag{6-3}$$

其中，θ, r 为以裂纹尖端为坐标原点的极坐标系。

裂纹尖端的渐近函数可适用于：①同时不同情况下的裂纹模拟，譬如各向同性弹性材料；②两种不同材料接触位置的裂纹模拟；③含有紧密接触的多种材料界面的裂纹扩展模拟。对于不同情况的裂纹模拟，尖端的渐进函数的形式与非线性材料的变形程度、裂纹的位置有关。

XFEM 方法中节点位移由常规位移与加强位移两部分构成。加强位移由反映裂纹不连续的附加函数进行模拟，其产生是由于裂纹的存在。与常规的有限元方法相比，扩展有限元法在裂纹分析的过程中，单元与裂纹相互独立，预制裂纹不用沿着单元的周边设置。同时，在裂纹扩展过程中，不需要在裂纹尖端进行密集型网格的划分，随着裂纹的扩展重新划分网格，保证了计算的效率。因此，XFEM 法可以较为方便地进行裂纹扩展的模拟分析。

基于此，本节在切口 SCB 虚拟加载试验的基础上，进一步通过 XFEM 方法对沥青混合料断裂时的裂纹扩展路径进行数值模拟研究。

6.1.3 SCB 数值模拟方法

1. 虚拟 SCB 试件制作

为了提高重构效率，虚拟试验所采用的 SCB 试件是完整虚拟体试件进行虚拟切割所获得。将圆柱体试件切割成厚度为 25 mm 的圆形试件后，再次从中间进行切割，获得所需的 SCB 虚拟试件，如图 6-2 所示，该试件由 21.5 万个单元构成。

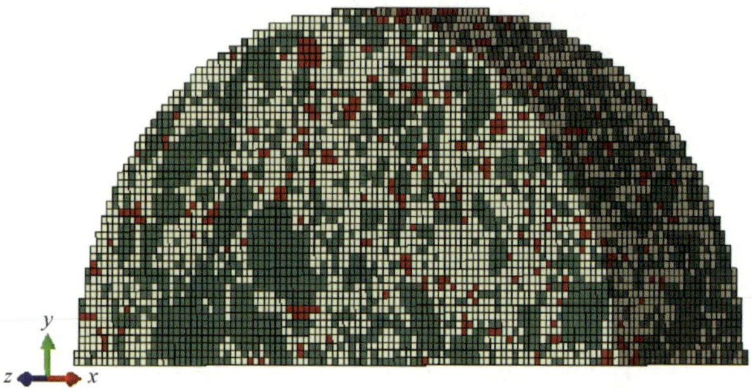

图 6-2 虚拟 SCB 试件

2. 荷载与边界条件

SCB 试验所包括的试验装置设备有：半圆试件底部边缘的一对称滚轴与试件顶点位置的一个加载滚轴。通过相关研究表明，在进行 SCB 试验时，底部两支撑点之间的距离宜有 0.8 倍直径。为了最大程度上保证室内试验与数值模拟条件的一致性，本模拟在虚拟试件底部相距 0.8 倍直径的两点，约束其在 Y 方向的平动以及绕 Z 轴方向的转动。

与之前蠕变虚拟试验类似，采用滚轴加载同样会涉及复杂的接触，导致计算成本的增加甚至影响计算的收敛。但在该试验过程中，采用匀布荷载会导致顶部受力不均匀，其加载与室内试验差距十分巨大，影响了计算精度。本研究将顶点位置一定数量的单元约束成统一的刚体，保证了荷载施加的均匀性，同时也提高了计算的效率，对约束后的刚体施加位移荷载，其加载速率为 50 mm/min。该加载速率由软件中的幅值功能控制。

3. 分析加载增量步及输出变量的控制

在本次虚拟 SCB 试验过程中，采用分布加载方式进行，如图 6-3 所示，首先采用一个较小的分析步，同时施加一个较小的荷载，保证顶点的受力可以平稳地过渡。采用动态显性分析步进行扩展有限元的模拟。考虑到裂纹的扩展计算十分复杂，因此初始增量步设为 0.01，最小增量步为 1×10^{-6}，总时间为 5 s。较小的分析步可以保证计算可以达到收敛。

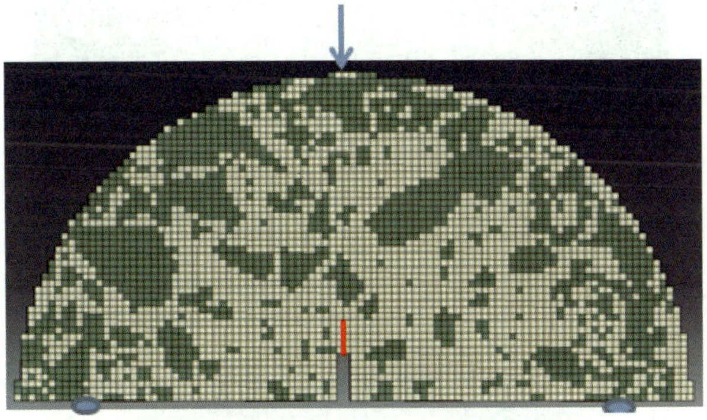

图 6-3 SCB 试验加载示意

在默认情况下，计算结果会生成到一个二进制 ODB 文件中，用于计算后处理工作。一般情况下，只在场输出中选择我们需要的一些数据，如应力、应变、位移以及裂纹扩展情况等。尤其在进行裂纹扩展分析时一定要选择裂纹扩展状态(STATUSXFEM)的选取，该值可以保证在计算结束后直观地看到裂纹的扩展情况。

4. ABAQUS 中裂纹扩展中材料参数

模型中砂浆的黏弹性参数设置见表 6-1；其余参数与之前模拟相同。断裂准则采用最大主应力准则，沥青胶砂最大主应力为 0.5 MPa，粗集料最大主应力为20 MPa，对于损伤演化准则，沥青胶砂与粗集料均采用裂纹尖端最大张开位移为损伤演化模式，其中沥青胶砂的最大裂尖张开位移为 1 mm，粗集料为 0.1 mm。

表 6-1 砂浆的黏弹性参数

Prony 级数			
g_1	t_1/s	g_2	t_2/s
0.9083	3.4552	0.0917	449.9749

6.1.4 裂纹扩展结果分析

由于在进行有限元的裂纹扩展分析时，空隙的存在会干扰裂纹的扩展，因此本次的裂纹扩展分两种情况进行分析。

1. 裂纹扩展分析

利用扩展有限元进行裂纹扩展的结果与室内试验的结果进行对比，如图 6-4 所示。

裂纹的扩展首先由预知裂纹处开始，向应力施加点处进行扩展，直至试件顶部位置，最终贯穿整个试件。由于沥青混合料中集料、砂浆等物质的不均匀分布及其强度的不同，裂纹的扩展并不是成一条直线直接穿过集料、砂浆等物质开裂。裂纹的开裂路径主要在沥青砂浆中穿过；遇到集料等模量较大的物质，裂纹的方向会受到影响，沿着集

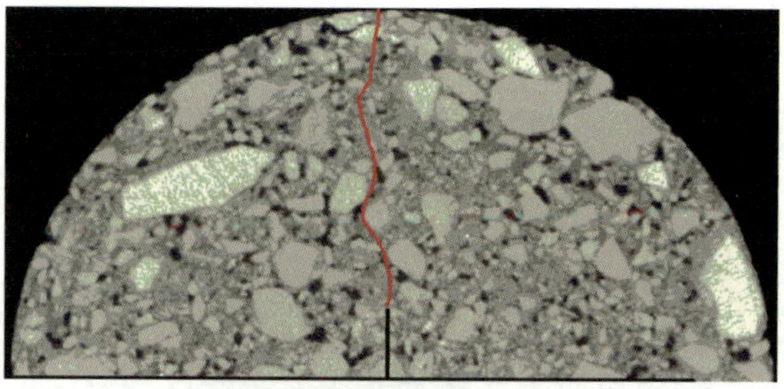

(a) 利用扩展有限元进行裂纹扩展的结果

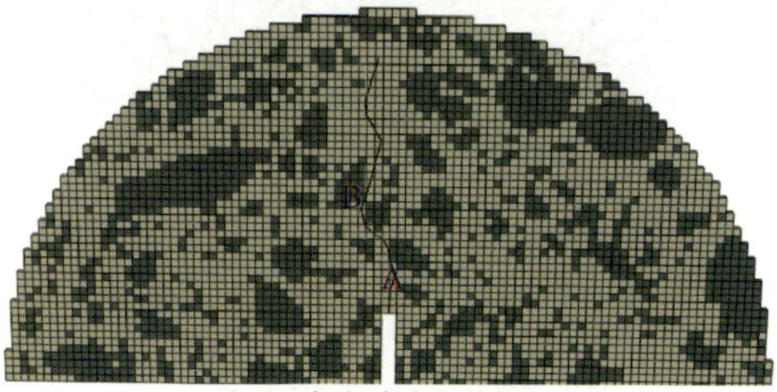

(b) 室内试验的结果

图 6-4　裂纹扩展路径对比

料边缘(如图 6-4 中 A 点所示)或集料与集料接触较少的位置穿过(如图 6-4 中 B 点所示),即集料可以改变裂纹的扩展路径;即使在砂浆处,裂纹的扩展也是不均匀的,这说明裂纹的扩展不只受到裂纹扩展处集料等物质的影响,还受到整个沥青混合料试件中集料等物质分布的均匀性影响。

通过扩展有限元模拟的裂纹扩展路径与试验方法获得的裂纹扩展路径的裂纹扩展方向基本一致,这说明了利用扩展有限元进行沥青混合料裂纹扩展的模拟的有效性。但二者的裂纹发展并不完全一致,这是因为本次模拟将粒径小于 2.36 mm 的集料视为砂浆,这些较小集料对于裂纹的扩展有小范围的影响;并且本次模拟中并未考虑空隙对于裂纹扩展的影响以及室内试验与模拟试验存在的加载等误差。

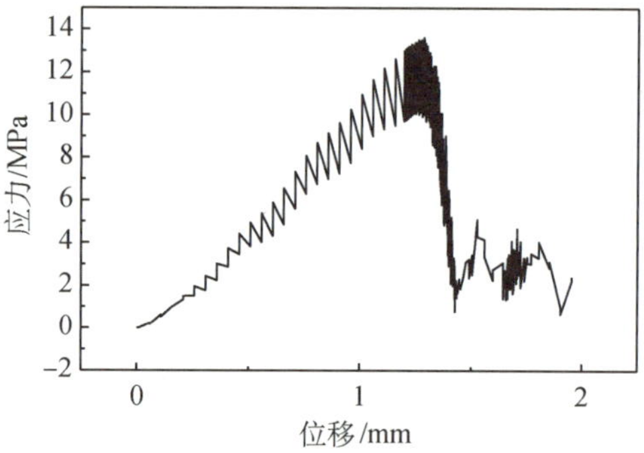

图 6-5　应力-位移曲线

进一步对不同分析步时虚拟试验的应力状态进行分析,以便进一步分析裂纹扩展的原因。

(1) 裂纹扩展应力分析。

图 6-5 为虚拟试件顶点的应力-位移曲线。随着位移荷载的增加,顶点的应力值也稳定增加,当试件达到破坏时,应力水平达到顶峰,随后应力迅速下降。裂纹贯穿后,混合料的承载能力迅速下降。

图 6-6 为应力分析步为 10 时的应力云

图。在裂纹扩展前，沥青混合料内的应力呈对称分布。在试件的顶点位置处产生较大的应力集中。将应力云图与试件进行对比可发现，沥青混合料中集料处位置的应力水平高于周边砂浆的应力水平，这说明在沥青混合料承受荷载时，集料承担较大的荷载作用。扁长集料的某些位置会产生较大的应力水平，而较大集料只有周边部位产生了较大的应力。应力的传播路径主要由顶点向两侧底部的约束点沿集料传播，大体呈三角形对称。

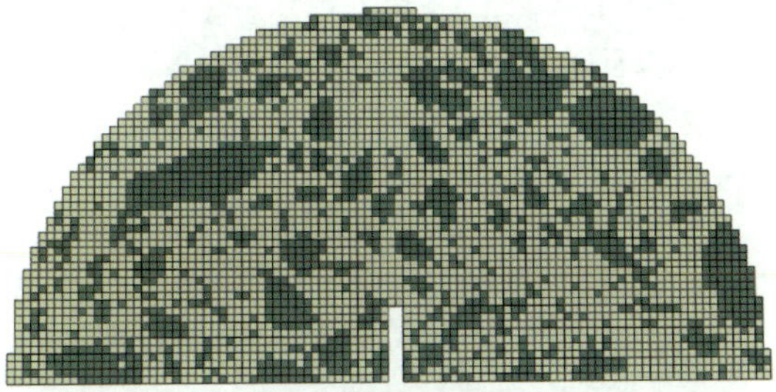

(a)加载前SCB模型

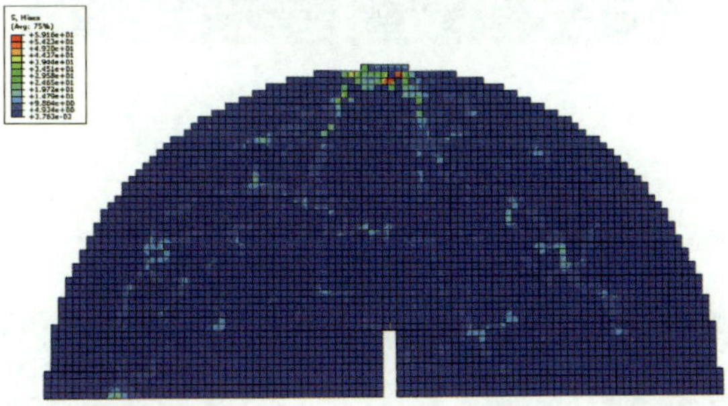

(b)分析步为10时的应力云图

图 6-6　受力前后对比

图 6-7(a)，(b)分别为分析步为 50 和 100 时沥青混合料内部的应力云图。当分析步为 50 时，裂纹已经从缺口处开始进一步扩展。裂纹进一步扩展后，应力云图较裂纹扩展前开始发生了明显的变化。从图 6-7(a)中可见，裂纹向上扩展的同时，应力云图不再呈对称分布，虚拟试件左侧的应力水平明显大于右侧的应力水平。从图 6-7(b)中可见，裂纹受到顶部集料的影响，开始有向左侧开裂的趋势，与此同时，混合料右侧的应力水平随之提高。由此可见，在沥青混合料内部裂纹扩展时，裂纹的扩展状态受到了混合料内部应力水平的影响；反之，裂纹的扩展方向也时时影响沥青混合料内部的应力水平，这是一个动态的相互制约的过程。

(2) 裂纹扩展位移分析。

图 6-8 为不同分析步时，裂纹扩展不同状态时沥青混合料内部的位移云图。在加载初期，混合料内部的位移呈对称分布，与之前的应力云图相对应，在加载处首先产生较大的竖向变形，由上到下初见递减，两个底脚处的变形量最低。随着分析步的增加，裂纹开始扩展，变形有明显变化，整个位移水平较开裂前有很大程度的提升。位移云图

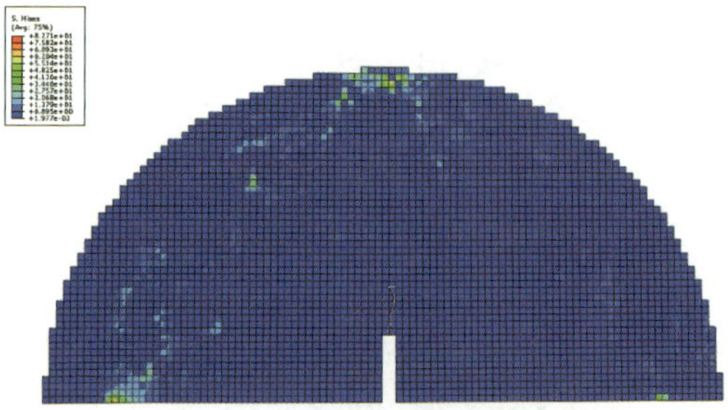

(a)分析步为50时

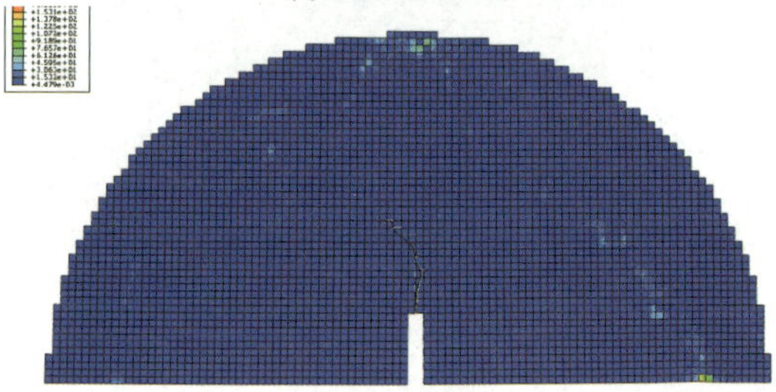

(b)分析步为100时

图 6-7　不同分析步的应力云图

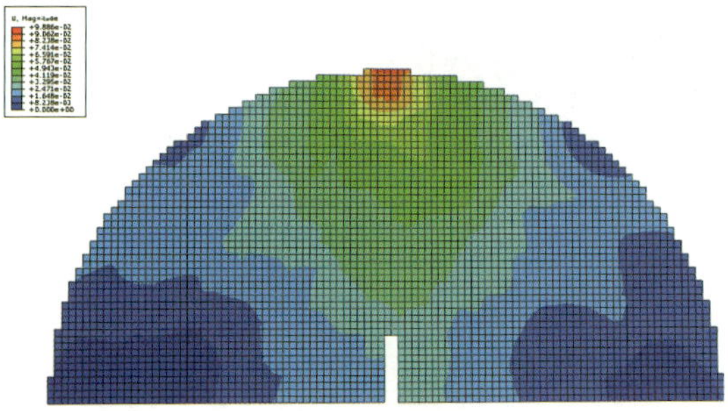

(a)分析步为10时

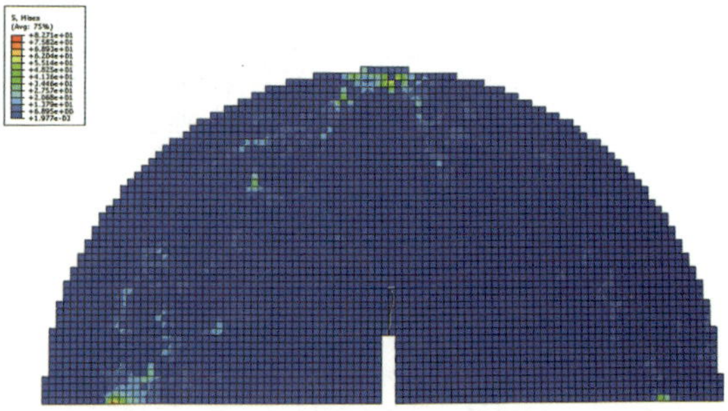

(b)分析步为50时

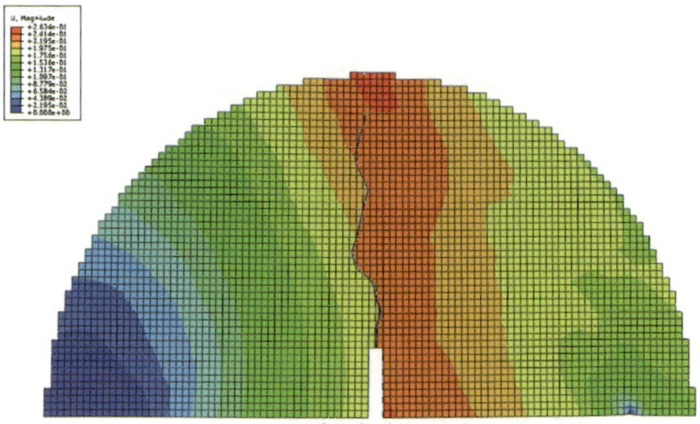

(c) 分析步为100时

图 6-8　不同分析步时位移云图

由最开始的对称分布逐渐向试件的一侧倾斜。这是由于裂纹的扩展导致了内部结构受力不均匀程度的加深，导致一侧结构的稳定程度弱于另一侧。此时在结构不稳定一侧产生了较大的变形量。

当裂纹扩展到一定程度，接近断裂时，位移云图在裂纹扩展路径的左、右侧产生了明显的差异，试件左侧区域的变形量明显高于右侧区域，位移云图呈条状分布。从裂纹扩展处向两侧每隔一定距离便会产生较明显的变形梯度带。总体上变形量分布由最开始的从上到下逐渐变小分布到从裂缝处向两侧逐渐减小，右侧边端的变形量最小。由此得出，道路上的裂缝的出现不仅会导致表层水的入侵，同时也会导致裂缝一侧道路的沉降过大，影响道路的安全。

2. 空隙对裂纹扩展的影响

空隙对沥青混合料的性能有着非常重要的影响，为了分析空隙在混合料裂纹扩展中所起的作用，将模型中空隙单元删除后进行相同的裂纹扩展模拟，模型的加载及约束与之前相同。

图 6-9 为该模型在受压后，分析步为 10 时的应力云图。此时裂纹还未开始扩展，与未删除空隙单元模型相同时刻的应力云图对比，二者应力的空间分布大体相同，呈三角形分布。但在空隙附近的单元的应力值较之前模拟的应力值大，并且由于空隙的存在，导致了应力传递不连贯。

图 6-9　空隙对应力的影响

图 6-10 为裂纹扩展的 XFEM 云图，其中颜色较浅部分为裂纹的扩展路径。由于

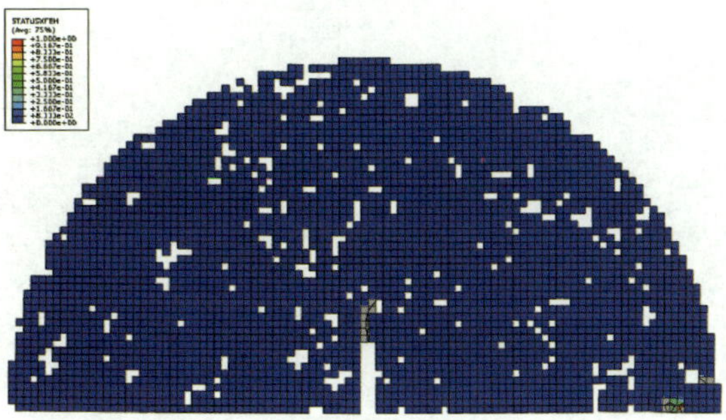

图 6-10　空隙存在时 XFEM 云图

空隙单元的存在，导致了裂纹不能进一步扩展，这是 XFEM 的局限性之一。将初始阶段的裂纹的扩展方向进行对比，如图 6-11 所示，两种情况下裂纹扩展的方向有很大不同。没有空隙的模型，裂纹由预制裂缝处向右上方扩展，绕过集料进一步发展；含有空隙的情况下，裂纹初始向左侧开始扩展，在向上进一步扩展的同时向右侧，裂纹最终与较近的空隙相通。空隙的分布导致了沥青混合料内部受力情况的变化，进而影响了裂纹的扩展。根据断裂力学的最大能量释放理论，裂纹扩展的方向为向能量释放较大的方向。空隙的存在相当于混合料内部的初始损伤，当受到较大荷载作用时，两个初始损伤会进一步发展形成明显的裂纹。因此，空隙不仅会改变混合料内部的受力状态，更对裂纹有“吸引”的作用，并且会消耗掉裂纹的部分能量，延缓甚至阻止裂纹的进一步扩展。

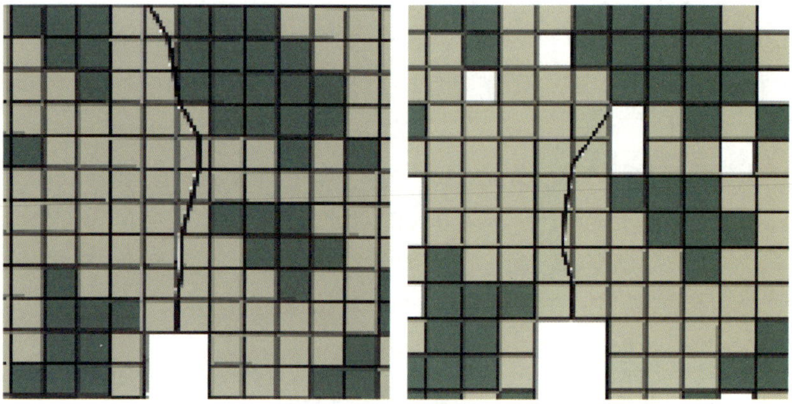

(a) (b)

图 6-11　不同情况裂纹扩展路径

图 6-12 为当裂纹扩展长度相同时的位移云图。(a)为不包含空隙单元的模型，裂纹扩展初期混合料的位移云图还是呈中心对称状态，此时的裂纹并未对混合料的受力产生较大影响。(b)为含有空隙单元的模型，当裂纹扩展到相同程度时，其混合料内部的位移云图已经有了左侧低于右侧的变化，之前模型分析步达到 50 时才会出现这种效果的位移云图，二者的分布规律大体相同。空隙的存在加剧了裂纹两侧沥青混合料的变形程度。

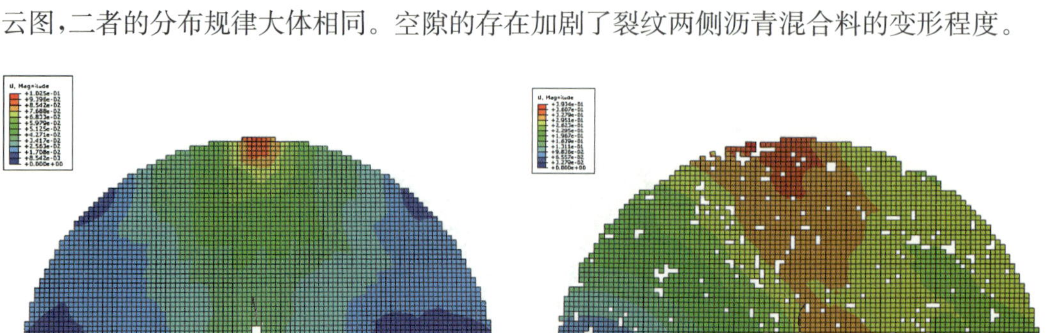

(a) (b)

图 6-12　不同情况下应力云图对比

3. 不同裂纹长度的裂纹扩展分析

预制裂纹的长度对裂纹的扩展情况有很大的影响，采用预制裂纹为 5，10，15，20，25 cm 的模型进行模拟试验，5 种不同模型如图 6-13 所示。

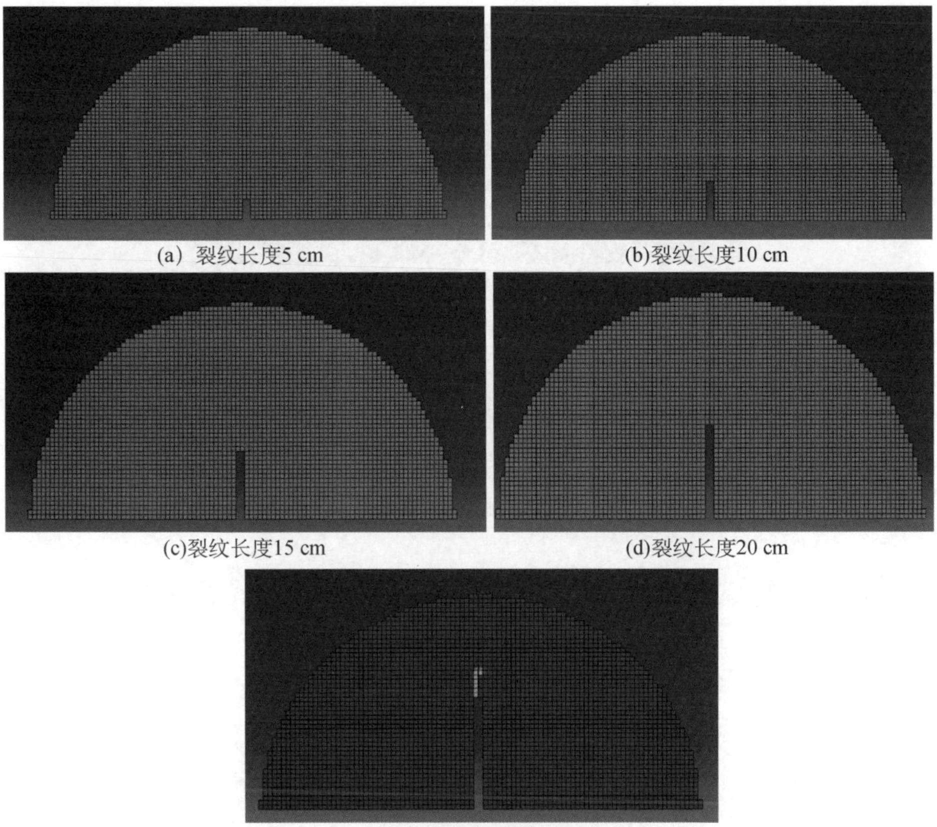

(a) 裂纹长度5 cm (b)裂纹长度10 cm

(c)裂纹长度15 cm (d)裂纹长度20 cm

(e)裂纹长度25 cm

图 6-13 不同裂纹长度的模型

针对不同切口深度，对切口位置开裂时的应力大小进行分析，其结果如图 6-14 所示。

随着切口深度的增加，切口处底部拉应力也逐渐增大。当切口深度小于 20 cm 时，随着切口深度的增加，底部拉应力呈线性增长；而当切口深度大于 20 cm 时，底部拉应力增幅显著。这主要是因为本研究采用的半圆试件中间最大高度为 50 cm，如果切口深度过大，底部极易出现应力集中现象，当切口深度达到 25 cm 时，底部应力迅速增加并且变化较大。预制切口较长，满足裂纹扩展的条

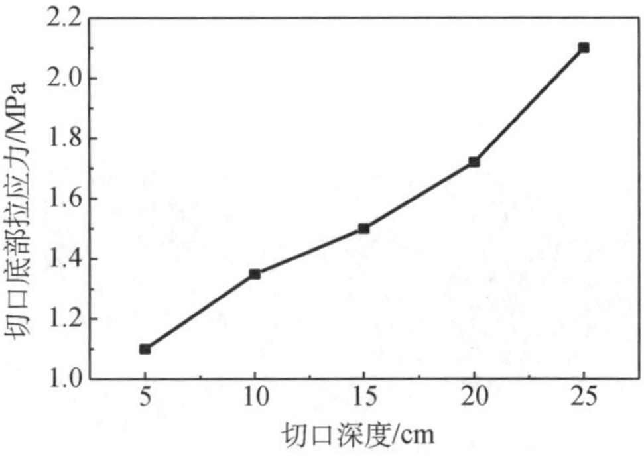

图 6-14 切口深度与底部拉应力关系

件也将更容易实现，裂纹扩展直至断裂破坏可能在较短的时间内就能完成，相对于裂纹较短的 SCB 试样来说，完成断裂破坏所需要的载荷将会减小。图 6-15 为预制切口长度为 25 cm 时的裂纹扩展情况。

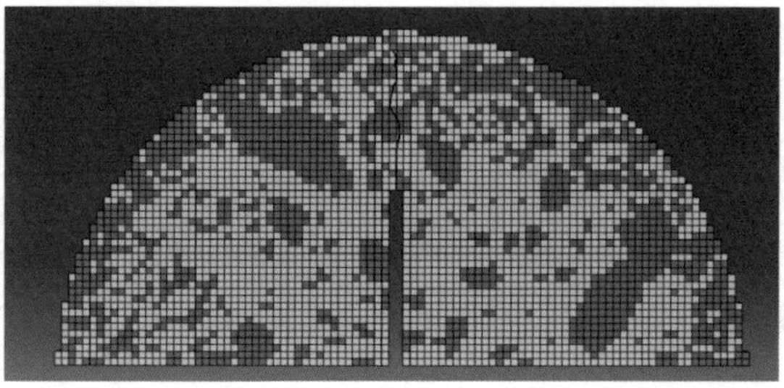

图 6-15　切口深度为 25 mm 时的裂纹扩展情况

如图 6-15 所示，裂纹的扩展路径沿切口向顶部荷载处扩展。但本次裂纹的扩展路径直接穿过集料位置，与预知切口长度较小时的裂纹扩展路径有明显差别。这是由于预知切口长度过大，导致裂纹可以扩展的长度较小、底部应力值较大，进而引起裂纹穿过部分集料部位，无法从沥青混合料的薄弱处开裂。

6.2　基于 SCB 试验的橡胶沥青混合料虚拟加载试验研究

采用 SCB 试验对橡胶沥青混合料力学特性进行分析研究。通过 X-ray CT 扫描技术对橡胶沥青混合料 SCB 试件进行扫描，建立有限元数值分析模型，从而进行基于细观结构的橡胶沥青混合料 SCB 试验以及切口 SCB 试验的虚拟加载模拟[24, 65]。

6.2.1　SCB 试验数值模拟有限元模型的建立

1. SCB 试件制作

考虑到与路面的实际压实状况的符合程度以及混合料的设计方法，采用旋转压实(SGC)法成型试件，试件为直径 150 mm、高 145 mm 的圆柱体。采用双面锯将 SGC 试件切割成 25 mm 厚的圆形试件，再将之从中间切开，从而获得所需要的半圆形试件，如图 6-16 所示。

图 6-16　SCB 试件

2. 有限元模型的建立以及荷载、边界条件的设定

采用 X-ray CT 仪对室内制作的 SCB 试件进行扫描，结合数字图像处理技术与数字图像矢量化技术，从而建立 SCB 虚拟加载试验的有限元模型，如图 6-17 所示。

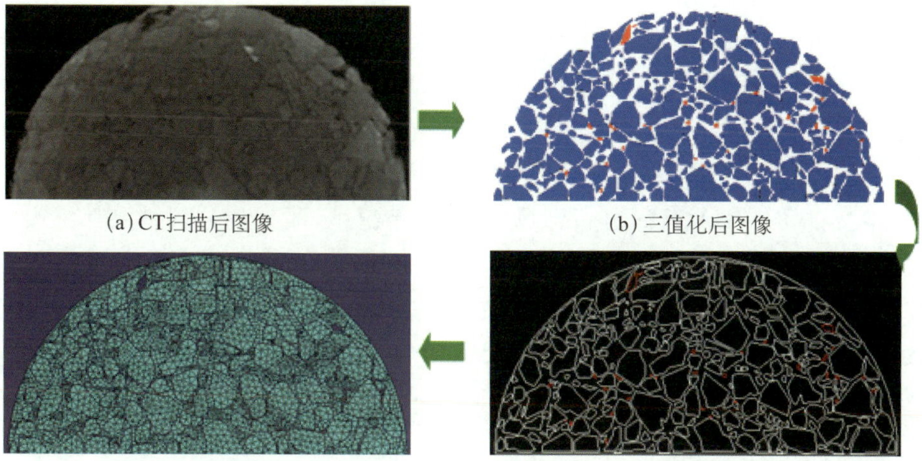

(a) CT扫描后图像　(b) 三值化后图像

(d) 有限元模型　(c) 矢量化后图形

图 6-17　SCB 虚拟加载试验有限元模型的建立流程

在有限元数值模拟分析中，滚轴加载会涉及复杂的边界接触问题，模拟分析计算过程相当耗时甚至导致结果无法收敛。因此，模拟过程采用均布载荷，施加的载荷值为 3 N/mm^2 即 3 MPa。分析计算前需要对边界条件进行设置，模拟计算时，在半圆弧中点加载滚轴处设置由节点集合(Node Set)所构成的加载面(Surface)，对于底部直线边缘的两个支承滚轴的加载点用于 SCB 控制试件在 1(X 轴)、2(Y 轴)方向的平动自由度以及绕方向 3(Z 轴)的转动，即 $U1=U2=UR3=0$。SCB 虚拟加载试验有限元模型如图 6-18 所示，试件直径为 150 mm，单元类型采用 8 节点四边形二次平面应力缩减积分单元(CPS8R)。

图 6-18　SCB 虚拟加载试验有限元模型

3. 分析加载增量步及输出变量的控制

SCB 虚拟加载试验整个分析过程由两个步骤完成：

(1) 初始分析步(Initial step)，该分析步由 ABAQUS/CAE 自动创建，用于施加边界条件约束试件下端的两个支撑点。

(2) 分析步(Analysis step),在 SCB 试件半圆弧中点处施加载荷,该步需根据加载条件由自己创建。考虑到非线性有限元分析采用的是增量迭代法,逐步增加载荷进行迭代分析,为了使分析计算能够收敛以及获得详细的分析过程,初始增量步设为0.001,最小增量步设为 1×10^{-10},最大增量总时间设为 1。

在有限元软件 ABAQUS 分析计算中,默认情况下,所有的分析结果都将输出至一个中间二进制文件(.odb 文件)中,ABAQUS/CAE 或 VIEWER 模块应用于后处理。倘若所有的变量都计算输出,这样将会占用过多的计算时间和计算机存储空间。基于此,SCB 数值模拟分析输出变量控制时,主要输出与模拟分析直接相关的一些变量,如应力、应变和位移。

6.2.2 数值模拟结果分析

1. 应力分布变化分析

图 6-19 为二维橡胶沥青混合料 SCB 试样 Mises 应力分布云图,从图 6-19(a)中可以看出,总体应力分布关于试件中心呈对称分布。在半圆形试样顶部圆弧中点加载处与底部直线边缘的两个支座处所构成的"三角形"区域边界一定范围内应力分布较为集中,并且沿"三角形中线"近似呈带状对称分布,Mises 应力值相对于半圆弧周边应力值较大,但并非最大 Mises 应力值所在位置。从图 6-19(b),(c)中可以看出,在半圆形试样底端的支座处 Mises 应力值达到最大,应力集中,但应力分布并不呈均匀对称分布。

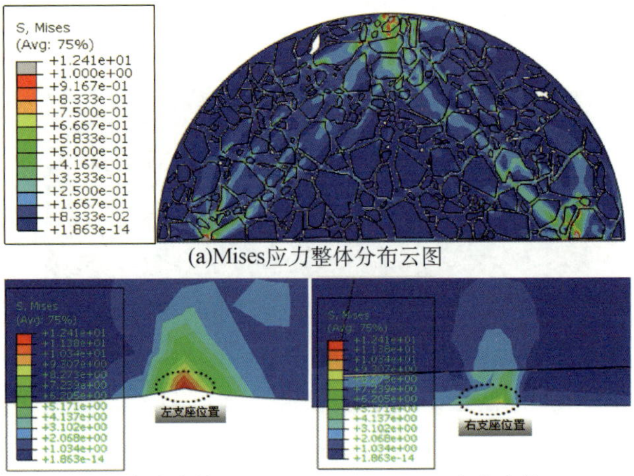

(a)Mises应力整体分布云图

(b)左支座处　(c)右支座处

图 6-19　二维 SCB 试样 Mises 应力分布云图

图 6-20 和图 6-21 分别为二维 SCB 试样水平应力 S_{11} 和竖直应力 S_{22} 的应力分布云图。从图 6-20(a),(b)中可以看出,在试样底端两支座处存在较为明显的应力集中现

象，在左边支座的左端和右边支座的右端一定距离内，在橡胶沥青砂浆内以及集料与砂浆的交接处存在较大的水平应力分量 S_{11} 在水平方向的拉应力；同时，在左边支座的右端和右边支座的左端部位不均匀分布着应力分量 S_{11} 在水平方向的压应力。在试样底部中央部位也存在应力集中现象，主要表现为 S_{11} 应力分量在水平方向的拉应力。对图 6-21 经过分析可以得出，在 SCB 试样顶部加载处以及低端的两个支座处存在较为明显的应力集中现象，且在支座处压应力值达到最大。另外，从 S_{22} 应力整体分布云图中可以看出，垂直应力分量 S_{22} 的拉应力主要集中在半圆形试件的中心部位和半圆弧形边缘区域的橡胶沥青砂浆内，以及空隙与砂浆、集料交接的较为薄弱的部位，垂直应力分量 S_{22} 的压应力的分布自加载压头处开始向下贯穿至图 6-21(a)中黑色线段标示的位置，同时，在 SCB 试件的外围近似形成了一个弧形的压力带，表明了 SCB 试件沿着 Y 轴高度方向的应变速率不是一致的，试样的破坏形式表明拉应力在试样的破坏中起到了主要作用。

(a)S_{11}应力整体分布云图

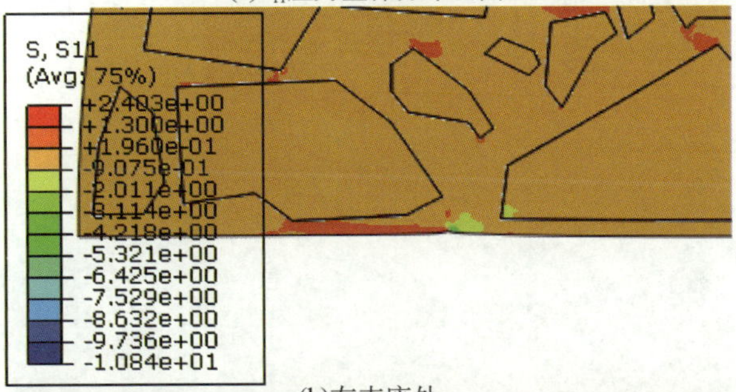

(b)左支座处

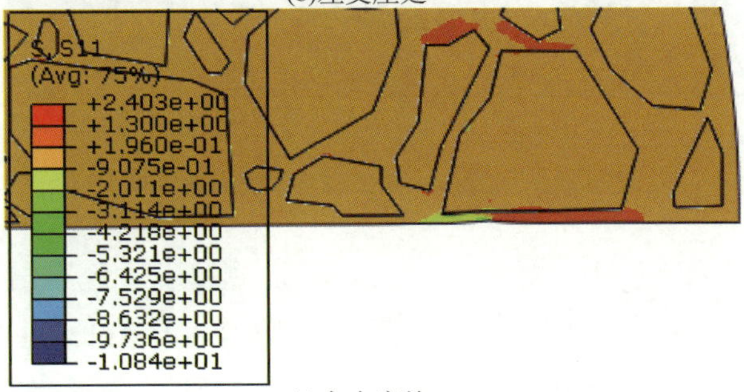

(c)右支座处

图 6-20　二维 SCB 试样 S_{11} 应力分布云图

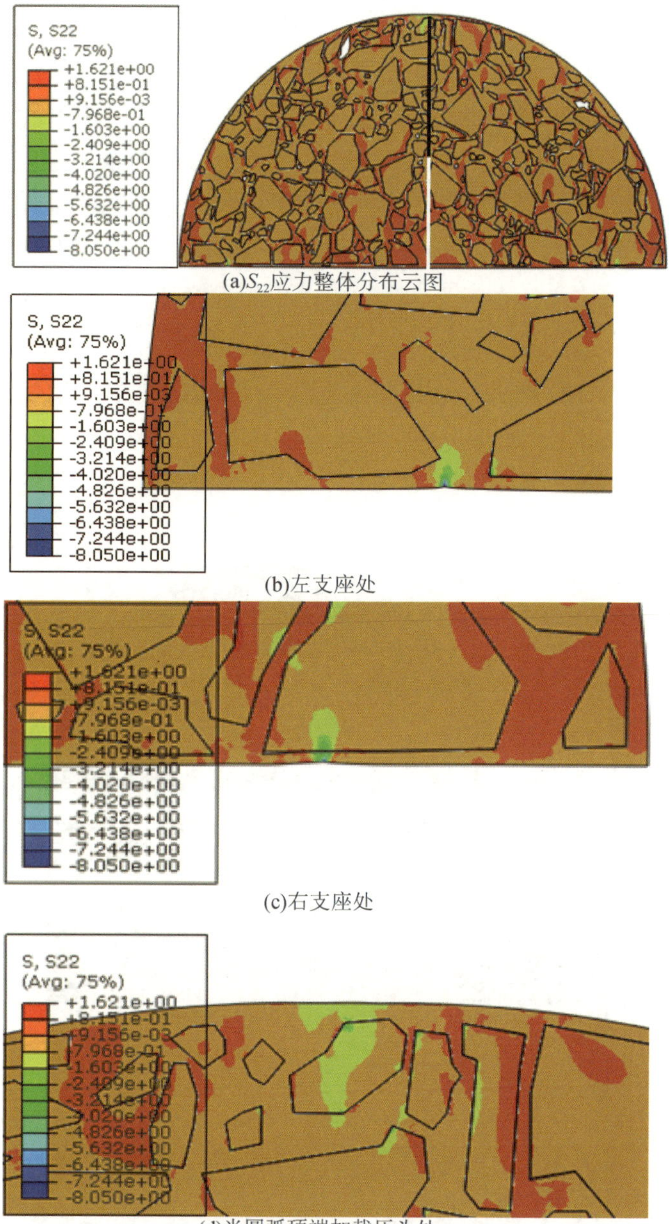

(a)S_{22}应力整体分布云图

(b)左支座处

(c)右支座处

(d)半圆弧顶端加载压头处

图 6-21　二维 SCB 试样 S_{22} 应力分布云图

在 ABAQUS/CAE 后处理模块(Visualization)中，通过建立沿着 SCB 试样径向方向的节点路径(图 6-22)，从而输出定义路径上的节点应力值，生成如图 6-23、图 6-24 所示的橡胶沥青混合料 SCB 数值试样分别沿 X 轴和 Y 轴径向方向的应力分布变化情况。从图 6-23 中可以看出，SCB 数值试样底部 X 轴径向方向上所受到的应力主要以拉应力为主，在两支座处应力分布较为复杂，所受到的拉应力与压应力交替变化，

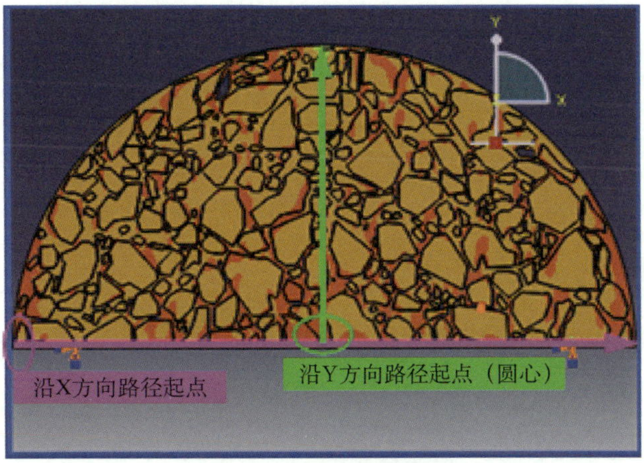

图 6-22　节点路径示意

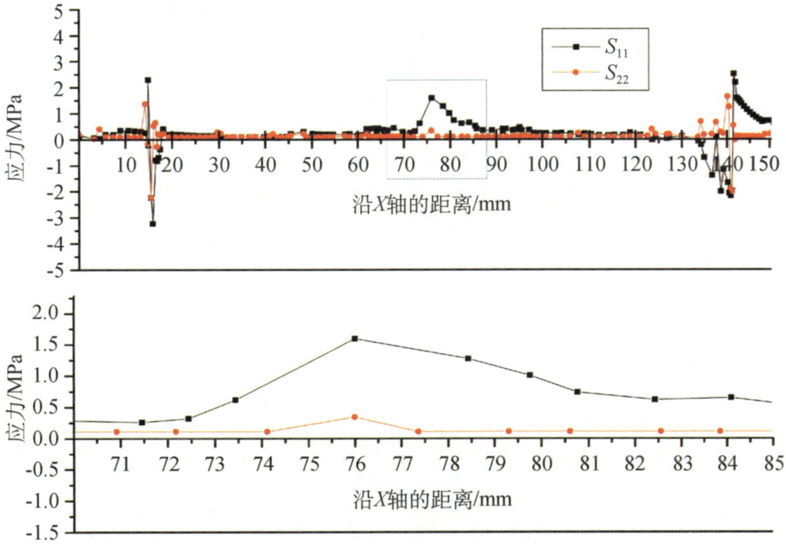

图 6-23　SCB 数值试样沿 *X* 轴方向(径向)上的应力分布

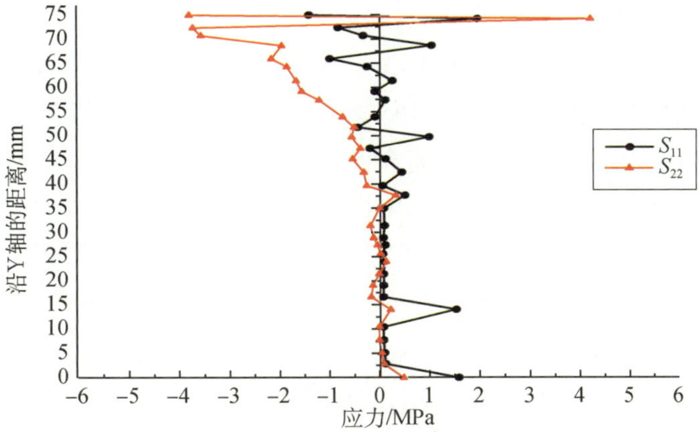

图 6-24　SCB 数值试样沿 *Y* 轴方向(径向)上的应力分布

试样底部中心附近应力值较大，底部中心附近所受到的水平拉应力 S_{11} 最大值为 1.595 MPa，竖直应力 S_{22} 最大值为 0.346 MPa。由此可见，SCB 试样底部所受到的水平应力 S_{11} 较竖直应力 S_{22} 大，S_{11} 约为 S_{22} 的 4.6 倍。由此可认为，在橡胶沥青混合料试件开裂破坏中，水平拉应力 S_{11} 将起主要作用。

由于橡胶沥青混合料是由集料、空隙及橡胶沥青砂浆所构成的三相复合材料，其结构内部局部点位的应力特性受其材料特性影响较大。从图 6-23 中可以发现，沿着 SCB 试样的加载方向，应力分布具有一定的变异性，整体来说，沿着 Y 轴径向方向上，距离 SCB 试样圆心 50 mm 处，水平应力 S_{11} 以拉应力为主，即试件中的受拉区范围为 0～50 mm，且拉应力值大于 S_{22} 方向的应力值，自此位置至加载点处(距离圆心 75 mm)，存在着较大的压应力值，即受压区范围为 50～75 mm，相比而言，SCB 试样竖直径向方向上，受拉区范围约为受压区范围的 2 倍。

为进一步分析橡胶沥青混合料 SCB 虚拟加载试验中，不同试验条件的变化对 SCB 试样底部中心处横向拉应力的影响，分别进行了不同试验条件下的橡胶沥青混合料 SCB 虚拟加载试验，数值模拟结果如表 6-2 和图 6-25 所示。

表 6-2　　SCB 试样底部中心部位拉应力值

试验温度/℃	级配类型	胶粉掺量/%	试件编号	底部中心拉应力/MPa
−15	AC-16	0	AC-16-1	1.881
		15	AC-16-2	1.622
		20	AC-16-3	1.595
		25	AC-16-4	2.092
	SMAR-16	0	SMAR-16-1	1.630
		15	SMAR-16-2	1.602
		20	SMAR-16-3	1.534
		25	SMAR-16-4	1.641

从图 6-25 中可以看出，在同样的加载条件、试验温度、级配类型等试验条件下，不同胶粉掺量的结合料所构成的橡胶沥青混合料中，所受到的拉应力值存在一定的差异。试验温度为−15 ℃时，相同载荷作用下，随着胶粉掺量的增加，AC-16 和 SMAR-16 两种级配类型的橡胶沥青混合料 SCB 试样底部中心部位的拉应力呈现出先增大后减小的趋势，胶粉掺量 20%时的底部中心部位的水平拉应力达到最小，最小值分别为 1.595 MPa 和 1.534 MPa，说明此时的 SCB 试样更能抵抗较大的载荷作用，不至于过早地出现拉裂破坏。另外，从图 6-25 中亦可看出，与 AC-16 级配类型的混合料相比，4 个胶粉掺量下的级配类型为 SMAR-16 的混合料试样底部中心部位所受到的水平拉应力较小。相比而言，4 个胶粉掺量下的混合料试样底部中心所受到的水平拉应力平均减小了 10%。

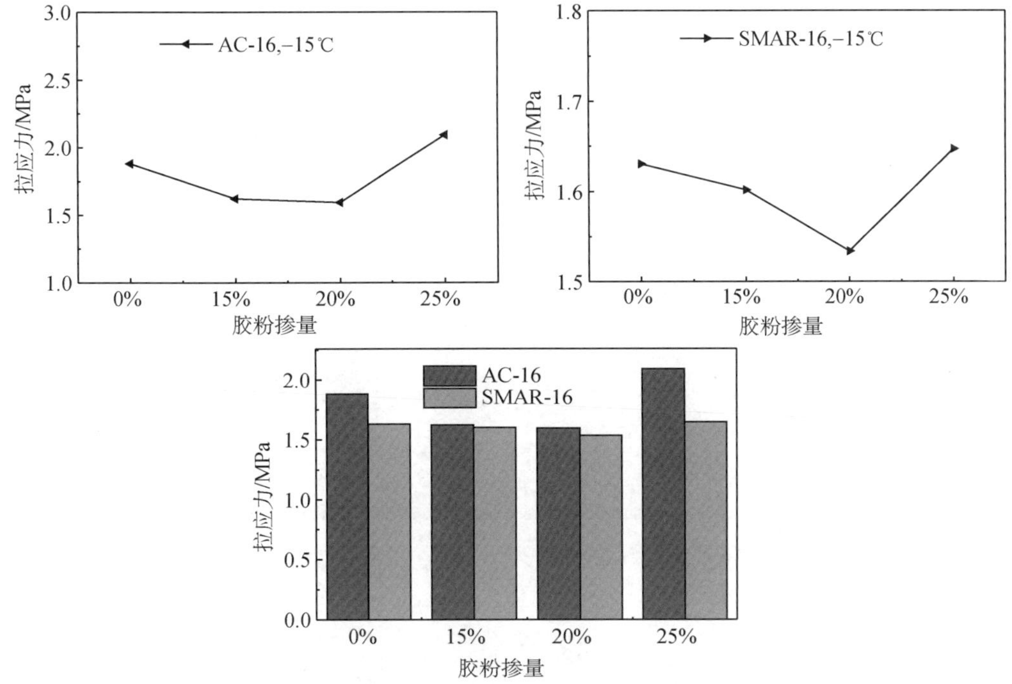

图 6-25 SCB 试样底部中心部位水平方向拉应力

通过以上分析，可以得出，胶粉的掺加改变了沥青混合料力学特性，从而对混合料的应力、应变分布状态和位置有很大的影响，体现了胶粉湿法改性的橡胶沥青对混合料性能的重要性。然而，从胶粉掺量与 SCB 试样底部中心拉应力的变化曲线图中可以看出，二者关系曲线并非单调递增或递减，说明了胶粉的掺量并非越多越好。所以说，对于湿法改性的橡胶沥青而言，应严格控制胶粉的掺量，找出湿法改性橡胶沥青最佳胶粉掺量值，从而最大限度地提高其力学性能。所取的 0%，15%，20%，25%这 4 个胶粉掺量中，在－15 ℃时的低温条件下，胶粉掺量为 20%的湿法改性的橡胶沥青混合料抗弯拉强度较好。

2. 应变分布变化分析

图 6-26 和图 6-27 分别为二维 SCB 试样内部应变分布云图。从图 6-26 中可见，水平方向的应变分量 E_{11} 在半圆形试件中基本为拉应变。由于试件底端与两支座的接触效应，在两支座处的应变分布较为复杂，其分布规律类似于前面提到的水平应力分量 S_{11} 的分布特点，在左边支座的右端和右边支座的左端部位不均匀分布着应变分量 E_{11} 在水平方向的压应变；同时，在左边支座的左端和右边支座的右端部位不均匀分布着应变分量 E_{11} 在水平方向的拉应变。

从图 6-27 中可以看出，圆弧中点加载处与底部直线边缘的两个支座处所构成的“三角形”区域边界一定范围内，在集料与橡胶沥青砂浆的交界区域主要分布着压应变，SCB 试件中心部位主要分布着拉应变，E_{22} 沿竖直方向的压应变自加载压头处开始向下贯穿至图 6-27(a)中黑色线段标示的部分，E_{22} 压应变最大值出现在试件底端支座处。另外，从图中亦可看出，E_{22} 呈现不集中分布，这是因为混合料试件的微细观分布不均匀，加上集料和橡胶沥青砂浆巨大的模量差，结合应力的分布特点，应变的分布将会首先沿着 SCB 试样细观结构内部薄弱处，即集料与橡胶沥青砂浆、空隙的交界区域。

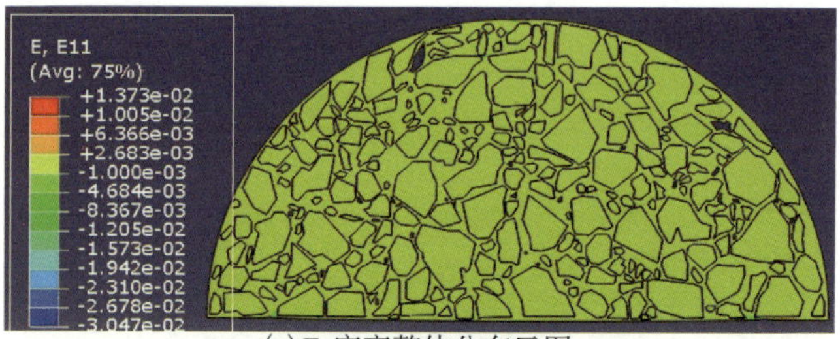

(a) E_{11} 应变整体分布云图

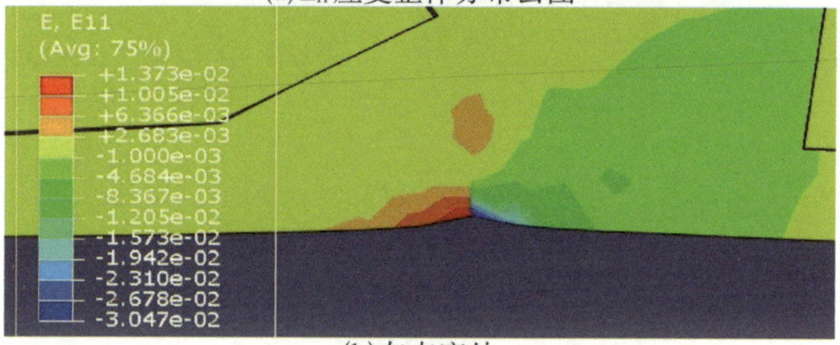

(b)左支座处

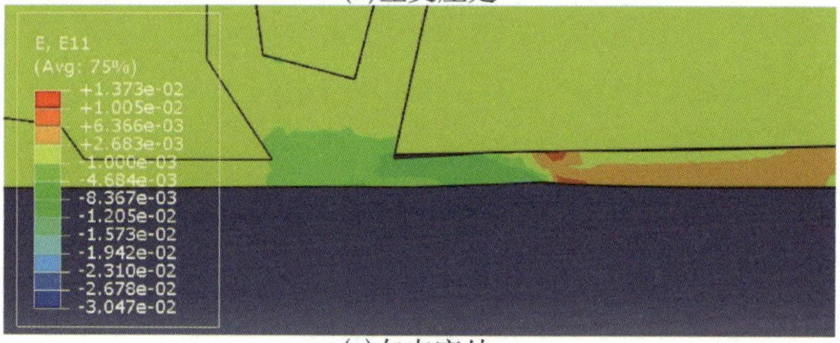

(c)右支座处

图 6-26　二维 SCB 试样 E_{11} 应变分布云图

3. 位移分布变化分析

图 6-28 和图 6-29 为二维 SCB 数值试样加载后的位移云图。从图中可以看出，以 SCB 试样沿竖直径向为对称轴，U_1 方向的水平位移和 U_2 方向的竖直位移左右基本对称。以竖直径向为基线，U_1 方向左右两部分的水平位移向相反方向移动，位移最大值出现在左右两边的边缘处，试样中心处的最小；U_2 方向的竖直位移在 SCB 试样顶端达到最大值，沿竖直径向向下递减，同时，以竖直径向为基线，向左右两边呈递减趋势，且对称分布。

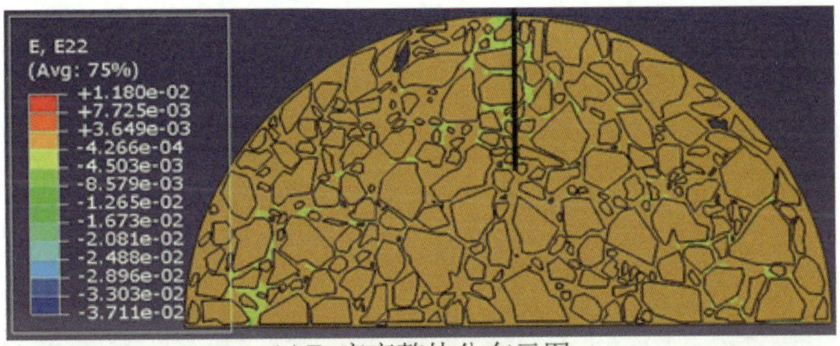

(a)E_{22}应变整体分布云图

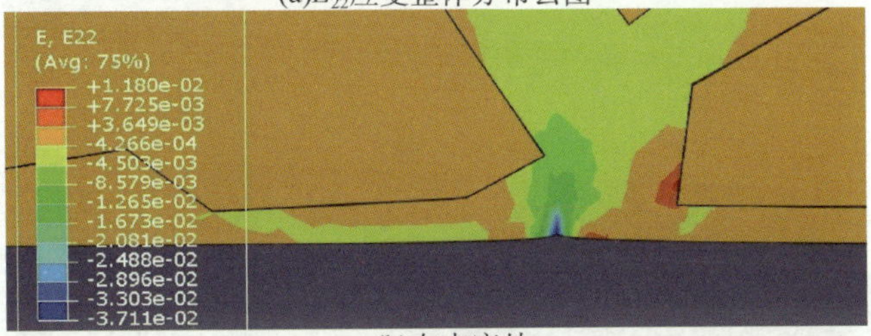

(b)左支座处

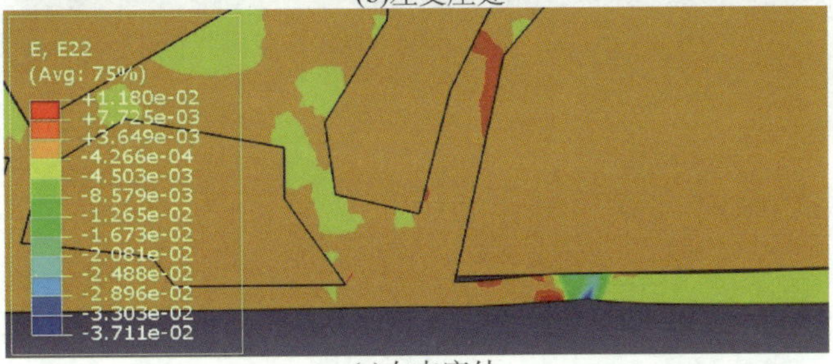

(c)右支座处

图 6-27　二维 SCB 试样 E_{22} 应变分布云图

图 6-28　SCB 试样 U_1 位移分布云图

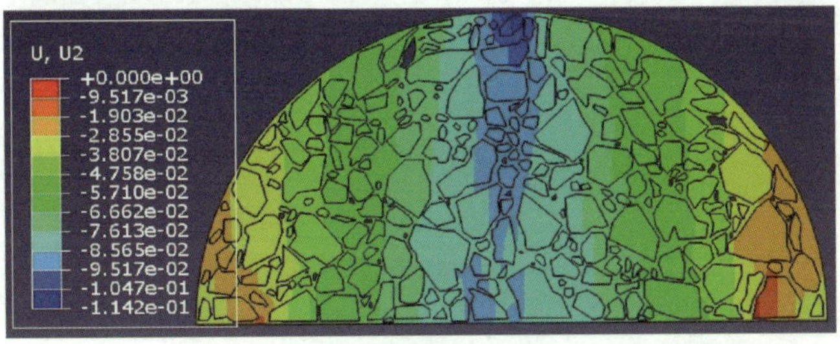

图 6-29　SCB 试样 U_2 位移分布云图

4. *局部结构应力分析*

为了研究基于细观结构的橡胶沥青混合料内部集料、空隙的空间分布对其局部应力特征的影响，选取了位于 SCB 试样载荷加载路径上的两处具有代表性的区域进行了分析，一处位于空隙附近，另一处位于稍微远离空隙处。两处在 SCB 试样中的位置如图 6-30 所示（红色区域），具体测定点位如图 6-31 所示。

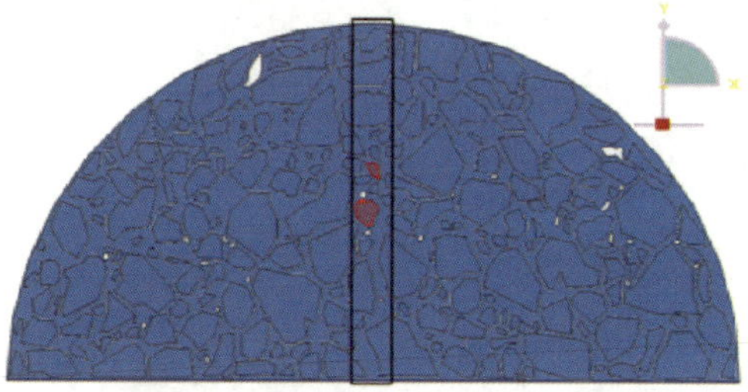

图 6-30　局部分析区域空间位置示意

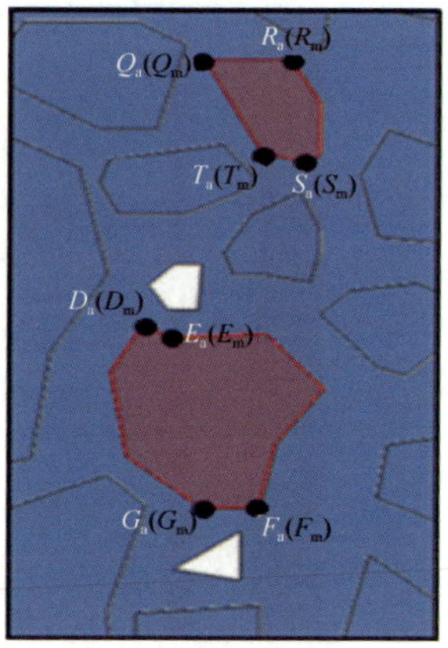

图 6-31　测定点位示意

对于基于细观结构的橡胶沥青混合料有限元数值模型，集料与橡胶沥青砂浆在交界处的结点实际上为集料结点与橡胶沥青砂浆结点的重叠。如图 6-31 中的 R 点，实际上是由分别代表集料结点及橡胶沥青砂浆结点的 R_a 点和 R_m 点的重叠点，其余测定点位的定义方式与此相同。测定点位的定义中，下角标“a”代表集料中的结点，“m”代表橡胶沥青砂浆中的结点。

经过数值模拟分析计算，得到空隙附近处测定点位的具体计算结果如表 6-3 和图 6-32 所示。

表 6-3　　空隙附近测定点位计算结果

测定点	应力值/MPa
D_a	0.130
E_a	0.031
F_a	0.261
G_a	0.235
D_m	0.222
E_m	0.068
F_m	0.263
G_m	0.305

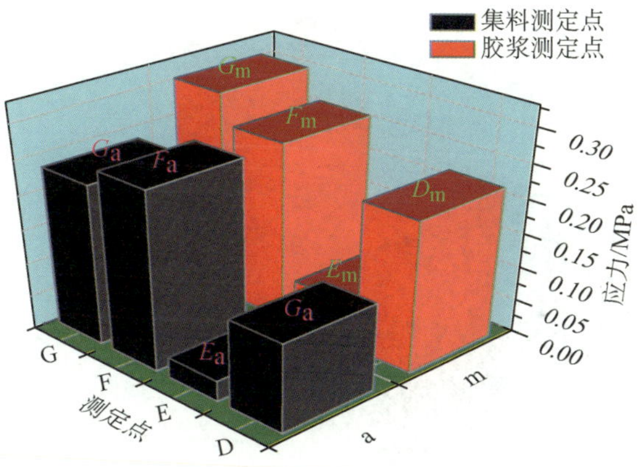

图 6-32 空隙附近处测定点位应力

从图 6-32 中可以看出，整体来说，橡胶沥青砂浆点位处的应力高于相对应的集料点位处的应力，说明在橡胶沥青混合料内部模量相对较低的橡胶沥青砂浆承担的应力大于模量较高的集料。另外，空隙、集料的空间分布位置对测定点位的应力值产生了较大影响，譬如，位于空隙上面的测定点 G，F 处的应力值明显高于位于空隙下面的测定点 D，E 处的应力值，说明在混合料内部，局部结构所承受的应力因与空隙相对位置的不同而发生了显著变化，一般来说，空隙下面局部结构承担的应力低于空隙上面局部结构所承担的应力。

表 6-4 和图 6-33 为测定点位距离空隙稍远处的计算结果，可知橡胶沥青砂浆内部所承担的应力高于集料。

表 6-4 距离空隙稍远处测定点位计算结果

测定点	应力值/MPa
Q_a	0.150
R_a	0.307
S_a	0.375
T_a	0.171
Q_m	0.295
R_m	0.331
S_m	0.448
T_m	0.229

为了进一步分析空隙位置对局部结构的影响，对距离空隙不同位置处的测定点位应力值计算平均值，具体计算结果如表 6-5 和图 6-34 所示，当测定点位距离空隙稍远

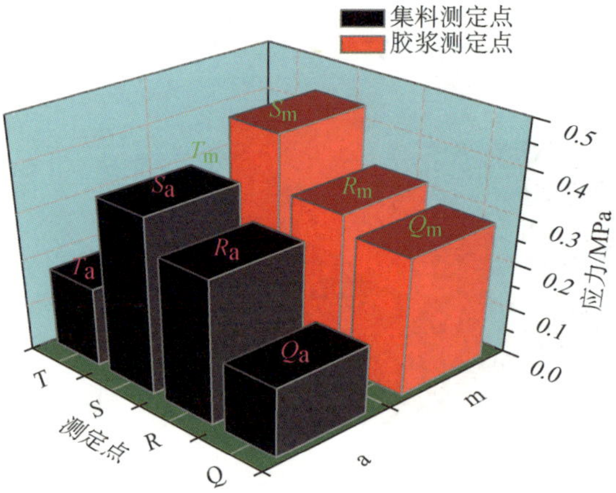

图 6-33　距离空隙稍远处测定点位应力

处时，无论是集料还是橡胶沥青砂浆的平均应力值都明显大于空隙附近相对应的平均应力值。这也说明空隙的存在及其分布特征对橡胶沥青混合料内部的应力状态及其位置产生了较大的影响，一定程度上反映了空隙结构对混合料力学性能的重要作用。

表 6-5　　距离空隙不同位置处平均应力值

结点位置	测定点位平均应力值/MPa	
	空隙附近处	距离空隙稍远处
集料(a)	0.164	0.251
橡胶沥青砂浆(m)	0.214	0.326

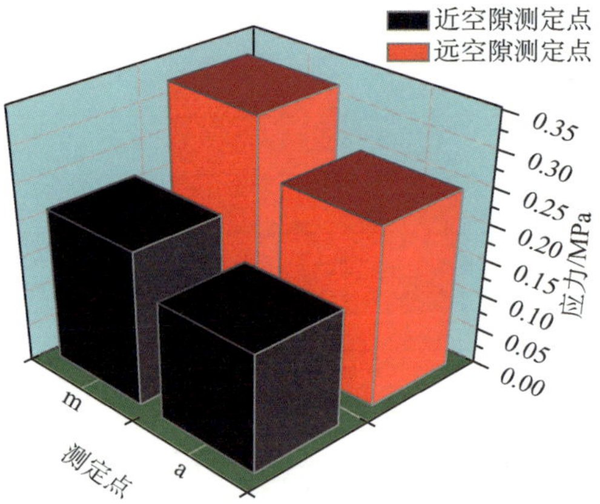

图 6-34　距离空隙不同位置处平均应力值

综上分析发现:①在橡胶沥青混合料内部,模量相对较低的橡胶沥青砂浆承担的应力大于模量较高的集料;②空隙、集料的空间分布特征对混合料内部的应力状态产生了较大影响,一般来说,空隙下面局部结构承担的应力低于空隙上面局部结构所承担的应力,距离空隙稍远处的局部结构所承担的应力高于空隙附近处;③空隙的存在及其分布特征对橡胶沥青混合料内部的应力状态及其位置的重要作用,一定程度上反映了空隙结构对混合料力学性能的重要性。

6.2.3 断裂力学及 J-积分理论

橡胶沥青混合料同普通沥青混合料一样,是一种多相复合型材料。由于材料自身特征及混合料压实成型特性,在其内部必然存在各种缺陷,譬如说空穴、孔洞、集料内部的微小裂纹以及薄弱的接触点和面等,我们通常把橡胶沥青混合料内部的这种缺陷称为橡胶沥青混合料的初始裂纹。起初,这些裂纹可能只是一些微观裂纹,后来相互连通构成宏观裂纹,在温度应力及交通载荷所引起的拉应力、剪应力或二者的共同作用下,裂纹尖端将会产生高达数倍的应力集中现象,从而诱使裂纹的产生和扩展。然而,裂纹的不断扩展导致橡胶沥青混合料的损伤直至最终的断裂破坏。由初始裂纹扩展所导致的橡胶沥青混合料的断裂破坏已经是国内外橡胶沥青混合料研究者和路面设计者所密切关注的问题,探索橡胶沥青混合料开裂行为的重要性是不言而喻的。

基于此,本节将结合断裂力学理论知识,在如上介绍的 SCB 虚拟加载试验的基础之上,进一步通过切口 SCB 虚拟加载试验对橡胶沥青混合料的断裂力学特性进行初步分析与研究,并通过 J-积分来评价橡胶沥青混合料的抗开裂能力,重点分析了胶粉掺量、预制切口位置、预制切口长度对 J-积分的影响。采用扩展有限元(XFEM)方法对裂纹扩展时的扩展路径进行了数值模拟分析。

1. 断裂力学理论

断裂力学是近几十年来发展起来的一门新的学科,对其进行研究的出发点是,首先承认研究的材料中存在初始裂纹,进而研究裂纹的发生、扩展直至最终破坏的全过程。断裂力学基于线弹性与弹塑性力学理论基础,主要研究带有裂纹的结构或材料在内部及外界因素作用下裂纹的起裂、扩展至断裂破坏的条件与规律,同时研究材料的抗裂、扩展及抗断裂的能力。从研究实质来说,断裂力学是从力学的角度来研究分析材料中的初始裂纹(微小缺陷)与材料整体结构性能之间关系的一门应用科学,它源于生产实践,并且与结构或材料的安全性直接相关,甚至可以认为与工程结构重大破坏性事故的发生有着紧密的联系。

自从断裂力学分别于 1971 年与 1973 年被 Majidzadeh[66] 和 Salam[67] 等人引入道路工程领域,越来越多的道路研究工作者应用断裂力学理论对沥青混合料材料以及沥青路面结构的开裂问题展开研究。Salam 和 Monismith[68] 采用线弹性断裂力学开展了对沥青混合料在不同温度下的疲劳问题的研究;Hossain[69] 基于断裂力学的基础,运用切口小梁三点加载试验对橡胶沥青混合料的断裂行为进行了研究，并分析了胶粉掺量、橡胶沥青结合料含量对断裂能的影响；J. B. Soares 等[70]基于二维细观结构的沥青混合料，结合断裂力学理论与有限元方法，进行了沥青混合料在 IDT（间接拉伸试验）试验下开裂行为的数值模拟分析研究；刘宇[59]运用断裂力学知识，结合切口 SCB 室内试验及有限元数值模拟对沥青混合料的断裂行为进行了相关研究。根据断裂力学理论在沥青混合料中的应用，将其引入橡胶沥青混合料的研究中来，并结合断裂力学知识与切口 SCB 试验的有限元数值模拟，从而对橡胶沥青混合料的断裂行为进行初步分析。

2. *J*-积分理论

J-积分是由 Rice 于 1968 年提出，它是一个基于能量守恒原理的对非线性断裂问题进行处理的断裂参数，它避开了直接计算存在裂纹尖端附近区域的弹塑性应力-应变场，取而代之的是用 *J*-积分作为裂纹尖端应力-应变集中特性的平均参量。类似于线弹性断裂力学中的应力强度因子 *K*，*J*-积分亦可唯一描述裂纹尖端区域的应力-应变场强度。对于本研究中的橡胶沥青混合料这种非线弹性材料的断裂问题，采用 *J*-积分进行断裂行为的分析是合适的。

考虑一个任意围绕着裂纹尖端的逆时针回路 Γ，该回路 Γ 是由裂纹的下表面上的任意一点开始按逆时针方向绕裂纹尖端并终止于裂纹上表面上任意一点的曲线，如图 6-35 所示，*J*- 积分的数学表达式如下：

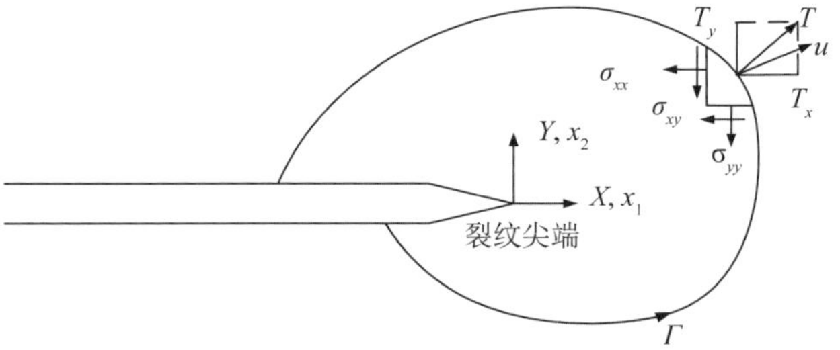

图 6-35　围绕裂纹尖端的 *J*-积分回路

$$J = \int_{\Gamma} \left(w \mathrm{d}x_2 - T_i \frac{\partial u_i}{\partial x_1} \right) d_s \tag{6-3}$$

式中　u_i—— 回路 Γ 上的位移矢量；

d_s—— 积分路径 Γ 上的微小增量；

T_i—— 作用在积分回路 Γ 上的张力矢量，可由 $T_i = \sigma_{ij} n_j$ 计算得到，其中 σ_{ij} 和 n_j 分别为应力张量和回路 Γ 的单位法矢量；

w—— 应变能密度，其定义为 $w = \int_0^{\varepsilon_{ij}} \sigma_{ij} \mathrm{d}\varepsilon_{ij}$，其中 ε_{ij} 为应变张量。

通过大量的实验研究，Rice 证明 J-积分数值与围绕裂纹尖端的积分路径无关。因此，J- 积分通常又被人们称为路径无关积分。

随着研究的进一步深入，Rice 进一步证明了对于非线性材料裂纹体，J-积分等于能量释放率：

$$J = -\frac{\mathrm{d}\Pi}{\mathrm{d}a} \tag{6-4}$$

式中 Π ——裂纹体的总势能；

a ——裂纹长度。

对于橡胶沥青混合料这种非线性黏弹塑性体来说，通过 J-积分的变化可以看出能量释放率的变化，二者在特殊材料属性下是一致的。

从 1972 年开始，相继由 Berlegy 和 Landes 等人依据大量的实验，测出了 J-积分的临界值 J_c，即断裂韧度，因而建议使用

$$J = J_c \tag{6-5}$$

作为韧性材料裂纹扩展的判据。习惯上称式(6-5)为 J-积分准则，即当裂纹尖端的 J-积分到达临界值 J_c 时，裂纹开始扩展。J 可通过有限元数值模拟方法获得；J_c 代表的是材料的抗断裂特性，须由室内试验确定。断裂韧度 J_c 可由式(6-6)计算得到：

$$J_c = \left(\frac{U_1}{b_1} - \frac{U_2}{b_2}\right)\frac{1}{a_2 - a_1} \tag{6-6}$$

式中 U ——由位移-载荷曲线得出的应变能；

b ——试样厚度；

a ——切口深度。

自从 1968 年 Rice 提出 J-积分以来，J- 积分理论就被广大的道路工作研究者运用到评价橡胶沥青混合料材料的断裂特性中来，该理论不但定义明确，有着严格的理论依据，还可定量地描述裂纹体的应力-应变场强度。Mull 和 Othman[71]、Othman Ayman M.[72, 73]和 Mohammad Louay N.[74]等人均采用切口 SCB 试验方法对橡胶沥青混合料的断裂特性进行了研究，并运用 J-积分理论对其断裂行为作了评价分析，认为采用 J-积分理论对橡胶沥青混合料的断裂评价是合适的。试验结果也表明，对于不同胶粉掺量、不同试验温度、不同橡胶沥青含量等条件下的橡胶沥青混合料，采用 J_c 可以明显区分它们的抗断裂性能。

通过带有预制切口的 SCB 试件的静态断裂实验来评价分析橡胶沥青混合料的断裂特性，结合切口 SCB 的室内试验建立虚拟加载试验的数值模型，从而完成切口 SCB 试验的数值模拟分析，并运用 J-积分理论对橡胶沥青混合料的断裂行为进行分析。

6.3 基于切口 SCB 试验的橡胶沥青混合料数值模型

采用 SCB 试验对橡胶沥青混合料力学特性进行分析研究。通过 X-ray CT 扫描技术对橡胶沥青混合料 SCB 试件进行扫描，建立有限元数值分析模型，从而进行基于细观结构的橡胶沥青混合料切口 SCB 试验的虚拟加载模拟[24, 75]。

6.3.1 试件制作

将前期室内制作的半圆形橡胶沥青混合料试件用切割机在半圆试件中间切出切口，切口深度为 15 mm，该切口用于模拟预制裂纹，如图 6-36 所示。为了保证切割的精度和切缝的完整性，切割前应在试件上标记好长度，切割过程中应注意用冷却水对切割机刀面及试样切口进行冷却。

图 6-36 切口 SCB 试件

6.3.2 裂纹尖端奇异单元的定义及数值模型建立

最早采用有限元方法分析裂缝问题的是 Chan，Tuba 和 Wilson 等人[76]。然而，由于在对裂纹尖端附近区域进行网格划分时采用的是常规单元，导致计算精度并不是很高。Oglesby 和 Lomacky[77]的研究也表明，用常规的单元模拟裂纹存在一定的缺陷，无论是裂纹尖端附近的网格被划分的有多么的细，计算精度都相对较低。随着研究的深入，相继出现了一些模拟裂纹尖端附近应力、应变场的特殊单元。目前最为通用、简洁的方法就是直接采用四分之一结点单元，该单元又称为奇异单元，此方法是由 Barsoum 和 Henshell 等人[78,79]提出。实际上，奇异单元是一种畸形的等参单元，它是在裂纹的尖端处将中间节点向裂纹尖端靠拢，且距离裂纹尖端四分之一边长处（一般情况下中间节点在边长的二分之一处)。如图 6-37 所示，此类单元不但可以很好地模拟裂纹尖端附近的应力场，而且经处理后，还可以较好地模拟裂纹尖端的奇异性问题，并且计算精度大大提高。本节将采用奇异单元完成切口 SCB 数值模拟中裂纹尖端的网格划分。

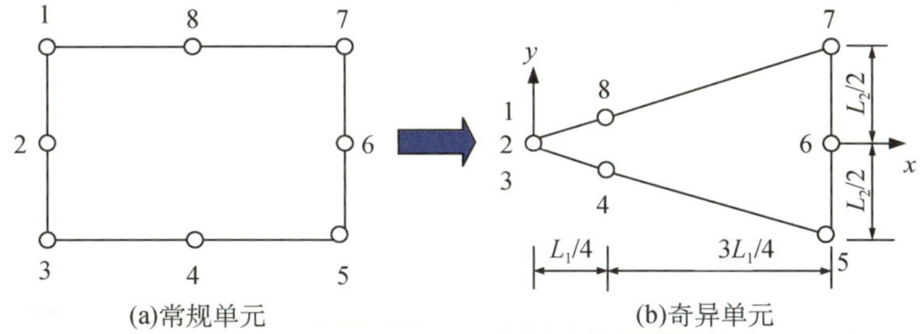

图 6-37　平面八结点奇异单元

依照 SCB 试验数值模拟建模方法，建立切口 SCB 试验有限元数值模型，如图 6-38 所示，两支座间的距离为直径的 0.8 倍。

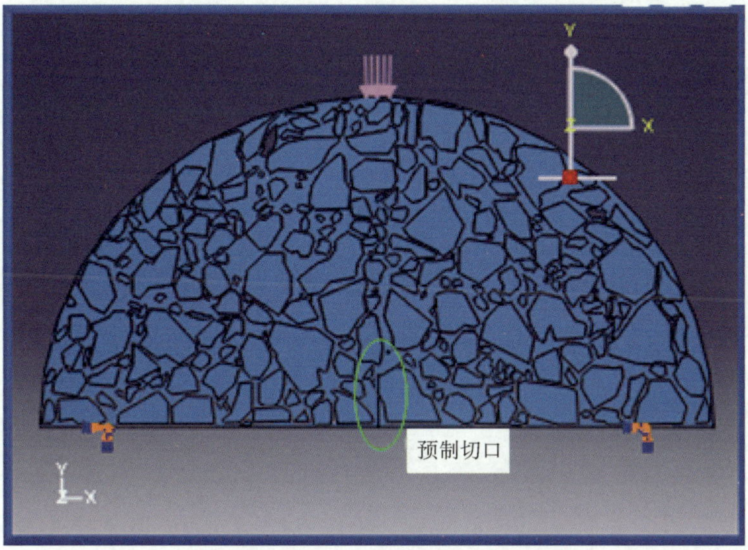

图 6-38　切口 SCB 试验有限元模型

模型单元网格划分时，按平面应力假设，采用八节点缩减积分平面应力单元(CPS8R)进行单元设置。在 ABAQUS 中裂纹尖端奇异单元的参数设置如图 6-39 所示，整体单元划分及裂纹尖端单元划分如图 6-40 所示，裂尖周向设置成奇异单元。为尽量使裂纹尖端单元划分均匀合理，需预先在裂纹尖端外部设置圆形，并在圆周预布 24 个种子，以便使裂纹尖端的单元角度在合理的范围之内。

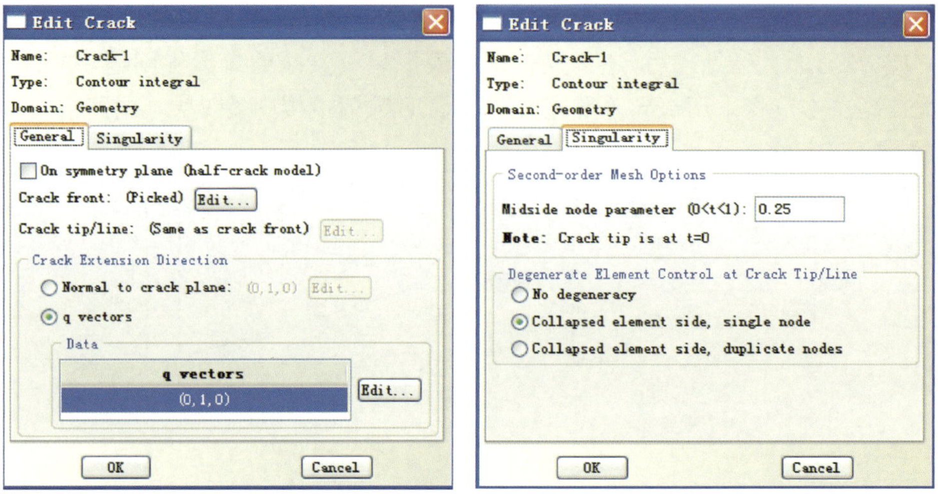

(a)裂纹扩展方向设置　　(b)裂纹尖端奇异单元设置

图 6-39　ABAQUS 中裂纹尖端奇异单元的设置

(a)整体网格划分　　(b)裂纹尖端网格划分

图 6-40　SCB 试件整体网格划分及裂纹尖端网格划分

6.3.3　数值模拟结果分析

图 6-41 为橡胶沥青混合料切口 SCB 试样虚拟加载试验下裂纹尖端的应力分布云图，切口位置位于 SCB 试件底部中心位置，即 $D/2$ 处（D 为半圆形试件直径）。从图中

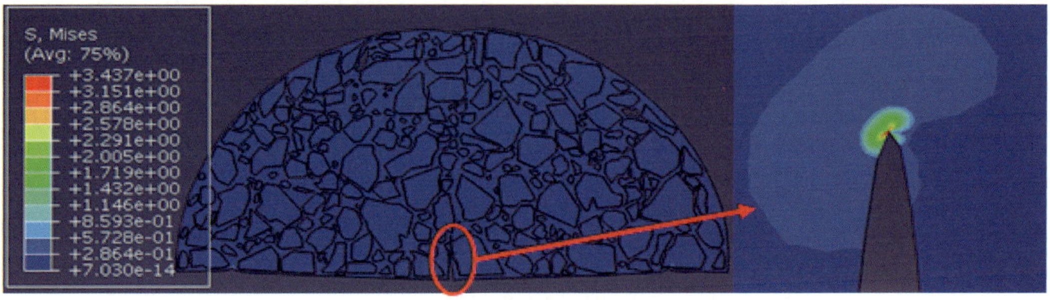

图 6-41　裂纹尖端应力分布云图

可以看出,裂纹尖端区域存在明显的应力集中现象,应力值在裂纹尖端处达到最大,即裂纹尖端是危险点,若此处应力超过临界值,裂纹就会扩展。随着与裂纹尖端距离的不断增加,应力值逐渐减小。在与裂纹尖端所成的不同角度上,应力强度的影响范围并不一致。

经过数值模拟分析计算,从而获得预制切口 SCB 试样裂纹尖端的 J-积分值,如图 6-42 所示。

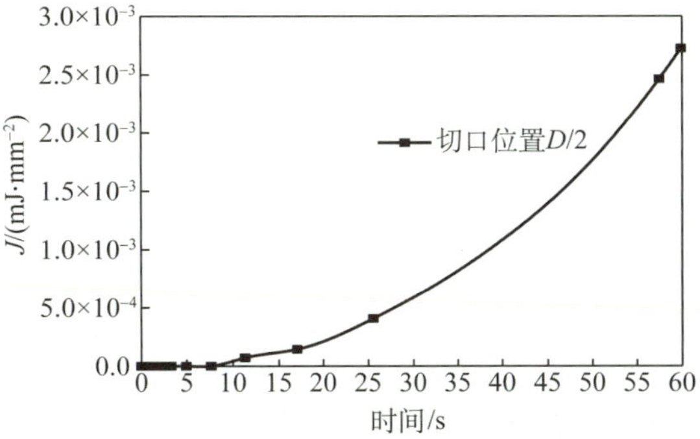

图 6-42 裂纹尖端 J-积分随时间变化曲线

结合橡胶沥青混合料的材料特性,它是一种多相复合型材料,具有黏-弹-塑多重属性。分析图 6-42 所示的数值模拟结果可知,切口 SCB 数值试样加载初期,裂纹尖端 J-积分的变化较为稳定,呈现出一段类似稳态的变化。这说明在加载初期,需要消耗较少的能量去满足裂纹的稳态扩展。随后,J-积分发生急剧变化,说明裂纹的扩展将进入失稳扩展状态,这正是断裂破坏前的一种预兆。这一结论符合弹塑性材料断裂在裂纹起始扩展后要经历一段稳态的亚临界扩展过程,然后进入失稳扩展直至断裂破坏的弹塑性断裂过程。

1. 预制切口位置对 J-积分的影响

为了分析预制切口位置对裂纹尖端 J-积分的影响,模拟了预制切口位置在$D/4$(D为 SCB 试件直径)时的虚拟加载试验,有限元模型如图 6-43 所示。

图 6-43 切口位置在 $D/4$ 时的有限元模型

图 6-44 为预制切口位置在 $D/4$ 时,裂纹尖端应力分布云图;图 6-45 为相应的 J-积分变化曲线,从图中可以看出,当预制切口位置在 $D/4$ 时,裂纹尖端仍然存在明显的应力集中现象,裂纹尖端 J-积分的变化呈现出类似于预制切口在 $D/2$ 时的变化规律。

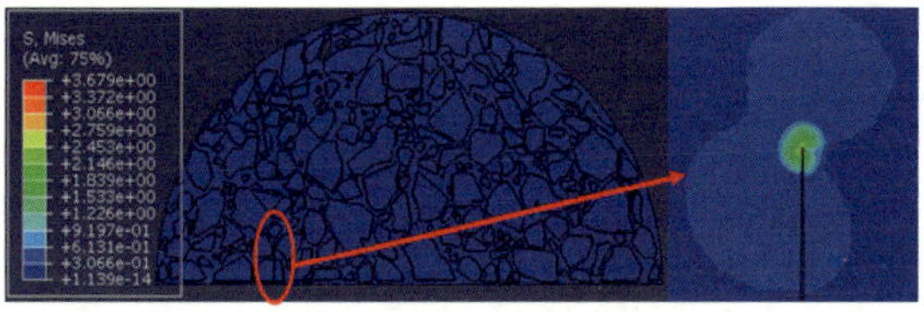

图 6-44　裂纹尖端应力分布云图

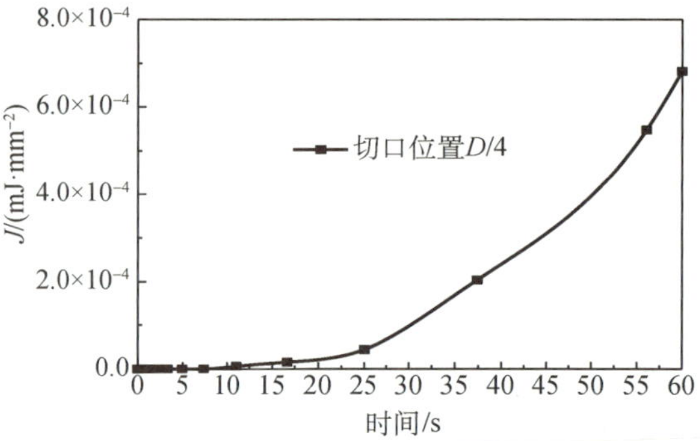

图 6-45　裂纹尖端 *J*-积分随时间变化曲线

在不同预制切口位置的数值模拟结果中，对 J-积分值作对比分析可知(图 6-46)，当预制切口在 $D/4$ 时，加载时间内各时刻的裂纹尖端 J-积分值远小于预制切口在$D/2$时的 J-积分值，并且切口在 $D/4$ 时的 J-积分稳态变化所用的时间约为切口在$D/2$时的 2 倍。这也说明，当预制切口在 $D/2$ 时，裂纹尖端 J-积分将更快达到满足裂纹扩展的条件 $J=J_c$，裂纹的扩展将会更加迅速，在相对较短的时间内很可能就会使橡胶沥青混合料 SCB 试件发生断裂破坏。然而，预制切口在 $D/4$ 处时，要使 SCB 试件发生断裂破坏可能会需要更长的时间。这也反映出，在同样的载荷作用下，裂纹偏离 SCB 试样竖直中轴线的距离越大，越不容易开裂。换句话说，裂纹偏离中轴线的距离越远，要使其发生断裂所需要的外部载荷就越大。

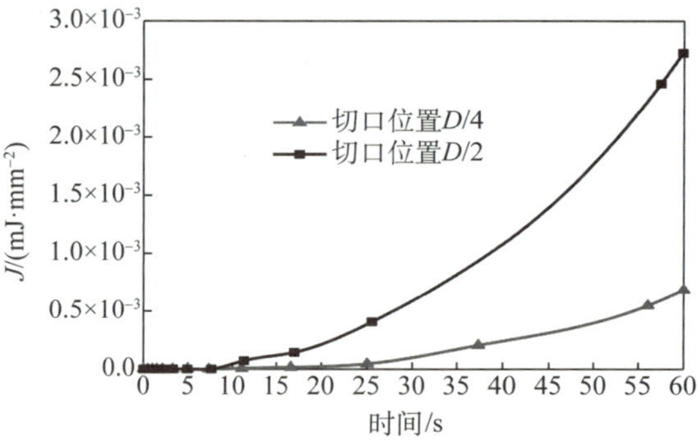

图 6-46　不同预制切口位置下的 *J*-积分比较

2. 预制切口长度对 J-积分的影响

考虑预制切口长度对 J-积分的影响，本节建立了不同切口长度的 SCB 试样数值模型(图 6-47)，并进行了切口 SCB 试验的数值模拟分析。数值模拟结果如图 6-48 和图 6-49 所示。

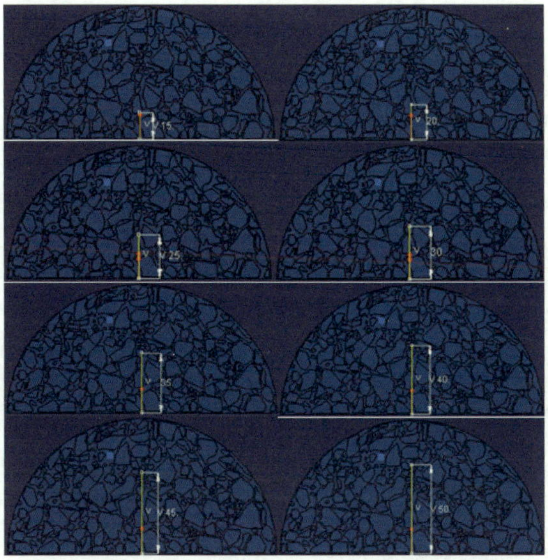

图 6-47 不同预制切口长度的数值模型

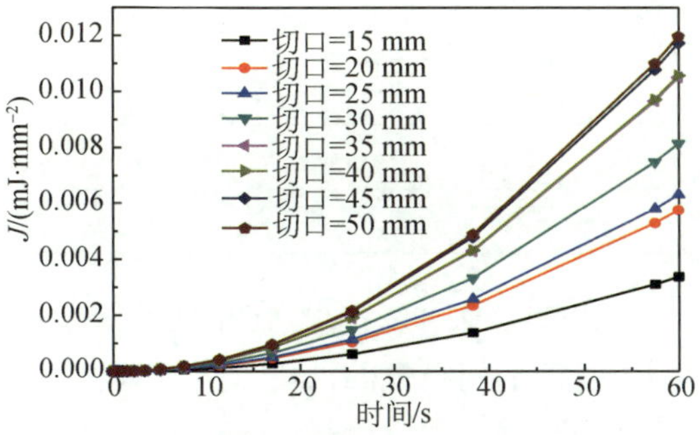

图 6-48 不同切口长度下的裂纹尖端 J-积分随时间变化曲线

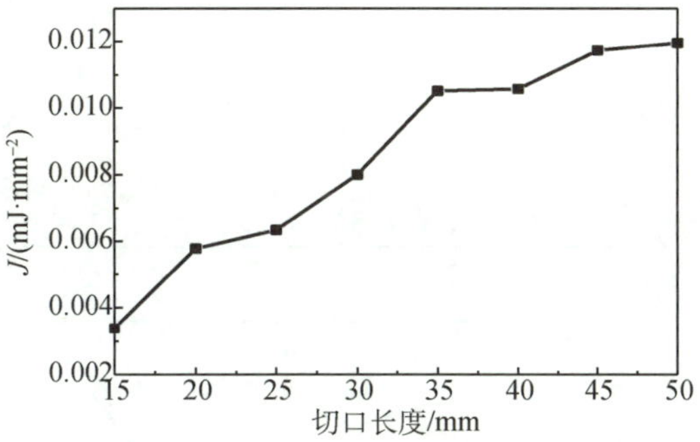

图 6-49 不同切口长度对应的 J-积分值

分析以上两图不难发现：

(1) 裂纹尖端 J-积分值随着切口长度的增加而增大，并且随着切口长度的增加，其随时间的增长速率也逐渐增大，满足裂纹扩展的条件也将更容易实现，裂纹扩展直至断裂破坏可能在较短的时间内就能完成，相对于裂纹较短的同一种橡胶沥青混合料试样来说，完成断裂破坏所需要的载荷将会减小。

(2) 从不同切口长度所对应的 J-积分曲线来看，切口长度在 35 mm(约为 SCB 试件半径的一半)以下，随着切口长度的增加，J-积分增长速度较快，整体增长幅值为

0.00713 mJ/mm²。

（3）当切口长度大于 35 mm 时，J-积分随着切口长度增加时的增长较为平缓，增长幅值为 0.00145 mJ/mm²。

（4）当切口长度大于 35 mm 时，J-积分增长幅度下降了 79.7%，可见，当切口长度大于 35 mm 时，切口长度的增加对 J-积分的影响程度较小。

3. 胶粉掺量对 J-积分的影响

相同试验条件下，橡胶沥青混合料的断裂特性会因胶粉掺量的不同而发生改变，本节通过建立不同胶粉掺量改性的橡胶沥青混合料切口 SCB 试验数值模型，从而分析橡胶粉掺量对描述混合料断裂行为的裂纹尖端 J-积分的影响，本节分别模拟分析了橡胶粉掺量为 0%，15%，20%，25%时的切口 SCB 试验，切口位置设置在 D/2 处。具体数值模拟结果如表 6-6 和图 6-50 所示。

表 6-6　　裂纹尖端 J 积分值

加载速率/(mm·min^{-1})	试验温度/℃	级配类型	橡胶粉掺量/%	J-积分/(mJ·mm^{-2})
50	−15	AC-16	0	0.01402
			15	0.01318
			20	0.01059
			25	0.01478
		SMAR-16	0	0.00962
			15	0.00929
			20	0.00799
			25	0.01216

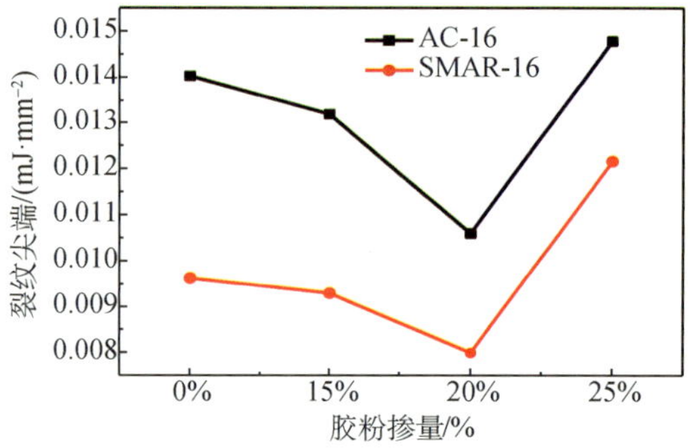

图 6-50　裂纹尖端 J-积分随胶粉掺量的变化

从图 6-50 可以看出，在相同的试验条件下，两种不同级配的沥青混合料，随着胶粉掺量的增加，裂纹尖端 J-积分先减小后增大，在胶粉掺量为 20%时达到极小值，即 J-积分为 0.01059 mJ/mm²。与 AC-16 级配的混合料相比，不同胶粉掺量的 SMAR-16 型沥青混合料中的裂纹尖端 J-积分值较小，极小值减小了 24.6%。基于 J-积分理论中提到的断裂准则，当计算得出的裂纹尖端 J-积分达到临界值 J_c 时，即 $J=J_c$，裂纹开始扩展，结合图中的数值模拟结果，我们可以初步得出如下结论：与基质沥青混合料相比，胶粉湿法改性的橡胶沥青改变了混合料的低温断裂力学特性，裂纹发生扩

展前裂纹尖端 J-积分的不断减小将使满足起始裂纹扩展的条件（$J=J_c$）更难达到，体现了胶粉湿法改性的橡胶沥青对混合料抗断裂能力的重要作用。除此之外，在进行橡胶沥青混合料的设计时，应严格控制湿法改性时橡胶粉的掺量以及混合料级配类型的选取，单从不同胶粉掺量下的不同级配类型的沥青混合料裂纹尖端 J-积分的变化曲线来看，选取的胶粉掺量 20%、德州 SMAR-16 间断级配的橡胶沥青混合料体现出较好的抗断裂特性。

6.3.4 基于 XFEM 方法的裂纹扩展数值模拟

我们通过切口 SCB 试验的数值模拟，重点分析了裂纹尖端 J-积分随着裂纹长度、胶粉掺量、切口位置等试验条件的改变而发生的变化，并基于 J-积分理论对不同橡胶沥青混合料的断裂特性作了对比分析，为了进一步分析裂纹发生扩展后扩展路径的变化以及裂纹扩展过程中应力-应变的分布，在切口 SCB 虚拟加载试验的基础上，进一步通过扩展有限元(XFEM)方法对橡胶沥青混合料断裂时的裂纹扩展路径进行数值模拟研究[80]。

ABAQUS 中裂纹扩展判据及材料损伤演化的定义：裂纹在什么条件下扩展是采用数值模拟方法研究裂纹扩展时首先要解决的问题。依据前面介绍的基于 J-积分理论的裂纹扩展准则，当裂纹尖端 J-积分满足 $J=J_c$ 时裂纹开始扩展，其中，断裂韧度 J_c 由室内试验测定，将 $J=J_c$ 作为 ABAQUS 中裂纹扩展的判据；另外，材料损伤演化采用由断裂能控制模式，ABAQUS 中材料损伤定义窗口如图 6-51 所示。

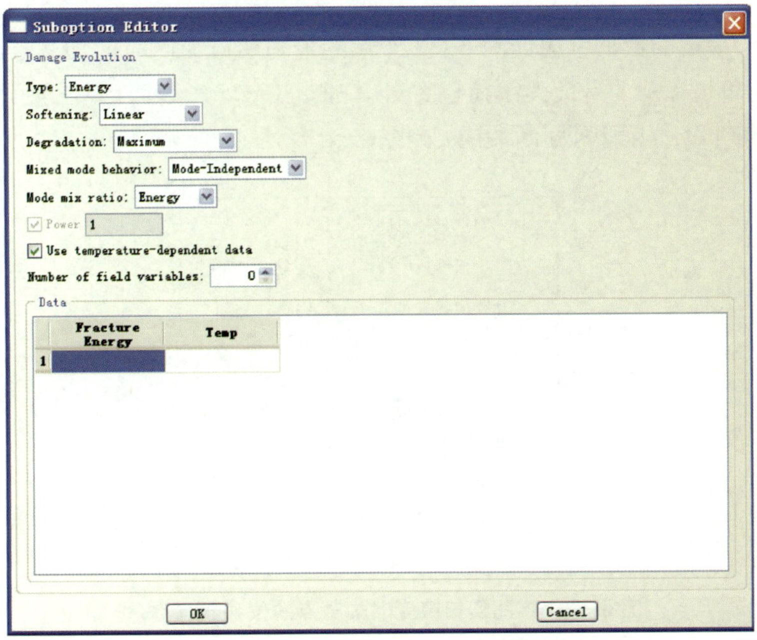

图 6-51 ABAQUS 中材料损伤演化设置

橡胶沥青混合料断裂韧度 J_c 的试验测定，以胶粉掺量为 20%、SMAR-16 级配的橡胶沥青混合料为例，具体的试验方法如下：

从 J_c 的计算公式 $J_c=\left(\frac{U_1}{b_1}-\frac{U_2}{b_2}\right)\frac{1}{a_2-a_1}$ 可以看出，按要求采用两个不同切口深度的 SCB 试件即可完成测定，为了提高测定精度，本研究中采用 3 个不同切口深度的 SCB 试件进行试验。试验温度为 −15 ℃，半圆形试件厚 25 mm，切口深度分别为15 mm，20 mm，25 mm，试验采取单调加载方式，加载速率为 50 mm/min，室内试验装置如图 6-52 所示。

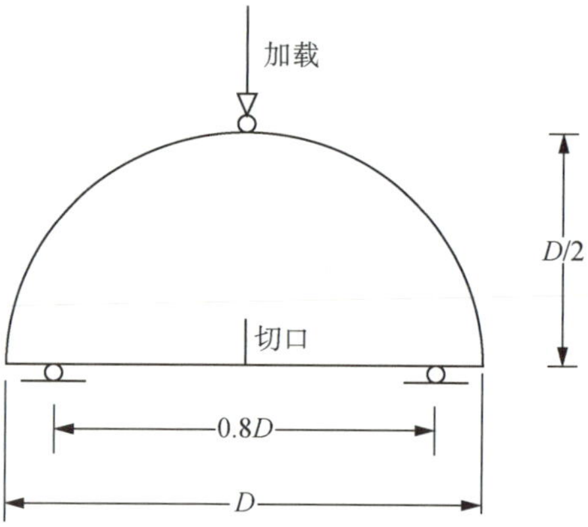

图 6-52　断裂韧度 J_c 的试验测定

根据试验采集的数据生成如图 6-53 所示的不同切口深度时的加载点的位移-载荷曲线，图中五角星标示的是最大载荷位置处。通过 Origin 软件计算出最大载荷时曲线与 X 轴所围成区域的面积，即断裂能，如图 6-54 所示。

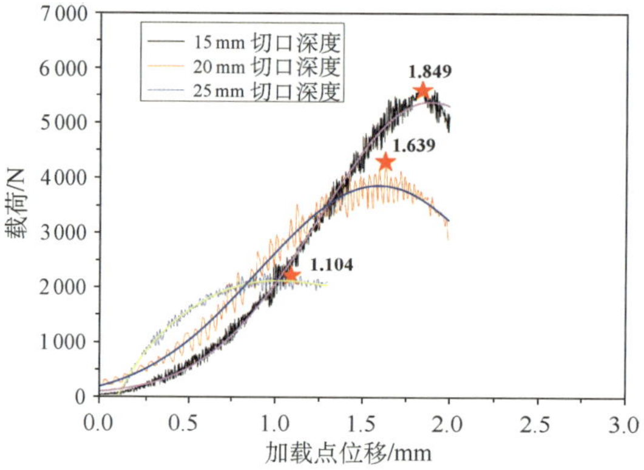

图 6-53　不同切口深度时加载点的位移-载荷曲线

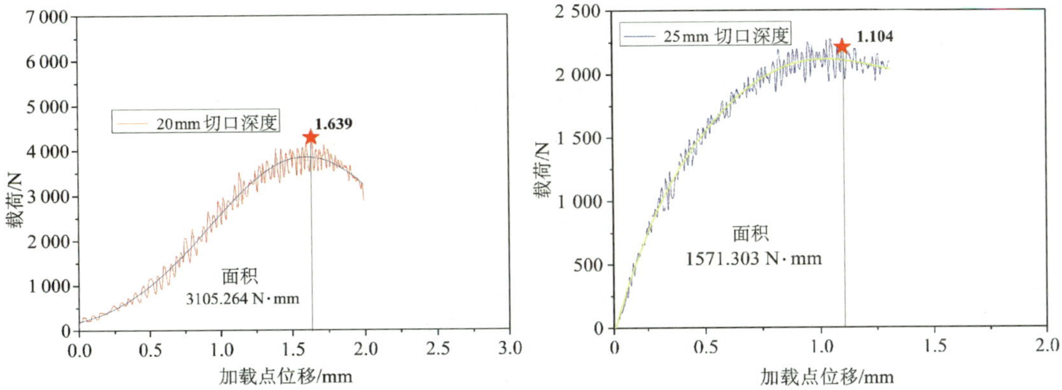

图 6-54　不同切口深度时的断裂能

为了进一步得到断裂韧度 J_c，通过各切口深度的断裂能获得单位厚度断裂能与相应各切口深度的关系曲线，然后用最小二乘法对曲线进行拟合，如图 6-55 所示，所得拟合曲线的斜率即所选橡胶沥青混合料的断裂韧度 J_c，即 $J_c = 4.97\ \mathrm{kJ/m^2}$。

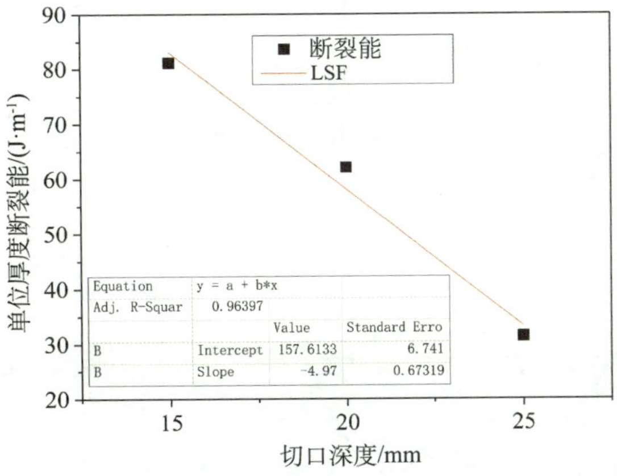

图 6-55　三种不同切口深度时的 SCB 试件单位厚度断裂能

通过以上方法得到橡胶沥青混合料的断裂能和断裂韧度 J_c，这将为 ABAQUS 中裂纹扩展判据及由断裂能控制的材料损伤演化提供参数，这也是采用 XFEM 数值模拟方法完成裂纹扩展路径研究的关键一步。

裂纹扩展数值模拟及结果分析：结合切口 SCB 室内试验，采用 XFEM 方法完成裂纹扩展的数值模拟，随着裂纹的扩展，橡胶沥青混合料 SCB 试样的细观结构模型中横向拉应力 S_{11} 的分布如图 6-56 所示。由图可知：①在裂纹扩展的各个阶段，裂纹尖端附近集中存在高拉应力区；②随着裂纹的进一步扩展，高拉应力区的面积在逐渐减小；③随着裂纹的扩展，原始裂纹尖端的应力集中得以释放，高拉应力区逐步往上迁移，转移至新形成的裂纹尖端区域。说明了随着裂纹的不断扩展，能量在逐渐损失，裂纹扩展区的下端传递应力的能力减弱。

图 6-56　裂纹扩展时横向拉应力 S_{11} 的分布

图 6-57 为载荷-加载点竖直位移曲线（*P*-*LPVD* 曲线），从图中可以发现，基于XFEM 方法的数值模拟曲线与试验曲线能够较好地吻合，这也说明了本研究所采用的数值模拟方法的有效性。另外，由于室内试验仪器的限制，试验中的载荷-位移曲线只能获取到前半部分，从模拟曲线情况来看，采用数值模拟方法能够更全面地获得 SCB 试样的断裂过程，一定程度上显示出了数值模拟方法的优越性。

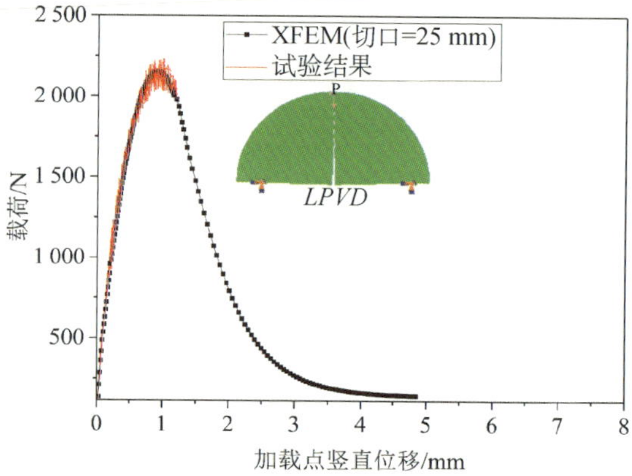

图 6-57　试验方法与 XFEM 方法所对应的 *P*-*LPVD* 曲线

图 6-58(a)，(b)分别为试验方法与 XFEM 方法得到的裂纹扩展路径，分析可知，橡胶沥青混合料 SCB 试样是由于单条主裂纹的扩展而产生了弯拉破坏。从图 6-58(a)所表示的试验方法得到裂纹扩展路径中可以看出，对于具有较好对称性的三点弯曲切口SCB 试验加载方式，裂纹扩展类似 Griffith Ⅰ型裂纹扩展，扩展路径沿初始裂纹扩展方向延伸，直至半圆弧顶部中心处，最终贯穿整个 SCB 试样。由于橡胶沥青混合料中集料、空隙的不均匀分布以及集料、橡胶沥青砂浆的不同模量强度，裂纹扩展过程中，裂纹并不是直接穿过强度高的集料，而是在强度相对较低的橡胶沥青砂浆基体中穿过或是沿着较大集料颗粒的侧边与基体交界面向上扩展。所以说，我们从图中看到的裂纹路径并非是一条单调光滑的直线形式的理想裂缝，而是一条曲线状的路径。

图 6-58(b)为 XFEM 数值模拟方法得到的裂纹扩展路径，从图中可以看出，数值模

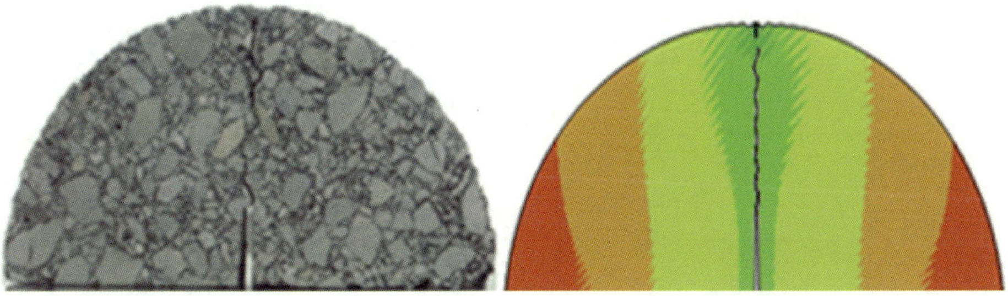
(a) 试验结果
(b) XFEM数值模拟结果

图 6-58　裂纹扩展路径

拟方法与试验方法得到的裂纹扩展路径整体走势基本一致，进一步体现了 XFEM 数值模拟方法的有效性。然而，两种方法也存在着一定的偏差，分析其原因可能在于：实际试验中的裂纹扩展是三维的，而所采用的 XFEM 数值模拟方法是二维的，况且没有考虑 SCB 试样的厚度；小的颗粒和裂缝对裂纹的发展也有一定的影响；实际试验中的加载方式及边界条件与数值模拟手段有一定的偏差，比方说，理论上载荷和支撑是对称的，但在实际试验中也许并没有达到这种真正意义上的对称。

为了评价分析不同胶粉掺量的橡胶沥青混合料对低温断裂破坏时的断裂特性的影响，采用 XFEM 方法分别对胶粉掺量为 0%，15%，20%，25%时的 SMAR-16 级配的橡胶沥青混合料进行了裂纹扩展数值模拟，试验温度 −15 ℃，单调加载速率 50 mm/min，切口深度 25 mm。图 6-59 和表 6-7 分别为不同胶粉掺量时的 SCB 数值试样底部中心位移与裂纹扩展后的裂纹长度曲线图及不同胶粉掺量时的裂纹扩展速率。从中可以看出，随着胶粉掺量的不同，SCB 试样发生断裂后其裂纹扩展速率发生了显著变化。对于基质沥青混合料（胶粉掺量为 0%）而言，当裂纹尖端的 J-积分满足裂纹扩展条件 $J = J_c$ 时，初始裂纹开始扩展，从图中可以看出，其裂纹扩展速率呈线性急速增加，切口 SCB 试样将很快发生断裂，类似于脆性断裂破坏。然而，胶粉掺量的增加一定程度上减缓了裂纹扩展速率，相对于基质沥青混合料试件来说，胶粉掺量为 15%，20%，25%时的橡胶沥青混合料的裂纹扩展速率分别减小了 29.4%，63.0%，52.9%，相比而言，20%时的胶粉掺量对裂纹的迅速扩展起到了更好的抑制作用。可见，与基质沥青混合料相比，湿法改性的橡胶沥青混合料表现出更好的低温韧性，提高了整体结构的抗断裂能力，从某种意义上来说，避免了沥青混合料在低温条件下发生类似脆性断裂破坏。

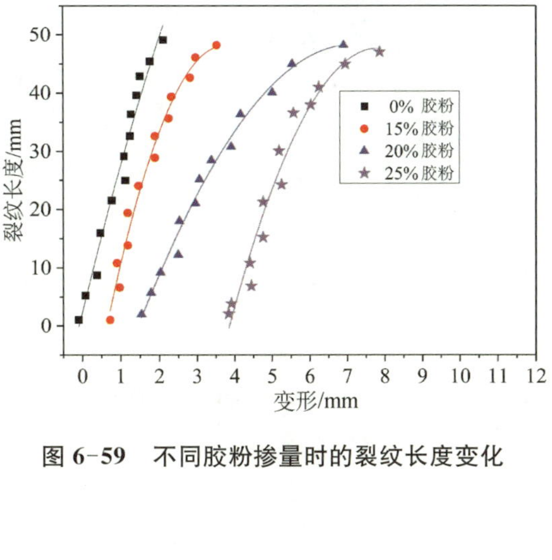

图 6-59　不同胶粉掺量时的裂纹长度变化

表 6-7　　　　　　　　　不同胶粉掺量时的裂纹扩展速率

胶粉掺量 /%	挠度变化量 /mm	裂纹增长量 /mm	增长速率	相对胶粉掺量 0%时的差异量/%
0	2.02	48.94	24.23	0
15	2.73	46.67	17.10	29.4
20	5.2	46.61	8.96	63.0
25	3.87	44.21	11.42	52.9

由于橡胶沥青混合料的材料特性以及空隙、集料的不均匀分布，使得 SCB 数值试样在断裂过程中表现出复杂的应力状态。图 6-60 和图 6-61 分别为不同胶粉掺量时的橡胶沥青混合料 SCB 数值试样底部和中部裂纹面上位移与最大主应力曲线，表 6-8 为不同裂纹面上的最大主应力值。从两图中可看出，裂纹扩展过程中，在 SCB 试样不同部位裂纹面上的最大主应力及其曲线形态均因胶粉掺量的不同而存在显著差异。

由图 6-60 可知，普通的基质沥青混合料 SCB 试样底部裂纹面上，最大主应力随着底部竖直方向位移的增加而急剧增长，很快到达峰值后锐减，直至最大主应力最小值，一定程度上表明了基质沥青混合料低温脆性断裂特性。与未加胶粉改性的基质沥青混合料相比，裂纹扩展过程中，随着胶粉掺量的增加，SCB 试样底部位移逐渐增大，最大主应力达到最大值后，经过一段缓慢减小的过程，最终降至最小值。相比而言，胶粉掺量为 20%时，SCB 试样的断裂破坏裂纹扩展过程中，底部位移变化范围更大，最大主应力到达峰值后降至最小值所持续的时间更长，这也说明了该掺量下的橡胶沥青混合料具有更为突出的低温断裂韧性。

对图 6-61 进行分析可以看出，较低胶粉掺量(0%，15%)的 SCB 试件中部裂纹面上的最大主应力曲线与图 6-60 中给出的相应胶粉掺量的底部裂纹面上的最大主应力曲线有类似之处，然而，与之不同的是，随着胶粉掺量的增加，最大主应力峰值及其变化

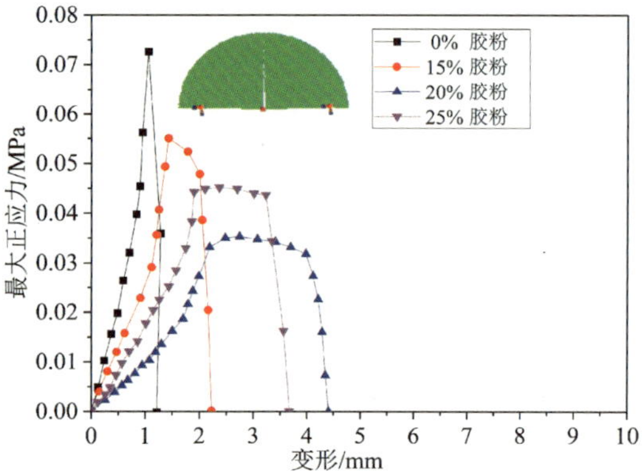

图 6-60　SCB 试样底部裂纹面上最大主应力分布

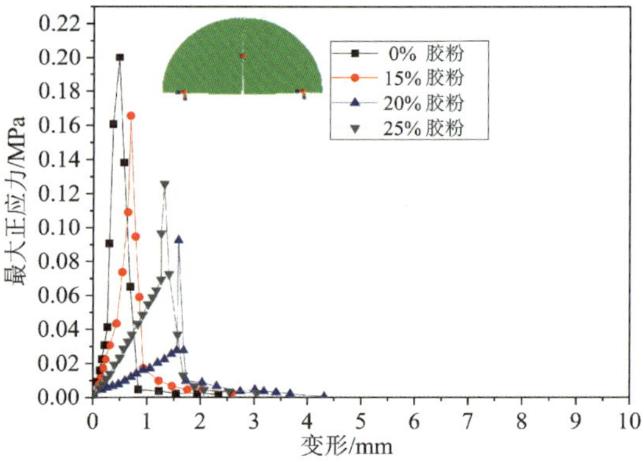

图 6-61　SCB 试样中部裂纹面上最大主应力分布

范围与 SCB 数值试样底部裂纹面上的相比发生了较大变化，从表 6-8 中可以发现，不同胶粉掺量下的 SCB 试样中部裂纹面上的最大主应力峰值与底部裂纹面上的最大主应力值相比，增长率均在 60%以上，这也说明了裂纹的扩展伴随着能量的释放，裂纹扩展带的集中应力区逐步往上迁移，SCB 试样中部传递应力的能力增强。

表 6-8　　不同裂纹面上的最大主应力值

胶粉掺量/%	裂纹面位置	最大主应力峰值/MPa	相对差异/%
0	中部	0.2	63.50
	底部	0.073	
15	中部	0.165	66.67
	底部	0.055	
20	中部	0.092	61.96
	底部	0.035	
25	中部	0.126	62.70
	底部	0.045	

6.4 本章小结

为了突破基于现象学的经验或试验方法的局限性，本章基于有限单元法从细观力学方法入手研究沥青混合料。首先，介绍了三维有限单元法在裂纹扩展模拟中的应用，包括 XFEM、SCB 数值模拟和裂纹扩展结果分析等；其次，介绍了橡胶沥青混合料的 SCB 虚拟加载试验仿真，包括模型构建、结果分析和断裂力学理论等；最后，介绍了基于切口 SCB 试验的橡胶沥青混合料数值模拟，包括试件制备、模型构建、结果分析等。

7 基于离散单元法的沥青混合料虚拟实验

除了有限单元方法，近年来离散单元方法也被广泛用于研究沥青混合料。本章主要介绍作者的部分研究方法、结果和结论，包括动态模量和蠕变两种虚拟实验。

7.1 离散单元方法

传统力学理论，基于连续、小变形假设的材料力学和弹性力学无法描述颗粒间的相互作用，因此，不能直接用于评价公路混合料的力学行为。由于公路混合料中的颗粒粒径较大，超出了有效应力原理的使用条件，因此，土力学理论也很难直接用于混合料设计与力学评价中。随着计算机和现代图像技术的快速发展，数值仿真方法得到了快速发展，也逐步应用到公路混合料性能预测与评价中。

离散单元方法(Discrete Element Method)是一种应用广泛的数值计算方法，主要用来计算大量颗粒在给定条件下如何运动。1971 年 Cundall 提出离散单元方法是为了和连续介质力学中的有限单元法(Finite Element Method)相区别。后来用离散单元方法取代了有限单元法，以反映系统是离散的这一本质特征。1979 年 Cundall 和 Strack 又提出适用于土力学的离散单元法，并推出二维圆盘(disc)程序 BALL 和三维圆球程序 TRUBAL(后发展成商业软件 PFC-2D/3D)，形成较系统的模型与方法，被称为软颗粒模型。

离散单元方法的核心是牛顿第二定律和基于有限差分方程的松弛迭代，如图 7-1 所示，根据块体的几何形状及其邻接块体的关系，建立运动方程，采用以时步渐进迭代的动态松弛显式解法，求出每一时步的块体位置和接触力，反复迭代直到平衡状态。

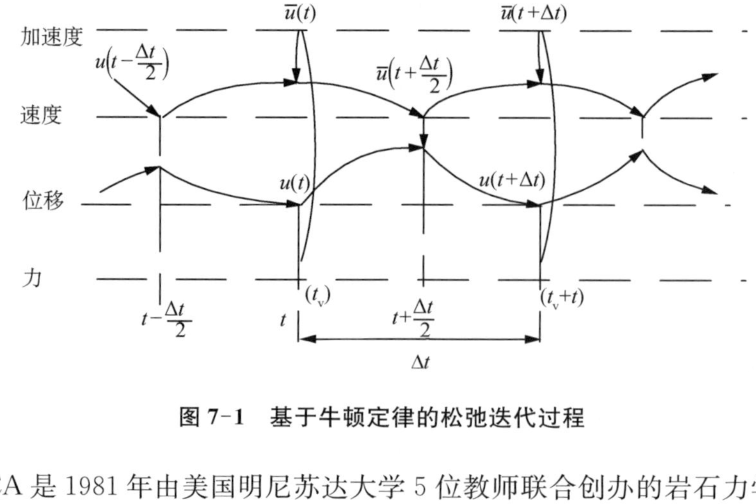

图 7-1　基于牛顿定律的松弛迭代过程

ITASCA 是 1981 年由美国明尼苏达大学 5 位教师联合创办的岩石力学技术机构，因为这些创始人当初在北美首创了岩石力学学科，并组织创立了国际岩石力学学会，因此，ITASCA 在业界被认为是世界岩石力学学科发源地之一。ITASCA 员工在英、美、瑞典获院士席位 4 席，历任国际岩石力学学会主席 1 期、副主席 2 期，1 人次获国际岩石力学学会最高奖——Muller 奖，多人获 Rocha 奖，造就了一批理论与实践高度结合的国际一流水平工程问题专家。该公司开发了 3 款离散单元法软件：UDEC，3DEC 和 PFC。相对于其他两款软件，PFC 在公路工程中应用较为广泛。

PFC 是 Particle Flow Code 的简称，又名"颗粒流"。在 PFC 模型中，介质的基本构成为颗粒(Particle)，可以增加黏结，介质的宏观力学特性(如本构关系)决定于颗粒和黏结的几何与力学特性。形象地说，这与国内 20 世纪 80 年代岩石力学界比较流行的"地质力学"模型试验很相似，该试验中往往是用砂(颗粒)和石膏(黏结剂)混合、按照相似理论来模拟岩体的力学特性。颗粒之间的力学关系非常简单，即牛顿第二定律。颗粒之间的接触破坏可分为剪切和张开两种形式，当介质中颗粒间的接触关系(如断开)发生变化时，介质的宏观力学特性受到影响，即介质内颗粒接触状态的变化决定了介质的本构关系。因此，在 PFC 计算中不需要给材料定义宏观本构关系和对应的参数，这些传统的力学特性和参数通过程序自动获得，而定义它们的是颗粒和黏结的几何和力学参数，如颗粒级配、刚度、摩擦力、黏结介质强度等微力学参数。

7.2 沥青混合料的离散元黏弹性模型

通过将本构模型与每个接触相关联，可以在 PFC 中模拟材料的整体本构关系。在 PFC 中，作用于特定接触点的本构模型包括三个部分：刚度模型、滑移模型和黏结模型。刚度模型表征的变形特征，是接触力与相对位移之间的关系；滑移模型表征颗粒组合体的内摩擦特性，是两个相邻单元的相对滑动特征，用摩擦系数表示；黏结模型表征材料的强度特性，是通过设定黏结强度限制两个相互接触单元法向量力和切向量力。显然，刚度模型是材料应力-应变特征，是材料性质的集中体现，而刚度模型和黏结模型表征材料的强度特性和最大承载力。因此，在离散单元法中，刚度模型尤其重要。本节主要介绍沥青混合料的离散元黏弹性模型，此处的黏弹性是指刚度模型。

7.2.1 沥青混合料中的相互作用及其离散元黏弹性模型

从胶浆理论出发，沥青混合料是一种多级空间网状结构的分散系。它是以粗集料为分散相而分散在沥青砂浆介质中的一种粗分散系；同样，砂浆是以细集料为分散相而分散在沥青胶浆介质中的一种细分散系；而胶浆又是以填料为分散相而分散在高稠度的沥青介质中的一种微分散系。按照胶浆理论，同时考虑离散元模拟的精度和效率，笔者把沥青混合料看作三相体系，即由粗、细集料组成的颗粒相、沥青胶浆相和空隙相。在此三相体系中存在四种相互作用，即集料颗粒内部、集料颗粒之间、沥青胶浆内部、沥青胶浆与集料之间。如图 7-2 所示为四种相互作用相对应的接触模型，对其描述如下：

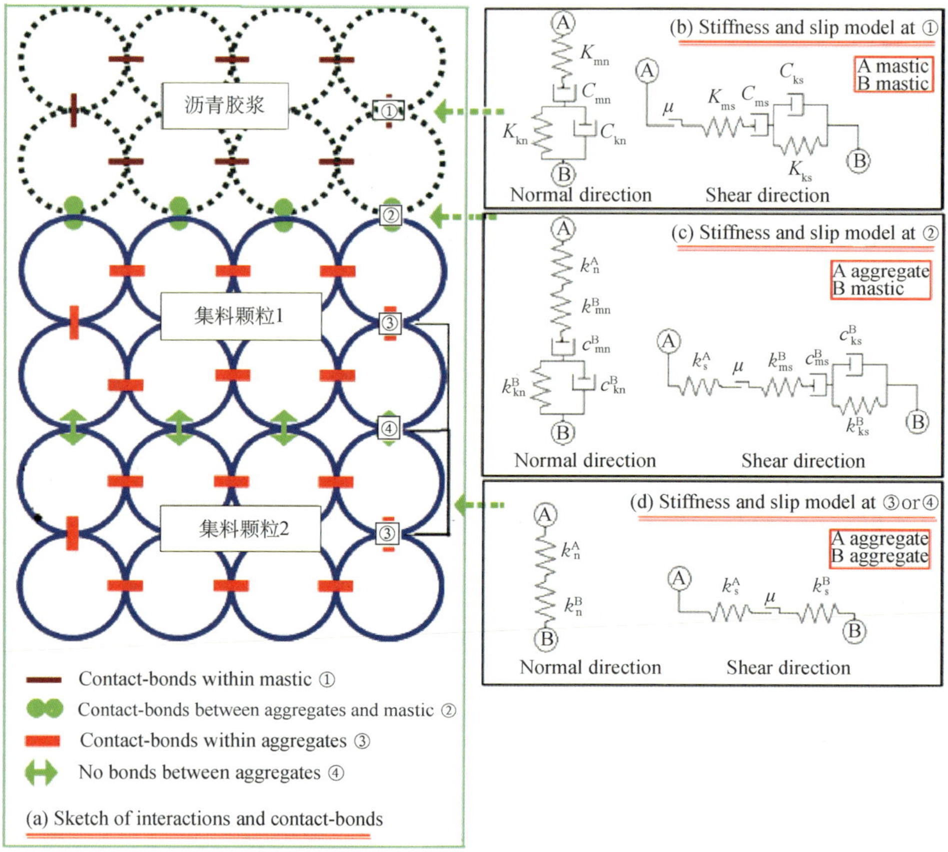

图 7-2　沥青混合料中的相互作用示意和相应的本构模型

1. 沥青胶浆内部接触刚度模型

如图 7-2(b)所示，Burger 模型由 Maxwell 模型元件(弹簧和粘壶串联)和 Kelvin 模型元件(弹簧和粘壶并联)组成。Burger 模型在接触处的本构行为可以用以下方程式表示：

$$f_{n}=C_{mn}\dot{u}_{mc}=u_{k}K_{kn}+\dot{u}_{k}C_{kn}=K_{mn}u_{mk} \tag{7-1}$$

$$f_{s}=C_{ms}\dot{\delta}_{mc}=\delta_{k}K_{ks}+\dot{\delta}_{k}C_{ks}=K_{ms}\delta_{mk} \tag{7-2}$$

$$u_{n}=u_{k}+u_{mk}+u_{mc},\ u_{s}=\delta_{k}+\delta_{mk}+\delta_{mc} \tag{7-3}$$

式中　f_n，f_s——接触点在法向和剪切方向上的接触力；

u_n，u_s——接触处法向和剪切方向的相对位移；

u_k，δ_k——Kelvin 模型单元的法向位移和剪切位移；

u_{mk}，δ_{mk}——Maxwell 模型单元中独立弹簧元件的法向位移和剪切位移；

u_{mc}，δ_{mc}——Maxwell 模型元件的隔离阻尼元件的法向位移和剪切位移；

C_{mn}，C_{ms}，C_{kn}，C_{ks}——图 7-2(b)中阻尼元件的黏度；

K_{mn}，K_{ms}，K_{kn}，K_{ks}——图 7-2(b)中弹簧元件的刚度。

2. 集料内部和相邻集料之间的接触刚度模型

集料被认为是一种纯弹性材料，而弹簧元件被用来代表本构力学行为。在集料内或两个相邻集料之间的接触处，采用线性接触模型作为其刚度模型。如图 7-2(d)所示，线性接触模型是通过串联两个弹簧来代表两个相互接触的球单元。利用图 7-2(d)中的弹簧刚度 (k_n^A, k_s^A, k_n^B, k_s^B)，可以将接触处的法向刚度和剪切刚度(K_n, K_s) 表示为

$$K_n = \frac{k_n^A k_n^B}{k_n^A + k_n^B},\ K_s = \frac{k_s^A k_s^B}{k_s^A + k_s^B} \tag{7-4}$$

然后，接触处的本构行为可以用接触刚度 (K_n, K_s) 表示为

$$F_n = U_n K_n,\ F_s = U_s K_s \tag{7-5}$$

3. 集料与胶浆的接触刚度模型

如图 7-2(c)所示，在集料和胶浆之间的接触处，通过连接弹簧和 Burger 模型建立了刚度模型。弹簧代表集料(A)，Burger 模型代表胶浆(B)。显然，通过将图 7-2(c)中串联的两个弹簧元件组合成一个如图 7-3 所示的弹簧元件，可以形成 Burger 的接触模型。合并后，Burger 的模型参数可以表示为

$$K_{mn} = \frac{k_{mn}^B k_n^A}{k_{mn}^B + k_n^A},\ K_{ms} = \frac{k_{ms}^B k_s^A}{k_{ms}^B + k_s^A} \tag{7-6}$$

$$\begin{aligned} &C_{mn} = c_{mn}^B,\ K_{kn} = k_{kn}^B,\ C_{kn} = c_{kn}^B, \\ &C_{ms} = c_{ms}^B,\ K_{ks} = k_{ks}^B,\ C_{ks} = c_{ks}^B \end{aligned} \tag{7-7}$$

以上方程式中的参数是弹簧和阻尼元件的刚度和黏度，如图 7-3 所示。等式左侧的变量表示接触时的刚度和黏度，而等式右侧的变量表示接触时的两个球的刚度和黏度。

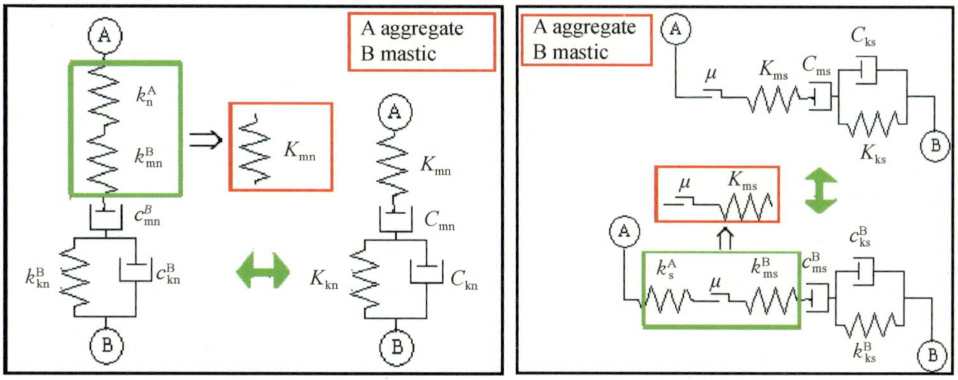

(a) 法线方向　　(b) 切线方向

图 7-3　Burger 的模型参数在胶浆和集料球体之间的转换

4. 沥青混合料中的滑移和黏结模型

如图 7-2 所示，除了上面的刚度模型外，PFC 软件中的 contact-bondmodel 用于模拟四种相互作用之间的黏结，slipmodel 用于表征四种相互作用中的滑移特性。

7.2.2 离散元黏弹性模型参数确定

离散元模型通过球形单元的接触作用模拟沥青混合料的本构关系。显然，接触模型能够直接表征沥青混合料内部的微细观相互作用，但对应的微细观尺度的模型参数通常很难通过实验直接测量。为了确定模型参数，需要建立宏观参数与微细观参数之间的转换关系，本节主要探讨如何构建转换关系。在实验室中，可以测量以下数据：①集料的杨氏模量(E)和泊松比(ν)；②沥青胶浆的黏弹性，如动态模量(E^*)、相位角(φ)和蠕变柔量(J_c)。通常，沥青胶浆实验室测试数据符合 Burger 模型，其四个参数如图 7-4 所示。

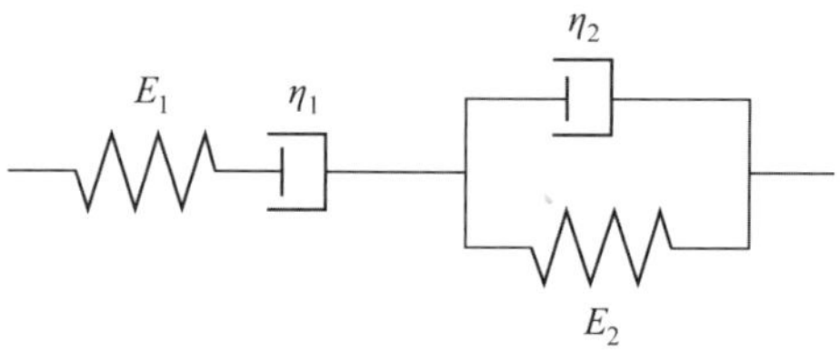

图 7-4 Burger 模型

如前所述，相应的微尺度模型参数是离散单元的接触模型参数(集料内部、集料之间、胶浆体内部、胶浆与集料之间)。通常对于离散元弹性建模，两个离散单元之间的接触行为与弹性梁的接触行为有关，其末端位于两个离散单元的中心。梁的两端分别受到作用在每个离散单元中心的相应力和力矩矢量的加载。对于黏弹性仿真，采用黏弹性梁代替弹性梁。在这项研究中，弹性和黏弹性梁被用来代表集料和胶浆性质。梁的长度(L)、宽度(W)和高度(H)表示为

$$H=\begin{cases}t & (2D)\\ L & (3D)\end{cases},\ L=W=R^{[A]}+R^{[B]} \tag{7-8}$$

式中 $R^{[A]}$, $R^{[B]}$—— 接触球的半径；

t ——盘的厚度，可以通过 PFC2D 命令“set disk t”设置。

因此，梁的横截面积(A)和惯性(I)可以表示为

$$A=\begin{cases}Lt & (2D)\\ L^2 & (3D)\end{cases},\ I=\frac{1}{12}\begin{cases}L^3t & (2D)\\ L^4 & (3D)\end{cases} \tag{7-9}$$

1. 集料内部的刚度模型参数

集料的宏观尺度特性(E 和 μ)可以在实验室中测量，相应的微观模型参数(k_n^A, k_s^A, k_n^B, k_s^B)可以用宏观尺度特性表示。在法线方向上，以下等式可以推导为

$$\left.\begin{aligned}F&=K_n\Delta L\\ F&=E\varepsilon A=\frac{EA\Delta L}{L}\end{aligned}\right\}\Rightarrow K_n=\frac{EA}{L}=E\begin{cases}t & (2D)\\ L & (3D)\end{cases} \tag{7-10}$$

式中 F—— 施加在弹性梁两端的纯轴向荷载；

K_n—— 接触点的接触刚度，代表梁的刚度；

E—— 梁的杨氏模量；

ΔL，ε ——轴向荷载条件下梁的相对位移和应变的增量。

在剪切方向上，可以得到类似的方程：

$$K_s = \frac{12IG}{L^3}\begin{cases} Gt & (2D) \\ GL & (3D) \end{cases} \tag{7-11}$$

式中 K_s——接触点的剪切刚度；

G——剪切模量，可以用杨氏模量 E 和泊松比(ν)表示为

$$E = 2G(1+\nu) \tag{7-12}$$

因为图 7-2(d)中两个球在接触处的刚度具有相同的值，因此，根据式(7-4)、式(7-10)和式(7-11)，微观模型参数可以表示为

$$k_n^A = k_n^B = 2E\begin{cases} t & (2D) \\ L & (3D) \end{cases},\ k_s^A = k_s^B = 2G\begin{cases} t & (2D) \\ L & (3D) \end{cases} \tag{7-13}$$

2. 沥青胶浆内部接触刚度模型参数

如上所述，采用黏弹性梁将基于实验室的宏观尺度材料特性与沥青胶浆的微观尺度模型参数相关联。图 7-4 通常用 Burger 模型拟合沥青玛𤩽脂在压缩或拉伸荷载条件下的宏观响应。利用黏弹性宏观材料的特性，可以按如下方式确定微观模型参数。

在纯轴向荷载条件下，Burger 模型位移的三个部分（u_k，u_{mk}，u_{mc}）可以用其相应的应变(ε_k，ε_{mk}，ε_{mc}）分别表示为

$$u_{mc} = \varepsilon_{mc}L,\ u_k = \varepsilon_k L,\ u_{mk} = \varepsilon_{mk}L \tag{7-14}$$

联合式(7-11)和式(7-14)得：

$$f_n = \dot{\varepsilon}_{mc}C_{mn}L = L\varepsilon_k K_{kn} + L\dot{\varepsilon}_k C_{kn} = \varepsilon_{mk}K_{mn}L \tag{7-15}$$

根据图 7-4 所示的 Burger 模型，相应的应力(σ)可以表示为

$$\sigma = \dot{\varepsilon}_{mc}\eta_1 = \varepsilon_k E_2 + \dot{\varepsilon}_k\eta_2 = \varepsilon_{mk}E_1 \tag{7-16}$$

式中，E_1，E_2，η_1，η_2 是 Burger 的模型参数，如图 7-4 所示。E_1，η_1 是串联的弹簧和粘壶元件的模量和黏度；E_2，η_2 是并联的弹簧和粘壶元件的模量和黏度。同样，应力(σ)和力(f_n)可以表示为

$$f_n = \sigma A \tag{7-17}$$

将式(7-14)—式(7-16)替换为式(7-17)：

$$\dot{\varepsilon}_{mc}C_{mn}L = A\dot{\varepsilon}_{mc}\eta_1 \tag{7-18}$$

$$L\varepsilon_k K_{kn} + L\dot{\varepsilon}_k C_{kn} = A\varepsilon_k E_2 + A\dot{\varepsilon}_k \eta_2 \Leftrightarrow \varepsilon_k (LK_{kn} - E_2 A) + \dot{\varepsilon}_k (LC_{kn} - A\eta_2) = 0 \tag{7-19}$$

$$\varepsilon_{mk} K_{mn} L = A\varepsilon_{mk} E_1 \tag{7-20}$$

因此,可得到

$$K_{kn} = \frac{E_2 A}{L} = E_2 \begin{cases} t & (2D) \\ L & (3D) \end{cases} \tag{7-21}$$

$$C_{kn} = \frac{A\eta_2}{L} = \eta_2 \begin{cases} t & (2D) \\ L & (3D) \end{cases} \tag{7-22}$$

$$K_{mn} = \frac{E_1 A}{L} = E_1 \begin{cases} t & (2D) \\ L & (3D) \end{cases} \tag{7-23}$$

$$C_{mn} = \frac{A\eta_1}{L} = \eta_1 \begin{cases} t & (2D) \\ L & (3D) \end{cases} \tag{7-24}$$

使用式(7-21)—式(7-24),可以用法线方向上基于实验室的宏观尺度特性来表示 Burger 模型的微观尺度参数。根据杨氏模量(E)与剪切模量(G)之间的关系 $E=2(1+\nu)G$,可以用式(7-26)和式(7-28)表示剪切方向上弹簧元件的微尺度参数。对于粘壶元件,本研究假设存在相似的关系,并且可以用式(7-25)和式(7-27)表示。

$$C_{ms} = \frac{C_{mn}}{2(1+\nu)} = \frac{\eta_1}{2(1+\nu)} \begin{cases} t & (2D) \\ L & (3D) \end{cases} \tag{7-25}$$

$$K_{ks} = \frac{K_{kn}}{2(1+\nu)} = \frac{E_2}{2(1+\nu)} \begin{cases} t & (2D) \\ L & (3D) \end{cases} \tag{7-26}$$

$$C_{ks} = \frac{C_{kn}}{2(1+\nu)} = \frac{\eta_2}{2(1+\nu)} \begin{cases} t & (2D) \\ L & (3D) \end{cases} \tag{7-27}$$

$$K_{ms} = \frac{K_{mn}}{2(1+\nu)} = \frac{E_1}{2(1+\nu)} \begin{cases} t & (2D) \\ L & (3D) \end{cases} \tag{7-28}$$

式中,ν 为泊松比,对于沥青胶浆,其值设定为 0.5[65]。

3. 胶浆球体的 Burger 模型参数

如上所述,两个胶浆球之间接触处的黏弹性参数可以用式(7-24)—式(7-28)表示。为了将式(7-21)—式(7-28)中列出的接触点的参数转换为两个接触胶浆球的属性,将接触点的 Burger 模型分离为两个相同的 Burger 模型单元,如图 7-5 所示。Burger 的两个模型单元代表了两个接触的胶浆球。转换后的模型参数确定如下:

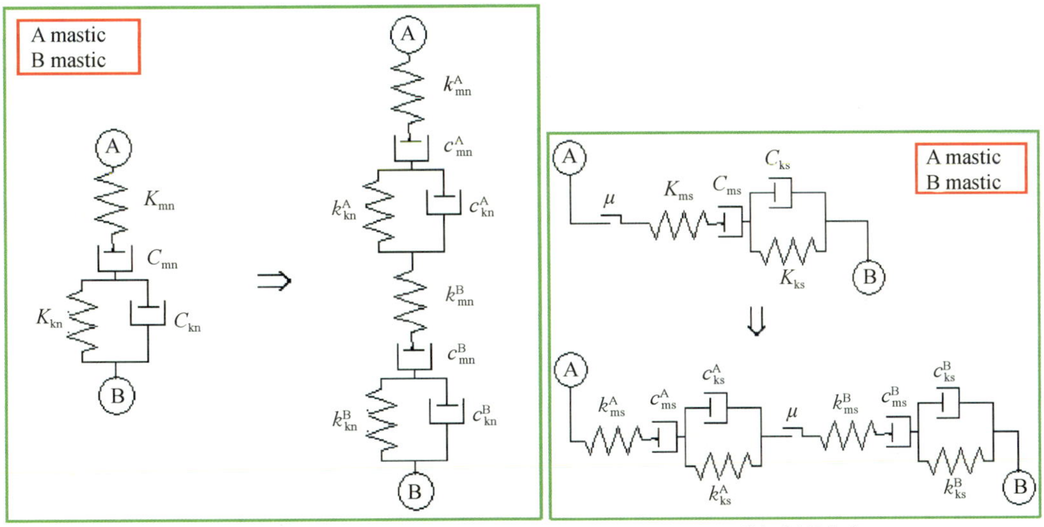

(a) 法线方向　　(b) 切线方向

图 7-5　两个接触胶浆球体的 Burger 模型参数的转换

$$c^B_{mn}=c^A_{mn}=2C_{mn}=2\eta_1\begin{cases}t & (2D)\\ L & (3D)\end{cases} \tag{7-29}$$

$$k^B_{kn}=k^A_{kn}=2K_{kn}=2E_2\begin{cases}t & (2D)\\ L & (3D)\end{cases} \tag{7-30}$$

$$c^B_{kn}=c^A_{kn}=2C_{kn}=2\eta_2\begin{cases}t & (2D)\\ L & (3D)\end{cases} \tag{7-31}$$

$$k^B_{mn}=k^A_{mn}=2K_{mn}=2E_1\begin{cases}t & (2D)\\ L & (3D)\end{cases} \tag{7-32}$$

$$c^B_{ms}=c^A_{ms}=2C_{ms}=\frac{\eta_1}{(1+\nu)}\begin{cases}t & (2D)\\ L & (3D)\end{cases} \tag{7-33}$$

$$k^B_{ks}=k^A_{ks}=2K_{ks}=\frac{E_1}{(1+\nu)}\begin{cases}t & (2D)\\ L & (3D)\end{cases} \tag{7-34}$$

$$c^B_{ks}=c^B_{ks}=2C_{ks}=\frac{\eta_2}{(1+\nu)}\begin{cases}t & (2D)\\ L & (3D)\end{cases} \tag{7-35}$$

$$k^B_{ms}=k^A_{ms}=2K_{ms}=\frac{E_1}{(1+\nu)}\begin{cases}t & (2D)\\ L & (3D)\end{cases} \tag{7-36}$$

4. 集料和胶浆之间的刚度模型的 Burger 模型参数

根据式(7-6)、式(7-1)、式(7-13)、式(7-29)—式(7-31)、式(7-33)—式(7-35)，可以得到集料和胶浆之间的刚度模型的 Burger 模型参数，即

$$K_{mn}=\frac{2EE_1}{E+E_1}\begin{cases}t & (2D)\\ L & (3D)\end{cases},\ K_{ms}=\frac{2GE_1}{G(1+\nu)+E_1}\begin{cases}t & (2D)\\ L & (3D)\end{cases} \tag{7-37}$$

$$K_{kn}=2E_2\begin{cases}t & (2D)\\ L & (3D)\end{cases},\ K_{ks}=\frac{E_2}{(1+\nu)}\begin{cases}t & (2D)\\ L & (3D)\end{cases} \tag{7-38}$$

$$C_{mn}=2\eta_1\begin{cases}t & (2D)\\ L & (3D)\end{cases},\ C_{ms}=\frac{\eta_1}{(1+\nu)}\begin{cases}t & (2D)\\ L & (3D)\end{cases} \tag{7-39}$$

$$C_{kn}=2\eta_2\begin{cases}t & (2D)\\ L & (3D)\end{cases},\ C_{ks}=\frac{\eta_2}{(1+\nu)}\begin{cases}t & (2D)\\ L & (3D)\end{cases} \tag{7-40}$$

5. 滑移和黏结模型参数

接触处的滑模的摩擦力 μ 由两个接触球的摩擦力之间的最大值确定。

假设材料在接触处的拉伸和剪切强度用 σ_c，τ_c 表示，则法向和剪切方向上的接触键可表示为

$$\phi_n=\sigma_c A=\sigma_c\begin{cases}tL & (2D)\\ L^2 & (3D)\end{cases},\ \phi_s=\tau_c A=\tau_c\begin{cases}tL & (2D)\\ L^2 & (3D)\end{cases} \tag{7-41}$$

7.3 基于离散单元法的沥青混合料动态模量虚拟实验

7.3.1 沥青混合料的动态模量实验测试

为了提供输入参数并验证离散元建模结果，对沥青胶浆材料进行了动态模量测试。本研究中使用的沥青混合料来自美国密歇根州高速公路现场项目，集料的公称最大粒径为 19 mm，沥青含量质量分数为 5.59%（或体积分数为 12.54%），集料详细粒径列于表 7-1。沥青混合料和胶浆样品均在 Superpave 旋转压实机中压实至目标空隙。在 haversine 荷载作用条件下进行了沥青胶浆和混合物的单轴动态模量测试。动态模量和相位角是分别在四个温度（即 −5 ℃，4 ℃，13 ℃，21 ℃）和四个频率（1 Hz，5 Hz，10 Hz，25 Hz）下测量的，如图 7-6 和图 7-7 所示。

表 7-1　　沥青混合料的级配

筛孔尺寸/mm	通过率/%	剩余率/%
19	100	0
12.5	98.7	1.3
9.5	86.5	12.2
4.75	71.8	14.7

（续表）

筛孔尺寸/mm	通过率/%	剩余率/%
2.36	51.4	20.4
1.18	36.1	15.3
0.6	25.5	10.6
0.3	14.7	10.8
0.15	7.7	7
0.075	5.4	2.3
盘中	0	5.4

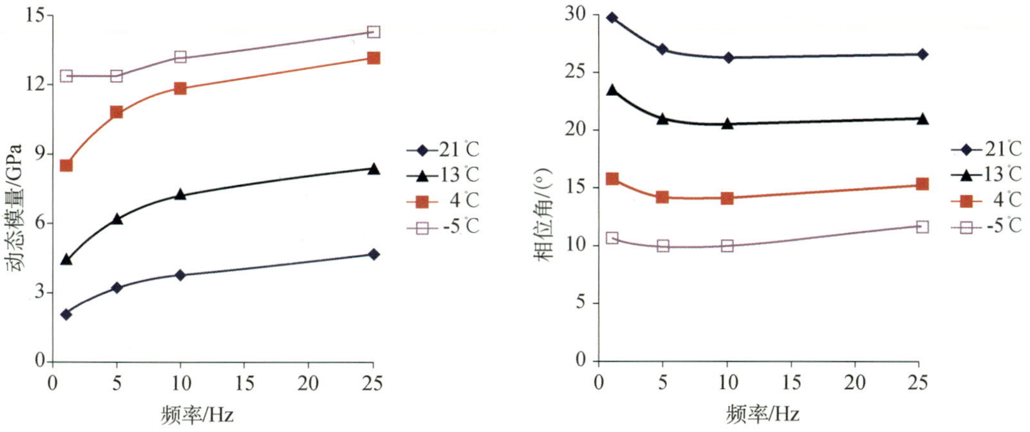

(a) 动态模量　　(b) 相位角

图 7-6　沥青混合料胶浆的动态模量和相位角

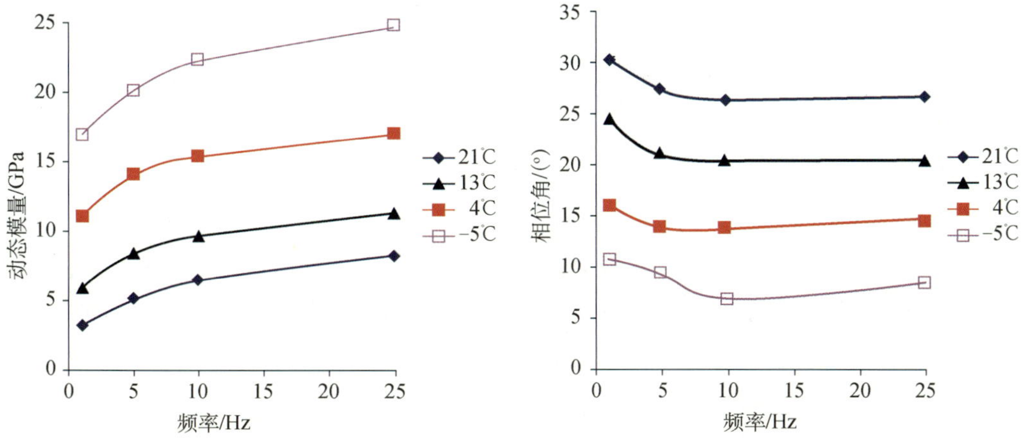

(a) 动态模量　　(b) 相位角

图 7-7　沥青混合料的动态模量和相位角

7.3.2 正弦荷载下的 Burger 模型参数

根据 NCHRP 报告 465，线性黏弹性材料在连续正弦荷载下的应力-应变关系由称为复数模量（E^*）的复数来定义。动态模量 $|E^*|$ 定义为 E^* 的绝对值。数学上，$|E^*|$ 可以用最大动应力（σ_0）和可恢复应变（ε_0）表示：

$$|E^*| = \frac{\sigma_0}{\varepsilon_0} \tag{7-42}$$

相位角 ϕ 是可恢复应变（ε_0）滞后于动态应力（σ_0）的角度。它是用于评估材料黏性特性的指标。（E^*），$|E^*|$ 和 ϕ 之间的关系可以表示为

$$E^* = |E^*|\cos(\phi) = |E^*|\sin(\phi) \tag{7-43}$$

室内试验施加的荷载不是理想的正弦荷载，而是如式(7-44)表达的应力函数：

$$\sigma(t) = a\cos(\omega t) + b\sin(\omega t) + \sigma_l(t) = \sqrt{a^2 + b^2}\sin(\omega t - \delta_\sigma) + \sigma_l(t) \tag{7-44}$$

式中，a，b 为常数。

与应力函数相对应的应变函数，其表达如式(7-45)：

$$\varepsilon(t) = A\cos(\omega t) + B\sin(\omega t) + \varepsilon_l(t) = \sqrt{A^2 + B^2}\sin(\omega t + \delta_\varepsilon) + \varepsilon_l(t) \tag{7-45}$$

式中，A，B 为常数。

按照 NCHRP 报告中的定义，动态模量和相位角的计算公式如下：

$$|E^*| = \frac{\sqrt{a^2 + b^2}}{\sqrt{A^2 + B^2}} \tag{7-46}$$

$$\phi = \delta_\varepsilon - \delta_\sigma \tag{7-47}$$

从理论上讲，任何两参数线性黏弹性力学模型（如 Maxwell 模型和 Kelvin 模型）都足以在特定频率下拟合动态模量 $|E^*|$ 和相位角 ϕ。可以解释如下：式(7-46)和式(7-47)中测得的 $|E^*|$ 和 ϕ 可以用 Maxwell 模型或 Kelvin 模型的两个常数来表示。结果获得了两个方程，其中只有两个常数是未知的。然后，可以用两个方程轻松地求解这两个常数。但是，使用两参数模型的主要限制是：在沥青材料的实际动态模量测试中，很难表示其他荷载条件下的材料行为，如蠕变和斜坡荷载。例如，Kelvin 模型更适合于表示蠕变行为，而 Maxwell 模型却适合于应力松弛。因此，尽管 Kelvin 模型和 Maxwell 模型在模拟动态模量和相位角方面都是等效的，但在拟合蠕变，延迟或松弛方面肯定是不同的。为了表示在更复杂的荷载条件下的材料行为，通常考虑两个简单的力学元素（Maxwell 或 Kelvin）的组合，例如 Burger 模型，广义 Maxwell 模型和广义 Kelvin 模型。Burger 模型是最简单的组合，其中 Maxwell 元素和 Kelvin 元素串联连

接，如图 7-8 所示。

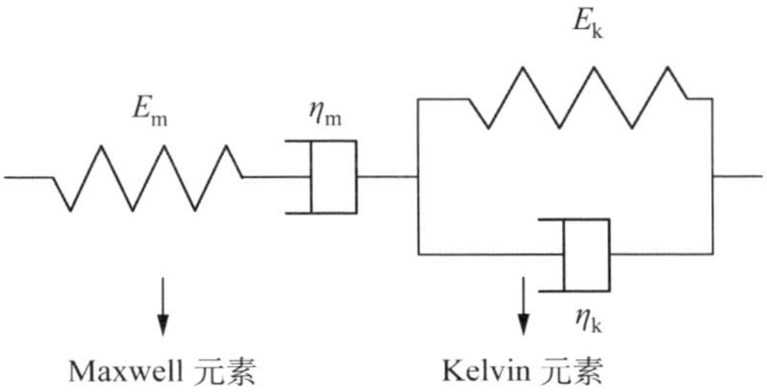

图 7-8 Burger 模型

本研究选择 Burger 模型来模拟沥青材料，根据黏弹性理论[81]，动态模量、相位角与 Burger 模型四参数之间的关系，可以用如下两个方程表示：

$$\frac{\cos(\phi)}{|E^*|}=\frac{1}{E_m}+\frac{E_k}{E_k^2+\omega^2\eta_k^2} \tag{7-48}$$

$$\frac{\sin(\phi)}{|E^*|}=\frac{1}{\omega\eta_m}+\frac{\omega\eta_k}{E_k^2+\omega^2\eta_k^2} \tag{7-49}$$

整理如上两个方程，可以得到式(7-50)和式(7-51)：

$$\left(\frac{1}{E_m}-\frac{\cos(\phi)}{|E^*|}\right)^2+\left(\frac{1}{\omega\eta_m}-\frac{\sin(\phi)}{|E^*|}\right)^2=\frac{1}{R_k^2} \tag{7-50}$$

$$E_k^2+(\omega\eta_k)^2=R_k^2 \tag{7-51}$$

显然，以动态模量和相位角为变量，Burger 模型四参数为常量，式(7-50)和式(7-51)是两个圆方程，分别称之为 Kelvin 圆方程和 Maxwell 圆方程，合称“M-K 圆”。如图 7-9 所示，Burger 模型的四个参数可以通过 M-K 圆表示出来。

假设给出了 R_k 和 ϕ_k，则可以使用 M-K 圆确定四个 Burger 的模型参数。

$$E_k=R_k\cos(\phi_k) \tag{7-52}$$

$$\eta_k=\frac{R_k\sin(\phi_k)}{\omega} \tag{7-53}$$

$$E_m=\frac{|E^*|R_k}{R_k\cos(\phi)-|E^*|\cos(\phi_k)} \tag{7-54}$$

$$\eta_m=\frac{|E^*|R_k}{\omega[\sin(\phi)R_k-|E^*|\sin(\phi_k)]} \tag{7-55}$$

数学上，ϕ_k 可以是 0°～90°的任何角度。考虑到 ϕ_k 的物理含义，它是与 Kelvin 元素

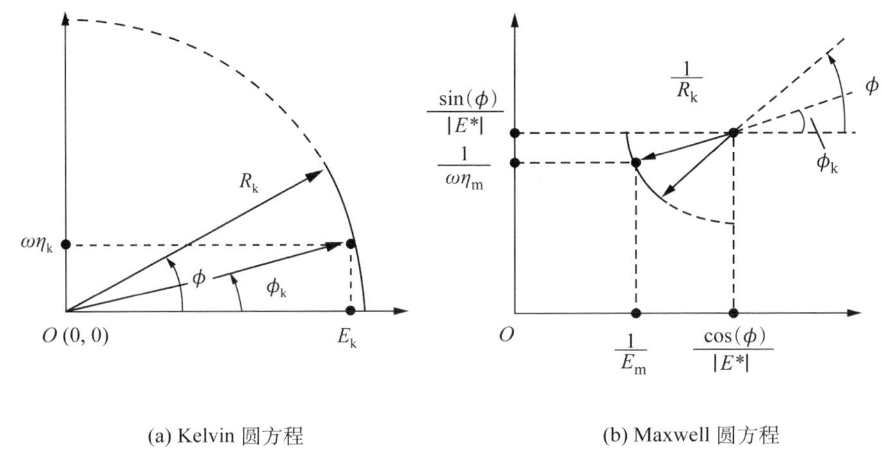

图 7-9　确定 Burger 模型参数的 M-K 圆

的相位角，而 Kelvin 元素是 Burger 模型的一部分。因此，ϕ_k 是 ϕ 的一部分，应满足 $0 \leqslant \phi_k \leqslant \phi$。因为式(7-54)和式(7-55)中 E_m 和 η_m 的值是正值，所以 $R_k \geqslant |E^*|$。

概括地说，要使材料动态学行为与 Burger 模型相匹配，需要三个步骤：

(1) 选择 $\phi_k(0 \leqslant \phi_k \leqslant \phi)$；

(2) 选择 $R_k(R_k \geqslant |E^*|)$；

(3) 把 ϕ_k 和 R_k 代入 M-K 圆，利用式(7-52)—式(7-55)解析地确定四个 Burger 的模型参数。

按照如上三个步骤，能够按照解析解求出 Burger 模型的四参数。但值得注意的是合理选择 ϕ 和 R_k 非常关键，而且求解结果与实验测试数据也密切相关。读者可以参考文献[52]。

7.3.3　基于频率-温度叠加原理的黏弹性离散元仿真方法

按照频率-温度叠加原理，材料的动态模量是温度和频率的函数，且可以等效转换，如式(7-56)所示：

$$E(\omega_1,\ T_1)=E(\omega_2,\ T_2) \tag{7-56}$$

式中　E—— 材料的特性，如动态模量、相位角等；

ω_1，T_1—— 实验室测试中的角频率和负载温度；

ω_2，T_2——参考温度下的角频率和参考温度。

传统上，频率-温度叠加原理用于建立动态模量的主曲线，以分析或预测沥青混合料的性能[82]。为了建立主曲线，选择参考温度，并计算移位因子，以将常规测试数据移动到平滑的主曲线中[83]。本研究不关注如何计算移位因子和构造主曲线，提出一种频率-温度叠加原理的新方法，介绍如下。

(1) 通过将常规加载频率乘以系数 ξ 来放大常规加载频率。实验室测试中的频率 ω_1 通过乘以系数 ξ 放大到 ω_2，如式(7-57)所示。

$$\omega_2 = \xi\omega_1 \tag{7-57}$$

在沥青混合料的数值模拟中，荷载频率由 ω_1 替换为 ω_2，可以大大节省计算时间。例如，当 $\xi=1\ 000$ 时，荷载频率增加 1 000 倍，周期变为原来的 1/1 000，这意味着计算时间缩短到原来的 1/1 000。也就是说，通常需要 1 000 d 的数值模拟，在 1 d 内就可以完成。

(2) 根据频率-温度叠加原理修改 Burger 的模型参数。显然，加快了仿真速率，模型参数也要相应改变。传统上，温度必须直接参与计算移位因子以建立主曲线。然而，在本研究新开发的方法中，温度并不直接参与放大系数 ξ 的计算，而放大系数 ξ 具有与移位因子相似的含义。相反，温度反映在根据频率-温度叠加来修改 Burger 的模型参数中。

由于 Burger 模型中的弹簧元素与温度和加载频率无关，因此，Burger 模型中两个阻尼器的黏度代表温度或加载频率的影响。例如，$\eta_m(T_1)$ 和 $\eta_k(T_1)$ 表示 T_1 处的时间相关属性，而 $\eta_m(T_2)$ 和 $\eta_k(T_2)$ 表示 T_2 处的时间相关属性。因此，公式(7-56)中的频率-温度叠加原理可以等效地用式(7-58)表示：

$$E(\omega_1,\ \eta_m(T_1),\ \eta_k(T_1)) = E(\omega_2,\ \eta_m(T_2),\ \eta_k(T_2)) \tag{7-58}$$

通过将式(7-58)中的原理应用于式(7-48)和式(7-49)，可以轻松实现：

$$\eta_M(T_2) = \frac{\omega_1}{\omega_2}\eta_M(T_1) = \frac{\eta_M(T_1)}{\xi} \tag{7-59}$$

$$\eta_k(T_2) = \frac{\omega_1}{\omega_2}\eta_k(T_1) = \frac{\eta_k(T_1)}{\xi} \tag{7-60}$$

(3) 使用放大的频率和修改后的 Burger 模型参数进行离散元建模。如上两个步骤所示，采用放大后的频率和修改后的 Burger 模型参数，可以与常规条件下的频率和模型参数等效。为了节省计算时间，本研究利用这一等效原理，利用放大的频率和修改后的 Burger 模型参数进行离散元建模。

7.3.4 基于 2D 离散元模型的沥青胶浆仿真实验

该仿真实验是在矩形区域(30 mm×45 mm)内创建单个尺寸的离散单元(半径为 0.2 mm 的圆盘)并将其黏合在一起，应用了 Burger 模型来模拟沥青胶浆样本的黏弹性行为。如前所述，在实际荷载条件下模拟了单轴动态模量试验。实验室使用的实际负载频率为 1，5，10，25 Hz。通过拟合沥青胶浆的原始动态模量测试结果确定 Burger 的模型参数，拟合结果列于表 7-2。应当指出，对于特定温度，在不同加载频率下，弹簧

参数 E_m，E_k 通常被认为是常数，但是由于非循环荷载(恒定荷载和斜坡荷载)，使得它们在本研究中略有不同。

表 7-2　　沥青胶浆 Burger 的拟合模型参数

温度/℃	频率/Hz	E_m/GPa	η_m/(GPa・s)	E_k/GPa	η_k/(GPa・s)
21	25	37.59	3.81	4.58	0.02
	10	25.51	3.60	3.77	0.03
	5	16.27	3.06	3.40	0.07
	1	6.84	5.65	2.24	0.27
13	25	9.69	14.90	4.67	0.14
	10	8.89	11.63	6.87	0.30
	5	6.77	55.70	1.11	0.55
	1	5.02	54.82	1.01	1.82
4	25	24.75	55.83	34.91	0.28
	10	18.26	112.03	12.95	1.08
	5	16.87	81.93	14.66	1.95
	1	13.10	323.84	5.97	7.14
−5	25	33.11	141.00	42.57	0.15
	10	21.47	173.02	48.77	1.25
	5	18.65	327.73	22.26	3.12
	1	18.67	1 007.35	18.94	14.92

为了减少计算时间，以 ξ=50，100，500，1 000，2 500，5 000，25 000 放大了实际加载频率。使用式(7-59)和式(7-60)修改了表 7-2 中确定的 Burgers 模型参数。然后，利用放大的频率和修改后的模型参数进行离散元仿真。在仿真过程中输出了平均应力和应变，如图 7-10 所示。在 Excel 工作表中，输出应力和应变适合用式(7-44)和式(7-45)计算，而动态模量和相位角则用式(7-46)和式(7-47)计算。图 7-11(a)比较了离散元预测和室内测量的动态模量；图 7-11(b)比较了离散元预测和室内测量的相位角。为了评估动态模量和相位角，使用式(7-61)计算离散元预测动态模量和相位角与室内测量结果之间的相对误差：

$$Error=\frac{|E^*|_{Lab}-|E^*|_{DEM}}{|E^*|_{Lab}} \tag{7-61}$$

计算出的误差与放大频率的关系如图 7-11(c)，(d)所示。可以观察到如下情况：

(1) 当放大频率小于 25 kHz 时(25 Hz 时，$\xi\leqslant$1 000；10 Hz 时，$\xi\leqslant$2 500；5 Hz 时，

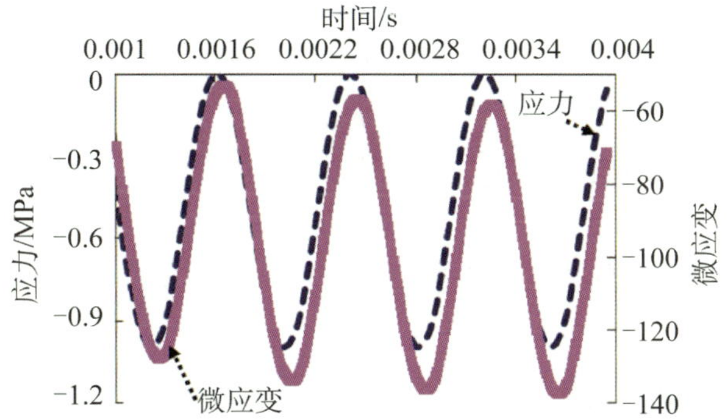

图 7-10　模拟输出数据的应力与应变与时间的关系曲线

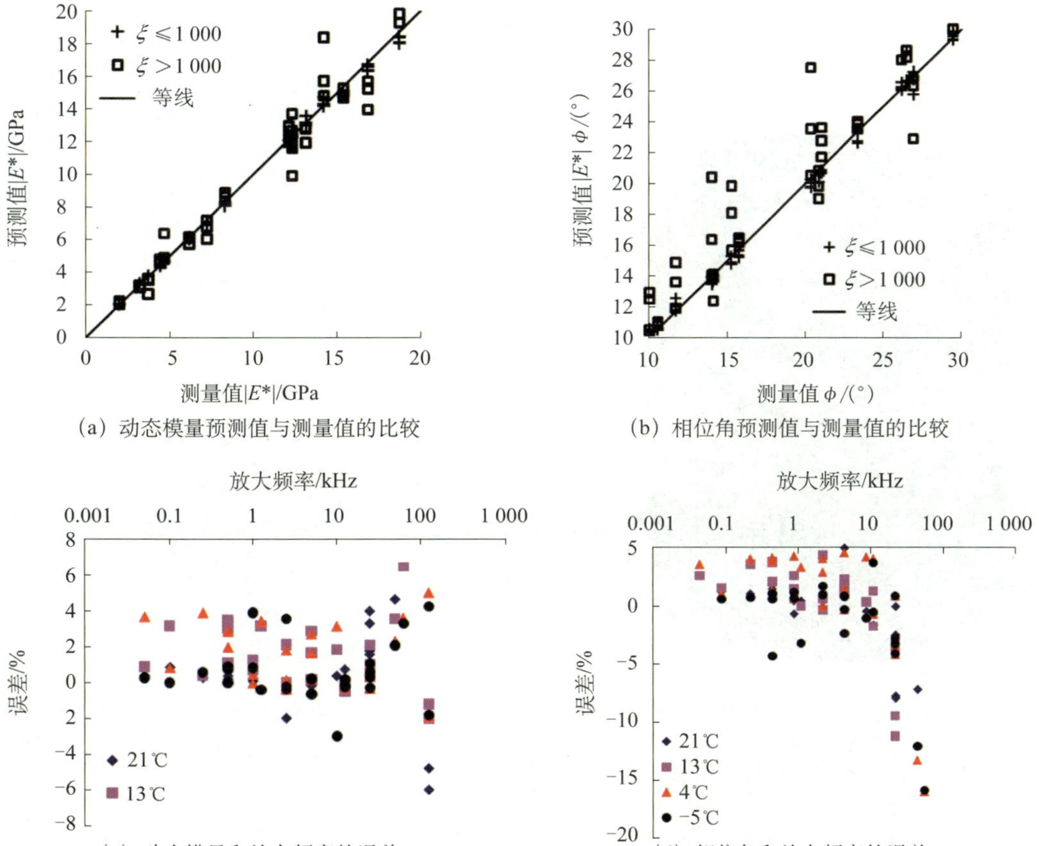

(a) 动态模量预测值与测量值的比较　(b) 相位角预测值与测量值的比较

(c) 动态模量和放大频率的误差　(d) 相位角和放大频率的误差

图 7-11　动态模量和相位角的预测和测量之间的比较

$\xi \leqslant 5\ 000$；1 Hz 时，$\xi \leqslant 25\ 000$)，计算出的动态模量以及相位角四个温度和频率非常接近实验室测量的温度和频率，误差在 8%之内，并且大多数误差范围是 0.05%～4%。

(2) 当放大频率大于 25 kHz 时，动态模量和相位角的误差都相对较高，有些误差大于 15%。较大的误差归于以下原因：①在较低的加载频率或准静态条件下，黏弹性材料的质量惯性可以忽略。当施加的频率太高以致必须考虑质量惯性时，离散元建模误差可能会增加。②除了动荷载外，还涉及非循环荷载，例如恒定荷载和斜坡荷载。但是，当放大频率并修改 Burger 的模型参数时，仅考虑动态荷载。

7.3.5 沥青混合料的动态模量离散元仿真

许多研究人员将研究重点放在沥青混合料的离散元建模上。由于计算时间的限制，仅使用 2D 模型并通过有限的实验室测试进行了校准。当沥青胶浆的放大频率小于 25 kHz 时，频率-温度叠加对于沥青胶浆的离散元建模有效。因此，通过频率-温度叠加，沥青胶浆的离散元建模可以加快 1 000 倍(对于 25 Hz)到25 000倍(对于 1 Hz)。显然，利用频率-温度叠加原理克服了离散元黏弹性模型计算时间的限制，本节主要介绍具有频率-温度叠加的沥青混合料的 2D 和 3D 离散元黏弹性建模，并比较了 2D 和 3D 模型的结果。

图 7-12　沥青混合料微观结构示例（白色代表沥青砂浆，其他代表不同大小的粗集料）

采用自定义离散元模型Ⅲ构建圆柱形沥青混合料虚拟试样，通过设置不同的随机种子(seed)考虑集料颗粒的空间分布特征。随机种子的默认值是 10 000，图 7-12 显示了具有默认随机种子值的沥青混合料微结构模型的一个示例。

先前的研究[54]提供了力学模型，图 7-13 显示了黏弹性离散元模型的配置。用 Burger 模型来模拟沥青胶浆的黏弹性行为，而使用线性弹性模型来模拟集料之间和集料内部的弹性行为。Burger 的模型参数已在表 7-2 中列出，集料线性弹性参数也在先前的研究中有所介绍[54]。为了加速离散元建模，对于 25，10，5，1 Hz 的实际频率，放大系数分别为 250，500，1 000，5 000。因此，对于 25 Hz 的实际频率，放大后的频率为 6 250 Hz；对于其他加载频率，则放大后的频率都是 5 000 Hz。

本研究采用 6 种不同的随机种子(取值分别是 1 000，10 000，15 000，20 000，25 000 和 30 000)，分别构建了 6 个 3D 沥青混合料模型副本，使用了 21 ℃温度下的 Burger 模型参数。动态模量和相位角的输出和计算与上一节中提供的沥青胶浆的输出和计算相似。如图 7-14 所示，动态模量和相位角相对于 6 个重复的随机种子的预测误差如下：

(1) 当随机种子等于 10 000(默认值)时，所有频率的动态模数具有最小的误差，而

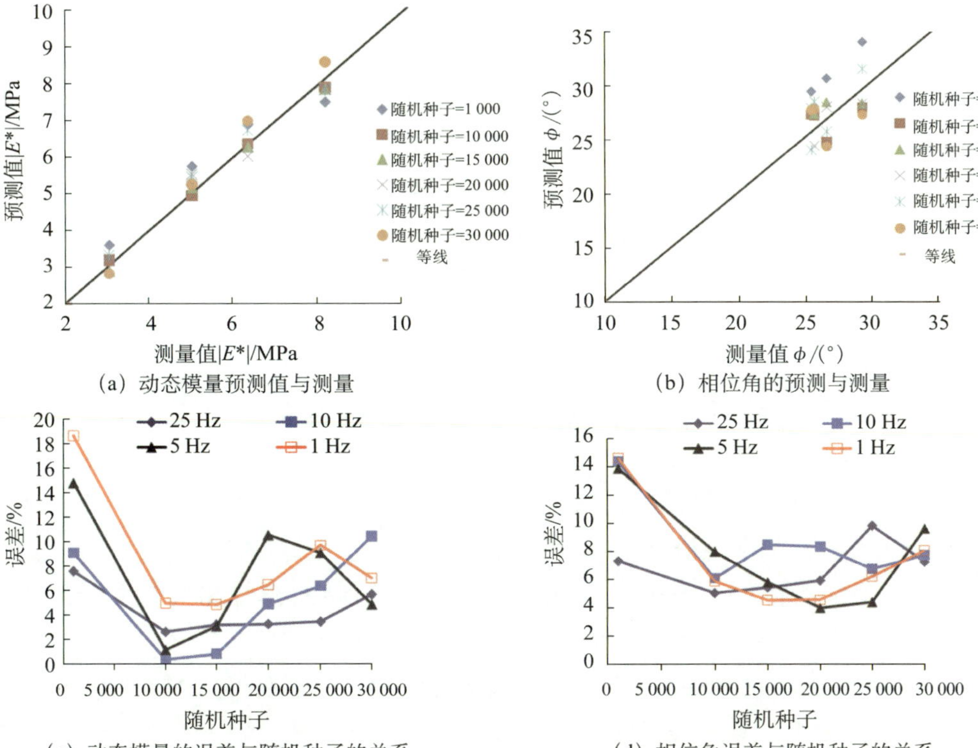

(a) 动态模量预测值与测量　(b) 相位角的预测与测量

(c) 动态模量的误差与随机种子的关系　(d) 相位角误差与随机种子的关系

图 7-13　不同随机种子的预测和测量之间的比较

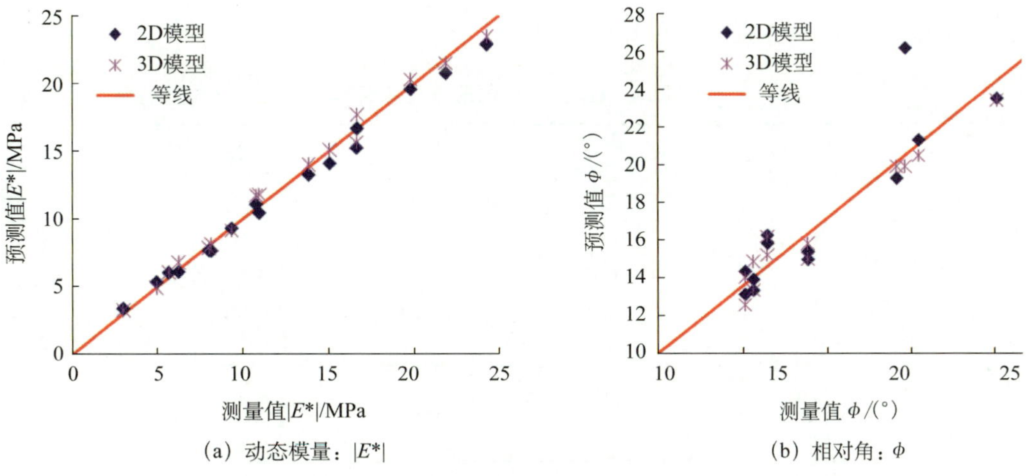

(a) 动态模量：|E*|　(b) 相对角：φ

图 7-14　沥青混合料的 2D 和 3D 建模与实验室结果比较

25 Hz 和 10 Hz 的相位角也具有最小的误差。其他两个频率(5 Hz 和 1 Hz)的相位角误差分别为 7.99%和 5.79%。

(2) 当随机种子大于 10 000 时，所有误差在 10%以内，动态模量的最大误差为 9.4%，相位角的最大误差为 5.63%。

(3) 当随机种子为 1 000 时，则误差相对较大。动态模量的最大误差为 18.65%，相位角的最大误差为 14.38%，而最小误差分别为 7.6%和 7.33%。

如上结果为选择随机种子提供了以下建议：如果仅对沥青混合料进行离散元建模，建议使用默认的随机种子，或者比默认值大的随机种子。

按照如上研究结论，应用默认的随机种子构建 2D 和 3D 离散元模型，施加正弦荷载，在−5 ℃，4 ℃，13 ℃，21 ℃温度下，基于频率-温度叠加原理，开展沥青混合料的离散元模拟。通过分析模拟结果(应力和应变)，计算出动态模量和相位角，并将其绘制在图 7-15中。每个温度的平均误差是通过将该温度下四个频率的误差之和除以 4.0 来计算的。计算出的平均误差列在表 7-3 中。不难发现：

(1) 2D 和 3D 建模结果均接近实验室测量的结果，动态模量的平均误差为 1.4%和−1.22%，而相位角的平均误差为−3.23%和 0.82%。

(2) 与实验室测得的动态模量相比，用 3D 模型预测的模量略高(平均误差为−1.22%)，而使用 2D 模型预测的模量稍低(平均误差为 1.40%)。

(3) 与实验室测量的相位角相比，使用 3D 模型预测的相位角略低(平均误差为 0.82%)，而使用 2D 模型预测的相位角略高(平均误差为−3.23%)。

因此，对于动态模量和相位角的预测，2D 和 3D 模型都可以获得合理的结果。与 3D 模型相比，2D 模型的优势之一是减少了计算时间。但是，二维模型的缺点是，它们不能很好地表示沥青混合料的微观结构。3D 模型的缺点是耗时，但可以很好地描述沥青混合料的内部结构并提供更可靠的结果。

表 7-3　动态模量和相位角的平均误差

温度/℃	动态模量/%		相位角/%	
	2D	3D	2D	3D
21	−3.08	−0.39	−6.97	0.69
13	1.61	−2.51	−5.31	2.65
4	4.04	−1.08	−1.99	1.48
−5	3.05	−0.88	1.35	−1.53
平均值	1.40	−1.22	−3.23	0.82

7.4 基于离散单元法的沥青混合料蠕变虚拟实验

蠕变是沥青混合料的重要力学特性，如何仿真蠕变也成了离散元数值仿真的难点。

本节主要介绍基于时温等效原理离散元仿真方法和典型蠕变结果。

7.4.1 基于时温等效原理对蠕变实验仿真方法

目前，利用第5章提供的数字重构方法可以构建不同类型的沥青混合料虚拟实验模型，然而，蠕变实验仿真非常耗时。若计算时步按 1×10^{-7}，循环计算 10^7 步，对应的真实加载时间是 1 s。蠕变实验一般要超过 100 s，计算循环步要超过 10^9，个人计算机需要计算数月或几年才能完成一个蠕变实验模拟。为了提高蠕变仿真效率，研究者提出基于时间-温度等效（TTS）原理的离散元仿真。

类似频率-温度叠加原理，本研究采用沥青混合料的时间-温度叠加原理，认为蠕变实验的时间、温度和沥青混合料的蠕变特性满足如下表达式：

$$D(T,\ t)=D(T_r,\ t_r) \tag{7-62}$$

$$t=a_T t_r \tag{7-63}$$

式中 $D(\cdot)$—— 蠕变柔量；

$T,\ t$—— 实际温度和加载时间；

$T_r,\ t_r$—— 参考温度和减少的加载时间；

a_T—— 移位因子。

如式(7-62)和式(7-63)所表达，时温等效原理通常用于构建主曲线：移位因子 a_T 可以用温度 T 和 T_r 的函数表示[84]，在给定温度时，可以确定 a_T，并且原始测试数据可以移至参考温度下的数据，并可以减少加载时间，从而产生平滑的主曲线。利用这样的主曲线，可以在很宽的时间范围内估计给定温度下感兴趣的材料参数[85,86]。本研究利用时温等效原理，不是用于做主曲线，而是用于减少模拟时间。根据黏弹性理论[87,88]，若沥青混合料用 Burger 模型模拟，蠕变柔量可以表达为

$$D(T,\ t)=\frac{1}{E_m}+\frac{1}{\eta_m}+\frac{1}{E_k}\left(1-e^{-\frac{Ek}{\eta k}t}\right) \tag{7-64}$$

式中 $E_m,\ E_k$ ——Maxwell 模型单元和 Kelvin 模型单元的弹簧元件的模量；

$\eta_m,\ \eta_k$ ——Maxwell 模型单元和 Kelvin 模型单元的粘壶元件的阻尼。

式(7-64)中的 Burger 模型参数 $E_m,\ E_k,\ \eta_m,\ \eta_k$ 代表了实际测试温度下的黏弹性性质。为了方便起见，这些 Burger 的模型参数被称为“真 Burger 模型参数”，因为它们直接来自真实的测试数据。当温度上升到参考温度时，黏弹性会发生变化。假设 E_m，$E_k,\ \eta_m,\ \eta_k$ 为参考温度下的 Burger 模型参数，则可以用式(7-65)计算简化时间 t_r 的蠕变柔量。

$$D(T_r,\ t_r)=\frac{1}{E_m}+\frac{t_r}{\eta_{mr}}+\frac{1}{E_k}\left(1-e^{-\frac{Ek}{\eta kr}tr}\right) \tag{7-65}$$

式中，η_{mr}，η_{kr} 是参考温度下沥青混合料的两个阻尼黏度值，而 t_r 是等效时间[由表达式(7-63)求解得到]。由于式(7-65)中的 Burger 模型参数代表了在等价时间 t_r 下和参考温度下的材料性质，为方便起见，将其命名为"参考 Burger 模型参数"。尽管特定材料在实际温度和参考温度下具有不同的属性值，但这两个温度下的蠕变柔量在不同的加载周期中可以是等效的，如式(7-62)—式(7-65)所示。通过求解公式，参考 Burger 的模型参数可以用真 Burger 的模型参数表示：

$$\eta_{mr}=\frac{\eta_m}{aT} \tag{7-68}$$

$$\eta_{kr}=\frac{\eta_k}{aT} \tag{7-69}$$

显然，取得相同的蠕变柔度，采用参考 Burger 模型参数，蠕变时间可以减少为原来的 aT 倍。譬如，若 $aT=1\ 000$，就可以减少 1 000 倍。

7.4.2 基于离散元蠕变仿真的集料形态和方向角的影响分析

本研究用球度表征集料颗粒的形状特征，用方向角表征集料颗粒在混合料中的位置特征，通过改变球度和方向角，研究沥青混合料的蠕变刚度变化规律。在本研究中，离散元模型采用椭球模型，力学参数如表 7-4 所示。

表 7-4 离散元仿真的输入参数

输入参数	E_m/GPa	E_k/GPa	η_m/(GPa·s)	η_k/(GPa·s)
Burger 模型参数	430.9	1.8	35.0	2.2
杨氏模量	55 GPa			

如第 5 章所述，集料的球度指数(*SP* 指数)和方向角 (α，β 和γ) 是模型输入值或简单计算结果，在此不再赘述，读者参考相关内容。按第 5 章介绍的椭球模型构建方法，共制备 42 个沥青混合料数字试样。为了研究球度指数和方向角的影响，所有虚拟试件都具取相同级配、沥青含量和空隙率，并赋予模型相同的力学参数，图 7-15 所示是虚拟试件的示例。

在虚拟试件顶部施加单轴恒定荷载，底端固定，进行沥青混合料的蠕变实验仿真，实验持续时间最长为 50 s，记录竖向应变，计算蠕变刚度(蠕变模量)。典型仿真结果绘制在图 7-16 中。

如图 7-16(a)所示，分析 $SP=0.8$ 和 $\alpha=0°\sim90°$的典型结果，可知：①蠕变刚度随 α 值的增大而显著增加；②$\alpha=0°$和 90°是蠕变刚度的上、下限。*SP* 值在 0.7～0.95 之间也得出了类似的结论。研究者利用发展的二维细观有限元模型研究了椭圆形集料的方向

图 7-15　DE-R 模型($SP=0.7$; $\alpha=30°$; $\beta=0°$; $\gamma=0°$)

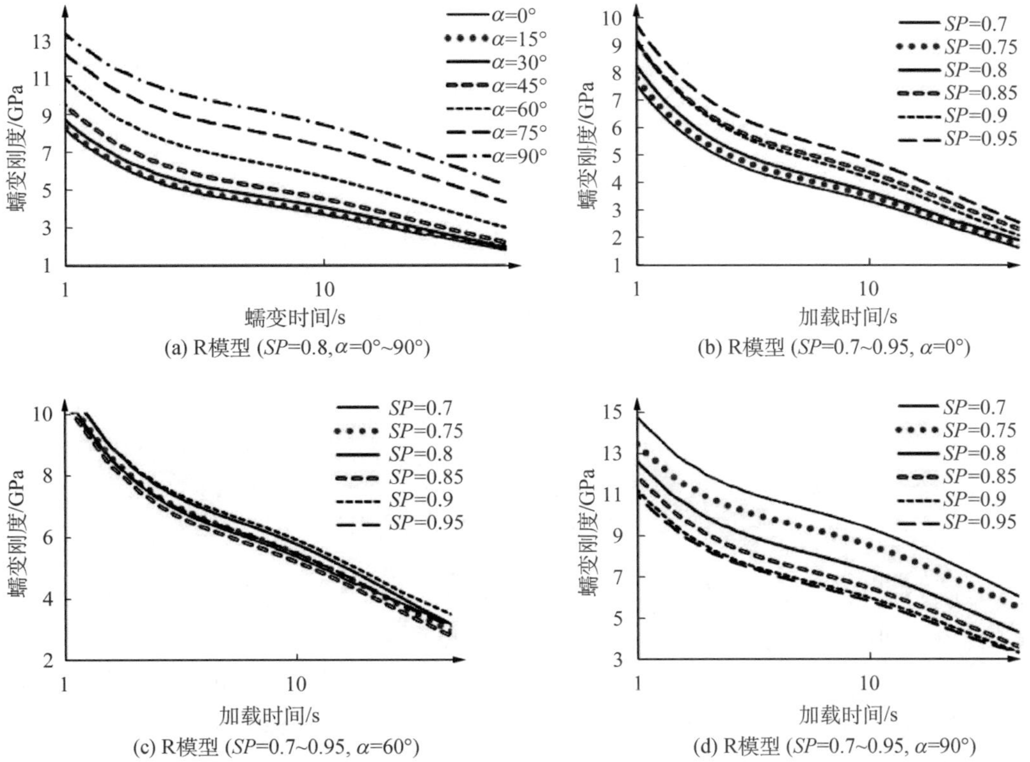

图 7-16　典型 DE 仿真结果

角对混合料损伤行为的影响[89]，也得到了类似的结论。

如图 7-16(b)，(c)和(d)所示，分析 $\alpha=0°$，60°，90°和 $SP=0\sim0.95$ 时 R 典型结果可知：①当 $\alpha=0°$时，蠕变刚度随 SP 值的增大而增大；②当 $\alpha=90°$时，蠕变刚度随 SP 值的增大而减小；③当 $\alpha=60°$时，蠕变刚度受 SP 值的影响较小；④当 $\alpha<45°$或 $\alpha>60°$时，SP 值对 AC 蠕变刚度有显著影响，而当 $45°<\alpha<60°$时，SP 值对 AC 蠕变刚度影响

不大；⑤当 $\alpha<45°$ 时，蠕变刚度随 SP 值的增加而增加；⑥当 $\alpha>60°$ 时，蠕变刚度随 SP 值的增加而降低。

为了进一步研究球度和方向角的影响，同样基于椭球模型制备 84 个沥青混合料虚拟试件，采用同样的力学参数，进行蠕变仿真，分析 1 s，10 s 和 50 s 时的蠕变刚度值。如图 7-17 所示是不同方位角下（$\alpha=0°$，15°，30°，45°，60°，75°和 90°）的球度指数与蠕变刚度的曲线，发现：

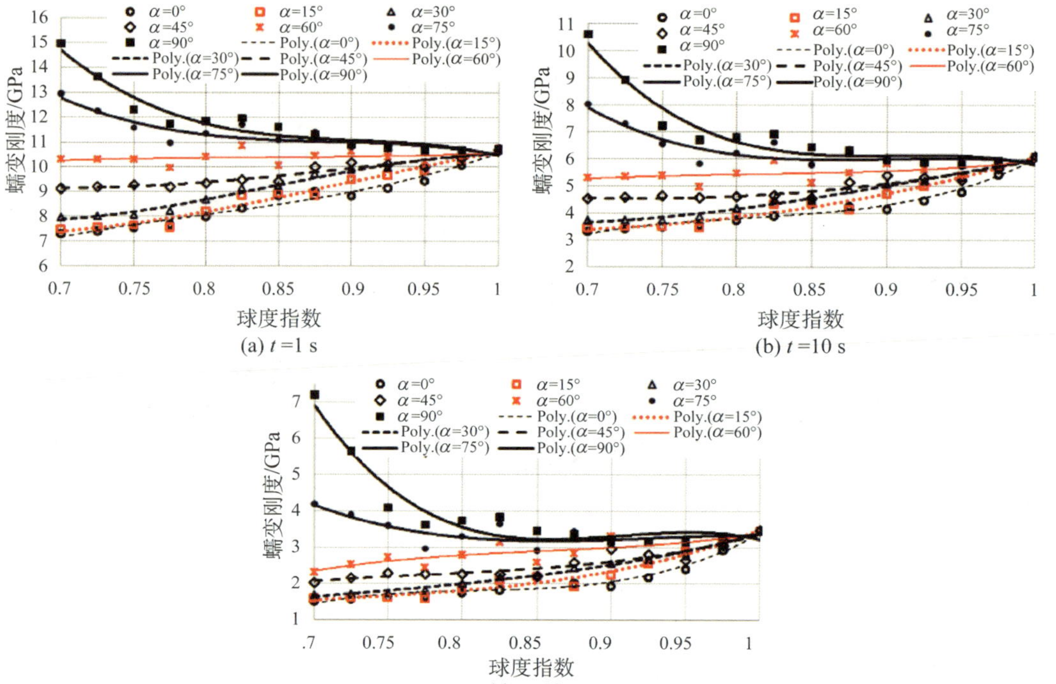

(a) t=1 s　(b) t=10 s　(c) t=50 s

图 7-17　球度指数与蠕变刚度

（1）球度指数对蠕变刚度的影响取决于取向角：当 α 接近 60°时，球度指数对蠕变刚度的影响很小；当球度指数 $60°\leqslant\alpha\leqslant90°$ 时，球度指数的影响显著，蠕变刚度值随球度指数的增大而减小；当 $0\leqslant\alpha<60°$ 时，球度指数的影响也很显著，蠕变刚度值随球度指数的增大而增大；$\alpha=0°$ 和 $\alpha=90°$ 的曲线可以作为蠕变刚度的上、下界。

（2）蠕变刚度总是随着集料方向角的增加而增加，但增加速率取决于球度指数，随着球度指数的增大，速率减小。例如，在 $SP=0.7$ 时，图 7-17(a)，(b)和(c)中的最高刚度与最低刚度之比分别约为 15/7，11/3 和 7/1.5；而在 $SP=0.85$ 时，这些比分别为 11/7.5，6.2/4 和 3.1/1.8。当球度指数接近 1 时，集料方向角的影响可以忽略不计。

（3）随着蠕变加载时间的增加，球度指数较低时，上限（$\alpha=90°$）与下限（$\alpha=0°$）之比增大。例如，当 $SP=0.7$ 时，加载时间分别为 1 s，10 s 和 50 s 时，比率分别为 15/7，11/3和 7/1.5。

7.5 本章小结

离散单元方法是数值仿真沥青混合料的典型方法，具有其独特的优势，近年来已取得了很多研究成果。本章主要总结了作者的一些研究积累：首先，介绍了离散单元方法的概念及研究进展；接着，介绍了沥青混合料的离散元黏弹性模型及参数确定方法，包括混合料细观结构组成、内部相互作用、接触模型及参数等；最后，重点介绍了沥青混合料的动态模量和蠕变仿真方法，包括基于时间-温度等价转换和频率-温度转换的离散元仿真方法、仿真案例及结果分析等。

参 考 文 献

[1] 张登良.沥青与沥青混合料[M].北京:人民交通出版社,1993.

[2] 谭忆秋.沥青与沥青混合料[M].北京:人民交通出版社,2009.

[3] 申爱琴.道路工程材料[M].北京:人民交通出版社,2010.

[4] 中交路桥技术有限公司.公路沥青路面设计规范:JTG D50—2017[S].北京:人民交通出版社,2017.

[5] 交通运输部公路科学研究院.公路工程沥青及沥青混合料试验规程:JTG E20—2011[S].北京:人民交通出版社,2011.

[6] 交通运输部公路科学研究院.公路沥青路面施工技术规范:JTG F40—2004[S].北京:人民交通出版社,2004.

[7] 吕松涛,田小革,郑健龙.沥青混合料粘弹性参数的测定及其在本构模型中的应用[J].交通科学与工程,2005,21(1):37-42.

[8] 张肖宁.沥青与沥青混合料的粘弹力学原理及应用[M].北京:人民交通出版社,2006.

[9] 延西利,封晨辉,梁春雨.沥青与沥青混合料的流变特性比较[J].长安大学学报:自然科学版,2002,22(5):5-8.

[10] WANG H, WANG C, BU Y, et al. Correlate aggregate angularity characteristics to the skid resistance of asphalt pavement based on image analysis technology[J]. Construction and Building Materials, 2020, 242:118-150.

[11] 汪海年,郝培文,胡世通.粗集料形态特征研究与应用[J].公路,2008,10:180-184.

[12] GAO J, WANG H, BU Y, et al. Effects of coarse aggregate angularity on the microstructure of asphalt mixture[J]. Construction and Building Materials, 2018, 183(SEP.20):472-484.

[13] 交通运输部公路科学研究院.公路工程集料试验规程:JTG E42—2005[S].北京:人民交通出版社,2005.

[14] 卜胤.粗集料形态特征评价及对沥青混合料性能的影响研究[D].西安:长安大学,2015.

[15] 龚芳媛.沥青混合料中粗集料数字化分类及其应用研究[D].西安:长安大学,2019.

[16] 陈国明,周纯秀,谭忆秋.粗集料表面纹理的分形评定及沥青混合料性能试验[J].交通运输工程学报,2009,4:1-5.

[17] WANG H, WANG D, LIU P, et al. Development of morphological properties of road surfacing aggregates during the polishing process[J]. International Journal of Pavement Engineering, 2015, 18(4):367-380.

[18] 王彦喆.粗集料细观结构特征对沥青混合料性能的影响研究[D].西安:长安大学,2012.

[19] WARNETT J M, TITARENKO V, KIRACI E, et al. Towards in-process X-ray CT for dimensional metrology[J]. Measurement Science and Technology, 2016, 27(3):1-14.

[20] 汪海年,卜胤,周洋,等.基于 X-ray CT 技术的沥青混合料扫描影响因素及其优化研究[J].公路交通科技,2014,31(11):9-15.

[21] LIU Y, GONG F, YOU Z, et al. Aggregate morphological characterization with 3D optical scanner versus X-Ray computed tomography[J]. Journal of Materials in Civil Engineering, 2018, 30(1):04017248.

[22] WANG D, WANG H, BU Y, et al. Evaluation of aggregate resistance to wear with Micro-Deval test in combination with aggregate imaging techniques[J]. Wear, 2015, 338-339;288-296.

[23] 李磊.基于 X-ray CT 的沥青混合料有限元三维重构及初步数值模拟试验研究[D].西安:长安大学,2013.

[24] 杨廉.橡胶沥青混合料二维细观结构数值模拟建模方法及虚拟加载试验研究[D].西安:长安大学,2012.

[25] 王宠惠.基于细观结构特征的集料认同特性与混合料抗滑性能表征及控制研究[D].西安:长安大学,2017.

[26] MERINO G D, ANDERSEN S I. Asphaltenes, Heavy Oils, and Petroleomics[M]. Springer New York, 2007.

[27] 郝培文,张肖宁.沥青与沥青混合料[M].北京:人民交通出版社,2009.

[28] 翁诗甫,徐怡庄.傅里叶变换红外光谱分析[M].3 版.北京:化学工业出版社,2016.

[29] 许国旺,侯晓莉,朱书奎.分析化学手册——第五分册:气相色谱法[M].北京:化学工业出版社,2016.

[30] 成跃祖.凝胶渗透色谱法的进展及其应用[M].北京:中国石化出版社,1993.

[31] 樊亮,马士杰,林江涛,等.荧光显微分析技术在沥青研究中的应用[J].公路工程,2011,36(6):70-73.

[32] 张大同.扫描电镜与能谱仪分析技术[M].广州:华南理工大学出版社,2009.

[33] 李静,石鹏程,沈菊男.基于原子力显微镜的沥青再生机理[J].科学技术与工程,2020,20(8):3272-3279.

[34] LOEBER L, MOREL J, SUTTON O, et al. Atomic Force Microscopy—A New and Complementary Tool in Asphalt Research Compared to Scanning Electron Microscopy[M]. Springer US, 2002.

[35] 杨军,龚明辉,PAULI Troy,等.基于原子力显微镜的沥青微观结构研究[J].石油学报(石油加工),2015,31(4):959-965.

[36] 袁帅.原子力显微镜纳米观测与操作[M].北京:科学出版社,2020.

[37] 王威娜,徐青杰,周圣雄,等.沥青-集料黏附作用评价方法综述[J].材料导报,2019,33(13):2197-2205.

[38] 滕新荣.表面物理化学[M].北京:化学工业出版社,2009.

[39] 王旭东,应鹏程,何兆益.沥青混合料空隙率的研究[J].重庆交通学院学报,2000,19(4):18-21.

[40] 谭忆秋,陈国明,姜丽伟,等.沥青混合料空隙率测定方法的初探[J].哈尔滨建筑大学学报,2002,

35(3):120-124.

[41] 蒋玮,沙爱民,肖晶晶,等.多孔沥青混合料的细观空隙特征与影响规律[J].同济大学学报(自然科学版),2015(1):67-74.

[42] 张肖宁,李智,虞将苗.沥青混合料的体积组成及其数字图像处理技术[J].华南理工大学学报.2002,30(11):113-118.

[43] 周洋.基于 X-ray CT 数字图像处理技术的沥青混合料内部骨架结构指标研究[D].西安:长安大学,2013.

[44] 李智.基于数字图像处理技术的沥青混合料体积组成特性分析[D].哈尔滨:哈尔滨工业大学,2002.

[45] 彭勇,孙立军.成型方法和集料类型对混合料均匀性指标影响[J].同济大学学报(自然科学版),2007:346-350.

[46] 随素珍.基于旋转压实法的强紫外光地区沥青路用性能研究[D].西安:西安建筑科技大学,2016.

[47] 朱强.基于 ATB-30 沥青混合料振动成型方法研究[D].西安:长安大学,2011。

[48] 李文良,张守峰,贺胜义.沥青混合料回弹模量测试成型方法简析[J].山西交通科技,2004:19-21.

[49] 苏春华.大粒径沥青碎石混合料组成设计与振动成型方法研究[D].西安:长安大学,2011.

[50] 付其林.开级配大粒径沥青碎石组成设计参数与方法研究[D].西安:长安大学,2011.

[51] LIU Y, YOU Z. Visualization and simulation of asphalt concrete with randomly generated three-dimensional models[J]. Journal of Computing in Civil Engineering,2009, 23: 340-347.

[52] LIU Y. Discrete element methods for asphalt concrete: Development and application of user-defined microstructural models and a viscoelastic micromechanical model [D]. ProQuest LLC, 2011.

[53] LIU Y, YOU Z, ZHAO Y. Three-dimensional discrete element modeling of asphalt concrete: Size effects of elements[J]. Construction and Building Materials,2012, 37: 775-782.

[54] LIU Y, DAI Q L, YOU Z P. Viscoelastic model for discrete element simulation of asphalt mixtures[J]. Journal of Engineering Mechanics-Asce, 2009,135(4): 324-333.

[55] GONG F, LIU Y, ZHOU X, et al. Lab assessment and discrete element modeling of asphalt mixture during compaction with elongated and flat coarse aggregates [J]. Construction and Building Materials,2018, 182: 573-579.

[56] LIU Y, ZHOU X, YOU Z, et al. Determining aggregate grain size using discrete-element models of sieve analysis[J]. International Journal of Geomechanics,2019, 19.

[57] LIU Y, ZHOU X, YOU Z, et al. Discrete element modeling of realistic particle shapes in stone-based mixtures through MATLAB-based imaging process [J]. Construction and Building Materials,2017, 143: 169-178.

[58] 黄志涵.沥青混合料三维有限元重构及裂纹扩展模拟研究[D].西安:长安大学,2015.

[59] 刘宇.基于半圆弯曲试验的沥青混合料动态响应及断裂性能研究[D].哈尔滨:哈尔滨工业大学,2009.

[60] 廖公云,黄晓明.ABAQUS 有限元软件在道路工程中的应用[M].南京:东南大学出版社,2008.

[61] 裴建中.沥青路面细观结构特性与衰变行为[M].北京:科学出版社,2010.

[62] 汪海年，郝培文.沥青混合料微细观结构的研究进展[J].长安大学学报(自然科学版)，2008，28(5)：11-15.

[63] WANG Z M, KWAN A K H, CHAN H C. Mesoscopic study of concrete I: generation of random aggregate structure and finite element mesh[J]. Computers& Structures, 1999, 70: 533-544.

[64] WANG Z M, KWAN, A K H, CHAN H C. Mesoscopic study of concrete Ⅱ: generation of random aggregate structure and finite element mesh[J]. Computers& Structures, 1999, 70: 545-556.

[65] CHRISTENSEN D W, ANDERSON D A. Interpretation of dynamic mechanical test data for paving grade asphalt cements[J]. Assoc of Asphalt Paving Technologists, St. Paul, MN, USA, Charleston, SC, USA, 1992:67-116.

[66] MAJIDZADEH K, KAUFFMAN E M, RAMSAMOOJ D V. Application of fracture mechanics in the analysis of pavement fatigue//in Proc Assoc Asphalt Paving Technol, Tech Sess[C]. Oklahoma City, Okla, 1971.

[67] SALAM Y M, MONISMITH C L. Fracture (ultimate strength) analysis of asphalt pavement layers resulting from traffic loading[J]. Highway Research Record, 1973 (466): 127-138.

[68] SALAM Y M, MONISMITH C L. Fracture analysis of asphalt pavement layers resulting from traffic loading[J]. Journal of the Association of Asphalt Paving Technologists. 1972, 41:215-255.

[69] HOSSAIN M, SWARTZ S, HOQUE E. Fracture and tensile characteristics of asphalt-rubber concrete[J]. Journal of Materials in Civil Engineering, 1999, 11(4):287-294.

[70] SOARES J B, FREITAS F A, Allen D H. Considering material heterogeneity in crack modeling of asphaltic mixtures[C]//TRB. Transportation Research Record 1832. Washington D C: TRB, 2003:113-120.

[71] MULL, OTHMAN. Fatigue crack propagation analysis of chemically modified crumb rubber-asphalt mixtures[J]. Journal of Elastomers and Plastics, 2005, 37(1):73-87.

[72] OTHMAN A M. Fracture resistance of rubber-modified asphaltic mixtures exposed to high-temperature cyclic aging[J]. Journal of Elastomer and Plastic, 2006, 38(1):19-30.

[73] OTHMAN A M. Evaluation of hydrated lime effect on the performance of rubber-modified HMA mixtures[J]. Journal of Elastomer and Plastic, 2011, 43 (3):221-227.

[74] MOHAMMAD L N. Characterization of HMA mixtures containing high reclaimed asphalt pavement content with crumb rubber additives[J]. Journal of Material in Civil Engineering, 2011, 23(11):1560-1568.

[75] 张蕾，王哲人.应用数字图像处理技术研究沥青混合料微细观结构方法综述[J].中外公路，2008，28(3)：168-171.

[76] CHAN S K, TUBA I S, WILSON W K. On the finite element in linear fracture mechanics[J]. Engineering Fracture Mechanics, 1970, 2(1):1-17.

[77] OGLESBY J J, LOMACKY O. An Evaluation of Finite Element Methods for the Computation of Elastic Stress Intensity Factors[J]. Journal of Engineering for Industry, 1973, 95(1):80.

[78] BARSOUM R S, CHEN T K. Three-dimensional surface singularity of an interface crack[J].

International Journal of Fracture, 1991, 50(3):221-237.

[79] HENSHELL R D, SHAW K G. Crack tip finite elements are unnecessary[J]. International Journal for Numerical Methods in Engineering, 1975, 9(3):495-507.

[80] MASAD E, SOMADEVAN J, BAHIA H U, et al. Modeling and experimental measurements of strain distribution in asphalt mixes[J]. Journal of Transportation Engineering, 2001, 127(6): 477-485.

[81] MALKIN A Y, LSAYEW A l. Rheology: Concepts, Methods & Application[J]. Che Tec Publishing, 2006: 59-60.

[82] DANIEL J S, LACHANCE A. Mechanistic and volumetric properties of asphalt mixtures with recycled asphalt pavement[J]. Transportation Research Record, 2005(1929): 2836.

[83] GURJAR A, TANG T, ZOLLINGER D, et al. Age, deformation, and temperature effects of viscoelastic materials under large deformations[J]. ASCE, New York, NY, USA, Washington, DC, USA, 1996: 1398-1407.

[84] BASU A, MARASTEANU M, HESP S. Time-temperature superposition and physical hardening effects in low-temperature asphalt binder grading[J]. Transportation Research Record Journal of the Transportation Research Board, 2003(1829):1-7.

[85] ROWE G M, BAUMGARDNER G L. Evaluation of the rheological properties and master curve development for bituminous binders used in roofing[J]. Journal of ASTM International, 2007, 4(9): 1-14.

[86] ZANZOTTO L, STASTNA J. Dynamic master curves from the stretched exponential relaxation modulus[J]. Journal of Polymer ence Part B: Polymer Physics, 1997, 35(8):1225-1232.

[87] AVRAAM Isayev. Rheology: concepts, methods, applications [M]. Toronto: ChemTee Publishing, 2006.

[88] TSHOEGL N W. The Phenomenological theory of linear viscoelastic behavior, an introduction [M]. 1989.

[89] 姚舜.基于图像智能识别和离散元方法的沥青混合料数字化仿真研究[D].西安:长安大学,2018.